譯註 禮記集說大全
深衣

編　陳澔(元)

附　正義 · 訓纂 · 集解

譯註 禮記集說大全
深衣

編　陳澔〔元〕

附　正義・訓纂・集解

鄭秉燮 譯

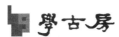

역자서문

『예기』「심의(深衣)」편은 심의를 제작하는 방법과 특징 및 그 의미를 설명한 문헌이다. 춘추전국시대 노나라를 중심으로 활동했던 유학자들은 예학을 발전시켰는데, 전국말기를 거쳐 전한초기에 이르게 되면 기존의 예제(禮制)를 설명하거나 부족한 부분을 보충하는 작업이 진행된다. 「심의」편은 바로 이러한 작업의 결과물이다. 이 문헌은 고대 복식 중 가장 기본이 되는 심의의 제도를 수록하고 있다는 점에서 매우 중요한 기록이고, 예제의 발달 과정을 추정할 수 있는 자료가 된다.

다시 한권의 책을 내놓는다. 부끄러운 실력에 번역의 완성도를 자부할 수 없지만, 이 책을 발판으로 더 좋은 역서와 연구가 진행되었으면 하는 바람이다. 이 책에 나오는 오역은 전적으로 역자의 실력이 부족해서이다. 본 역서에 나온 오역과 역자의 부족함에 대해 일갈을 해주실 분들이 있다면, bbaja@nate.com 으로 연락을 주시거나 출판사에 제 연락처를 문의하셔서 가르침을 주신다면, 부족한 실력이지만 가르침을 받도록 최선을 다할 것이다.

역자는 성균관 대학교에서 유교철학(儒敎哲學)을 전공했으며, 예악학(禮樂學) 전공으로 박사논문을 작성했다. 역자가 본격적으로 유가경전을 읽기 시작한 것은 경서연구회(經書硏究會)의 오경강독을 통해서이다. 이 모임을 만들어 후배들에게 경전에 대한 이해를 넓혀주신 임옥균 선생님, 경서연구회 역대 회장님인 김동민, 원용준, 김종석, 길훈섭 선배님께도 감사를 드리고, 끝으로 「심의」편을 출판할 수 있도록 허락해주신 학고방의 하운근 사장님께도 감사를 전한다.

일러두기 ≫

1. 본 책은 역주서(譯註書)로써, 『예기집설대전(禮記集說大全)』의 「심의(深衣)」편을 완
   역하고, 자세한 주석을 첨부했다. 송대(宋代) 이전의 주석을 포함하고자 하여, 『예기정
   의(禮記正義)』를 함께 수록하였다. 그리고 송대 이후의 주석인 청대(淸代)의 주석을
   포함하고자 하여 『예기훈찬(禮記訓纂)』과 『예기집해(禮記集解)』를 함께 수록하였다.

2. 『예기』 역주서(譯註書)로써, 『예기집설대전(禮記集說大全)』의 「심의(深衣)」편을 완역
   하고, 자세한 주석을 첨부했다. 송대(宋代) 이전의 주석을 포함하고자 하여, 『예기정의
   (禮記正義)』를 함께 수록하였다. 그리고 송대 이후의 주석인 청대(淸代)의 주석을 포함
   하고자 하여 『예기훈찬(禮記訓纂)』과 『예기집해(禮記集解)』를 함께 수록하였다.

3. 『예기』 경문에 대한 해석은 진호의 『예기집설』 주석에 근거하였다. 경문 해석에 있어
   서, 『예기정의』, 『예기훈찬』, 『예기집해』마다 이견(異見)이 많다. 『예기집섭대전』의
   소주(小註) 또한 진호의 주장과 이견을 보이는 곳이 있고, 소주 사이에도 이견이 많다.
   따라서 『예기』 경문 해석의 표준은 진호의 『예기집설』 주석에 근거했으며, 진호가
   설명하지 않은 부분들은 『대전』의 소주를 참고하였다. 또한 경문 해석에 있어서 『예기
   정의』, 『예기훈찬』, 『예기집해』에 나타나는 이견들은 특별한 경우를 제외하고는 각각
   의 문장을 읽어보면, 경문에 대한 이견을 알 수 있기 때문에, 이러한 경우에는 주석처리
   를 하지 않았다.

4. 본 역서가 저본으로 삼은 책은 다음과 같다.
  - 『禮記』, 서울 : 保景文化社, 초판 1984 (5판 1995)
  - 『禮記正義』 1~4(전4권, 『十三經注疏 整理本』 12~15), 北京 : 北京大學出版社, 초판 2000
  - 朱彬 撰, 『禮記訓纂』 上·下(전2권), 北京 : 中華書局, 초판 1996 (2쇄 1998)
  - 孫希旦 撰, 『禮記集解』 上·中·下(전3권), 北京 : 中華書局, 초판 1989 (4쇄 2007)

5. 본 책은 『예기』의 경문, 진호의 『집설』, 호광 등이 찬정한 『대전』의 세주, 정현의 주, 육덕명의 『경전석문』, 공영달의 소, 주빈(朱彬)의 『훈찬』, 손희단(孫希旦)의 『집해』 순으로 번역하였다.

6. 본래 『예기』 「심의」편은 목차가 없으며, 내용 구분에 있어서도 학자들마다 의견차이가 있다. 또한 내용의 연관성으로 인하여, 장과 절을 나누기가 애매한 부분이 많다. 본 책의 목차는 역자가 임의대로 나눈 것이며, 세세하게 분절하여, 독자들이 관련내용들을 찾아보기 쉽게 하였다.

7. 본 책의 뒷부분에는 《深衣 人名 및 用語 辭典》을 수록하였다. 본문에 처음으로 등장하는 용어 및 인명에 대해서는 주석처리를 하였다. 이후에 같은 용어가 등장할 때마다 동일한 주석처리를 할 수 없어서, 뒷부분에 사전으로 수록한 것이다. 가나다순으로 기록하여, 번역문을 읽는 도중 앞부분에서 설명했던 고유명사나 인명 등에 대해서 쉽게 찾아볼 수 있도록 하였다.

【672b】

古者深衣, 蓋有制度, 以應規・矩・繩・權・衡.

【672b】 등과 같이 【 】 안에 숫자가 기입되어 있는 것은 『예기』의 '경문'을 뜻한다. '672'는 보경문화사(保景文化社)판본의 페이지를 말한다. 'b'는 b단에 기록되어 있다는 표시이다. 밑의 그림은 보경문화사판본의 한 페이지 단락을 구분한 표시이다.

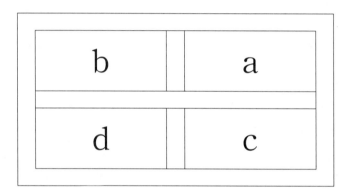

◆ **集說** 朝服・祭服・喪服, 皆衣與裳殊, 惟深衣不殊, 則其被於體也.

"**集說**"로 표시된 것은 진호(陳澔)의 『예기집설(禮記集說)』 주석을 뜻한다.

◆ **大全** 嚴陵方氏曰: 深衣之作, 其來尙矣, 故以古者冠篇首.

"**大全**"으로 표시된 것은 호광(胡廣) 등이 찬정(撰定)한 『예기집설대전』의 세주(細註)를 뜻한다.

x

◆ **鄭注** 言聖人制事, 必有法度.

"**鄭注**"로 표시된 것은 『예기정의(禮記正義)』에 수록된 정현(鄭玄)의 주(注)를 뜻한다.

◆ **釋文** 應, 於證反. 毋音無, 下同.

"**釋文**"으로 표시된 것은 『예기정의』에 수록된 육덕명(陸德明)의 『경전석문(經典釋文)』을 뜻한다. 『경전석문』의 내용은 글자들의 음을 설명하고, 간략한 풀이를 한 것인데, 육덕명 당시의 음가로 기록이 되었기 때문에, 현재의 음과는 맞지 않는 부분이 많다. 단순히 참고만 하기 바란다.

◆ **孔疏** ●"古者"至"篇末". ○正義曰: 此一篇從此至末, 皆論深衣之制.

"**孔疏**"로 표시된 것은 『예기정의』에 수록된 공영달(孔穎達)의 소(疏)를 뜻한다. 공영달의 주석은 경문과 정현의 주에 대해서 세분화하여 기록되어 있다. 따라서 '●'으로 표시된 부분은 공영달이 경문에 대해 주석을 한 부분이고, '◎'으로 표시된 부분은 정현의 주에 대해 주석을 한 부분이다. 한편 '○'으로 표시된 부분은 공영달의 주석 부분이다.

◆ **訓纂** 江氏永曰: 疏分續衽鉤邊在兩旁最是.

"**訓纂**"으로 표시된 것은 『예기훈찬(禮記訓纂)』에 수록된 주석이다. 『예기훈찬』 또한 기존 주석들을 종합한 책이므로, 『예기집설대전』 및 『예기정의』와 중복되는 부분은 생략하였다.

◆ **集解** 愚謂: 此爲一篇之綱, 其說在下.

"**集解**"로 표시된 것은 『예기집해(禮記集解)』에 수록된 주석이다. 『예기집해』 또한 기존 주석들을 종합한 책이므로, 『예기집설대전』 및 『예기정의』와 중복되는 부분은 생략하였다.

◆ '▼'로 표시된 부분은 한글로 표기할 수 없는 한자를 기록한 부분이다.
예를 들어 '▼(囧/皿)'의 경우 맹(盟)자의 이체자인데, '明'자 대신 '囧'자
가 들어간 한자를 프로그램상 삽입할 수가 없어서, '▼(囧/皿)'으로 표시
한 것이다. 즉 '▼(A/B)'의 형식으로 기록된 경우, A에 해당하는 글자가
한 글자의 상단 부분에 해당하고, B에 해당하는 글자가 한 글자의 하단
부분에 해당한다는 표시이다. 또한 '▼(A+B)'의 형식으로 기록된 경우,
A에 해당하는 글자가 한 글자의 좌측 부분에 해당하고, B에 해당하는
글자가 한 글자의 우측 부분에 해당한다는 표시이다. 또한 '▼((A-B)/C)'
의 형식으로 기록된 경우, A에 해당하는 글자에서 B 부분을 뺀 글자가
한 글자의 상단 부분에 해당하고, C에 해당하는 글자가 한 글자의 하단
부분에 해당한다는 표시이다.

목차

그림목차

경문목차

【672a】

深衣 第三十九 / 「심의」 제 39 편

大全 嚴陵方氏曰: 經曰, "有虞氏深衣而養老", 傳曰, "庶人服短褐", 深衣
則自天子至於庶人, 皆服之也. 以其義之深名之.

번역 엄릉방씨¹⁾가 말하길, 경문에서는 "유우씨 때에는 심의(深衣)²⁾를
착용하고 노인을 봉양했다."³⁾라고 했고, 전문에서는 "서인들은 단갈(短
褐)⁴⁾을 입었다."라고 했으니, 심의는 천자로부터 서인에 이르기까지 모두
착용했다. 그 의미가 깊기 때문에 '심의(深衣)'로 편명을 정했다.

大全 藍田呂氏曰: 此篇純記深衣之制度而已. 古者衣裳殊制, 所以別上下
也. 唯深衣之制, 衣連裳而不殊, 蓋私燕之服爾.

번역 남전여씨⁵⁾가 말하길, 「심의」편은 전적으로 심의(深衣)의 제도만
을 기록하고 있을 따름이다. 고대의 의복은 제도를 달리하여 상하계층을
구별하였다. 심의를 만드는 제도만은 상의를 하의에 연결하고 차이를 두지

---

1) 엄릉방씨(嚴陵方氏, ?~?) : =방각(方慤)·방씨(方氏)·방성부(方性夫). 송대(宋
   代)의 유학자이다. 이름은 각(慤)이다. 자(字)는 성부(性夫)이다. 『예기집해
   (禮記集解)』를 지었고, 『예기집설대전(禮記集說大全)』에는 그의 주장이 많
   이 인용되고 있다.
2) 심의(深衣)는 일반적으로 상의와 하의가 서로 연결된 옷을 뜻한다. 제후,
   대부(大夫), 사(士)들이 평상시 집안에 거처할 때 착용하던 복장이기도 하
   며, 서인(庶人)에게는 길복(吉服)에 해당하기도 한다. 순색에 채색을 가미
   하기도 했다.
3) 『예기』「왕제(王制)」【179b】: <u>有虞氏</u>, 皇而祭, <u>深衣而養老</u>.
4) 단갈(短褐)은 거친 포(布)로 만든 길이가 짧은 옷이다. 고대에는 천민이나
   종이 착용하는 복장을 뜻하기도 했다.
5) 남전여씨(藍田呂氏, A.D.1040~A.D.1092) : =여대림(呂大臨)·여씨(呂氏)·여여
   숙(呂與叔). 북송(北宋) 때의 학자이다. 이름은 대림(大臨)이고, 자(字)는 여
   숙(與叔)이며, 호(號)는 남전(藍田)이다. 장재(張載) 및 이정(二程)형제에게
   서 수학하였다. 저서로는 『남전문집(藍田文集)』 등이 있다.

않았으니, 아마도 사적으로 한가롭게 거처할 때 착용했던 옷이기 때문일
것이다.

孔疏 陸曰: 鄭云, "以其記深衣之制也. 名曰深衣者, 謂連衣裳而純之以采
也. 有表則謂之中衣, 以素純則曰長衣也."

번역 육덕명6)이 말하길, 정현7)은 "심의(深衣)의 제도를 기록했기 때문
에 편명을 '심의(深衣)'라고 했으니, 상의와 하의를 연결하고 채색된 것으로
가선을 단 옷을 뜻한다. 겉에 입는 옷이 있다면 '중의(中衣)'8)라고 부르고,
흰색으로 가선을 대면 '장의(長衣)'9)라고 부른다."라고 했다.

孔疏 ○正義曰: 按鄭目錄云, "名曰深衣者, 以其記深衣之制也. 深衣, 連
衣裳而純之以采者. 素純曰長衣, 有表則謂之中衣. 大夫以上祭服之中衣用素.
詩云, '素衣朱襮.' 玉藻曰, '以帛裏布, 非禮也.' 士祭以朝服, 中衣以布明矣. 此
於別錄屬制度." 鄭云"大夫以上祭服中衣用素"者, 謂天子大夫以其四命, 與
公之孤同爵弁自祭, 故"中衣用素". 云"士祭以朝服, 中衣以布"者, 亦謂天子
之士與諸侯大夫同. 按少牢: 諸侯大夫祭以朝服. 故天子之士亦祭以朝服. 朝
服用布, 故"中衣以布". 其諸侯之士自祭以玄端, 玄端則朝服之衣, 但其裳異

---

6) 육덕명(陸德明, A.D.550~A.D.630) : =육원랑(陸元朗). 당대(唐代)의 경학자
   이다. 이름은 원랑(元朗)이고, 자(字)는 덕명(德明)이다. 훈고학에 뛰어났으
   며, 『경전석문(經典釋文)』 등을 남겼다.
7) 정현(鄭玄, A.D.127~A.D.200) : =정강성(鄭康成)·정씨(鄭氏). 한대(漢代)의
   유학자이다. 자(字)는 강성(康成)이다. 『주역(周易)』, 『상서(尙書)』, 『모시
   (毛詩)』, 『주례(周禮)』, 『의례(儀禮)』, 『예기(禮記)』, 『논어(論語)』, 『효경(孝
   經)』 등에 주석을 하였다.
8) 중의(中衣)는 조복(朝服)이나 제복(祭服) 등의 예복(禮服) 안에 착용하는
   옷이다. '중의' 안에는 속옷 등을 착용하고, '중의' 겉에는 예복 등을 착용하
   므로, 중간이라는 뜻에서 '중의'라고 부르는 것이다. 『예기』「교특생(郊特牲)」
   편에는 "繡黼丹朱中衣."라는 기록이 있고, 이에 대한 공영달(孔穎達)의 소
   (疏)에서는 "中衣, 謂以素爲冕服之裏衣."라고 풀이하였다.
9) 장의(長衣)는 고대의 귀족들이 상중에 착용하는 순백색의 포로 된 옷이다.
   『의례』「빙례(聘禮)」편에는 "遭喪將命於大夫, 主人長衣練冠以受."라는 기록
   이 있는데, 이에 대한 정현의 주에서는 "長衣, 純素布衣也."라고 풀이했다.

耳, 中衣亦用布也. 按詩云: "素衣朱襮." 晉人欲薦桓叔, 桓叔大夫, 得用素衣者, 國人以國君之禮待之, 故欲薦素衣也. 其長衣·中衣及深衣, 其制度同. 玉藻云"長·中繼揜尺", 若深衣, 則緣而已, 下云"緣廣寸半". 凡深衣皆用諸侯大夫士夕時所著之服, 故玉藻云: "朝玄端, 夕深衣." 庶人吉服亦深衣, 皆著之在表也. 其中衣在朝服·祭服·喪服之下. 知喪服亦有中衣者, 檀弓云: "練衣黃裏." 注云"練中衣, 以黃爲內", 是也. 但喪服中衣不得"繼揜尺"也. 故喪服傳10)云: "帶緣各視其冠." 注云: "緣如深衣之緣." 是喪服中衣用深衣, 則深衣緣之以采, 故下云"其父母·大父母皆純以繢以靑"之屬也. 唯孤子深衣, 純以素, 但以緣而已, 不與長衣同. 其吉服中衣, 亦以采緣. 其諸侯得綃黼爲領, 丹朱爲緣. 郊特牲云: "綃黼丹朱中衣, 大夫之僭禮", 則知大夫·士不用綃黼丹朱, 但用采純而已矣, 無文以明之. 其長衣以素緣, 知者, 若以采緣, 則與吉服中衣同, 故知以素緣也. 若以布緣, 則曰"麻衣". 知用布緣者, 以其稱麻衣故知也. 其喪服之中衣, 其純用布, 視冠布之麤細, 至葬可以用素緣也. 練則用繰也. 其詩之麻衣, 則以此別. 彼謂吉服之衣也. 所以此稱深衣者, 以餘服則上衣下裳不相連, 此深衣衣裳相連, 被體深邃, 故謂之"深衣".

번역 ○『정의』11)에서 말하길, 정현의 『목록』12)을 살펴보면, "편명을 '심의(深衣)'라고 정한 것은 심의의 제도를 기록했기 때문이다. '심의(深衣)'

---

10) '전(傳)'자에 대하여. '전'자는 본래 '의(儀)'자로 기록되어 있었는데, 완원(阮元)의 『교감기(校勘記)』에서는 "포당(浦鏜)은 '의'자를 '전'자로 수정하였는데, 그 주장이 옳다."라고 했다.

11) 『정의(正義)』는 『예기정의(禮記正義)』 또는 『예기주소(禮記注疏)』를 뜻한다. 당(唐)나라 때에는 태종(太宗)이 공영달(孔穎達) 등을 시켜서 『오경정의(五經正義)』를 편찬하였는데, 이때 『예기정의』에는 정현(鄭玄)의 주(注)와 공영달의 소(疏)가 수록되었다. 송대(宋代)에는 『오경정의』와 다른 경전(經典)에 대한 주석서를 포함한 『십삼경주소(十三經注疏)』가 편찬되어, 『예기주소』라는 명칭이 되었다.

12) 『목록(目錄)』은 정현이 찬술했다고 전해지는 『삼례목록(三禮目錄)』을 가리킨다. 『십삼경주소(十三經注疏)』에서 인용되고 있지만, 이 책은 『수서(隋書)』가 편찬될 당시에 이미 일실되어 존재하지 않았다. 『수서』「경적지(經籍志)」편에는 "三禮目錄一卷, 鄭玄撰, 梁有陶弘景注一卷, 亡."이라는 기록이 있다.

는 상의와 하의를 연결하고 채색된 것으로 가선을 단 옷을 뜻한다. 흰색으로 가선을 대면 '장의(長衣)'라고 부르며, 겉에 입는 옷이 있다면 '중의(中衣)'라고 부른다. 대부 이상의 계층은 제사 복장에 입는 중의를 흰색 천으로 만들었다. 『시』에서는 '수놓은 흰 옷에 붉은 가선이여.'13)라고 했고, 『예기』 「옥조(玉藻)」편에서는 '포(布)로 만든 겉옷을 입었는데, 비단으로 된 옷을 그 안에 입는 것은 비례이다.'14)라고 했다. 사는 제사를 지낼 때 조복(朝服)15)을 착용하니, 중의는 포로 만들었던 것이 분명하다. 「심의」편을 『별록』16)에서는 '제도(制度)' 항목에 포함시켰다."라고 했다. 정현이 "대부 이상의 계층은 제사 복장에 입는 중의를 흰색 천으로 만들었다."라고 했는데, 천자에게 소속된 대부는 4명(命)의 등급이니, 공작에게 소속된 고(孤)17)와 동일하게 작변(爵弁)18)을 착용하고 제사를 지낸다는 뜻이다. 그렇기 때문에 "중의는 흰색의 천으로 만든다."라고 했다. 정현이 "사는 제사를 지낼 때 조복을 착용하니, 중의는 포로 만들었다."라고 했는데, 이 또한 천자에게 소속된 사로 제후에게 소속된 대부와 명(命)의 등급이 동일함을 뜻한다.

---

13) 『시』「당풍(唐風)·양지수(揚之水)」 : 揚之水, 白石鑿鑿. <u>素衣朱襮</u>, 從子于沃. 旣見君子, 云何不樂.

14) 『예기』「옥조(玉藻)」【380c】 : 以帛裏布, 非禮也.

15) 조복(朝服)은 군주와 신하가 조회를 열 때 착용하는 복장을 뜻한다. 중요한 의식을 치를 때 착용하는 예복(禮服)을 가리키기도 한다.

16) 『별록(別錄)』은 후한(後漢) 때 유향(劉向)이 찬(撰)했다고 전해지는 책이다. 현재는 일실되어 존재하지 않으며, 『한서(漢書)』「예문지(藝文志)」편을 통해서 대략적인 내용만을 추측해볼 수 있다.

17) 고(孤)는 고대의 작위이다. 천자에게 소속된 '고'는 삼공(三公) 밑의 서열에 해당하며, 육경(六卿)보다 높았다. 고대에는 소사(少師)·소부(少傅)·소보(少保)를 삼고(三孤)라고 불렀다.

18) 작변(爵弁)은 고대의 예관(禮冠) 중 하나로, 면류관[冕] 다음 등급에 해당한다. '작(爵)'자는 관의 모습이 참새의 머리처럼 생겼기 때문에 붙여진 명칭이다. 적색과 은미한 흑색이 나는 30승(升)의 포(布)로 만든다. 또한 '작변'은 작변복(爵弁服)을 지칭하기도 한다. 예복(禮服)의 경우 착용하는 관(冠)에 따라서 그 복장의 명칭을 붙이기도 하기 때문이다. '작변복'은 작변의 관, 분홍색의 하의, 명주로 만든 상의, 검은색의 대(帶), 매겹(韎韐)이라는 슬갑을 착용한다.

『의례』「소뢰궤식례(少牢饋食禮)」편을 살펴보면, 제후에게 소속된 대부는 제사를 지낼 때 조복을 착용한다고 했다.[19] 그렇기 때문에 천자에게 소속된 사 또한 제사를 지낼 때 조복을 착용하는 것이다. 조복은 포를 사용해서 만든다. 그렇기 때문에 "중의는 포로 만들었다."라고 했다. 제후에게 소속된 사는 제사를 지낼 때 현단(玄端)[20]을 착용하는데, 현단의 경우 조복에 착용하는 상의를 입지만 하의는 차이가 나며, 중의 또한 포를 사용해서 만든다.『시』를 살펴보면 "흰 옷에 붉은 옷깃이여."라고 했다. 이것은 진(晉)나라 사람들이 환숙에게 바치고자 했던 것으로, 환숙은 대부의 신분인데 흰색의 옷을 착용할 수 있었던 것은 사람들이 군주의 예로 그를 대우하고자 했기 때문에 흰색의 옷을 바치고자 했던 것이다. 장의·중의·심의는 만드는 제도가 동일하다.「옥조」편에서는 "장의와 중의는 소매의 끝부분에 천을 덧대길 1척(尺) 정도 한다."라고 했는데, 심의의 경우라면 가선을 댈 따름이니, 아래문장에서 "가선의 폭은 1.5촌(寸)이다."라고 했다.[21] 심의는 모두 사용하는 것으로 제후·대부·사가 저녁식사 때 착용했던 복장이다. 그렇기 때문에「옥조」편에서는 "아침식사 때에는 현단을 착용하고 저녁식사 때에는 심의를 착용한다."[22]라고 했다. 서인이 길복(吉服)[23]을 착용할 때

---

19)『의례』「소뢰궤식례(少牢饋食禮)」: 主人朝服, 西面于門東. 史朝服, 左執筮, 右抽上韇, 兼與筮執之, 東面受命于主人.
20) 현단(玄端)은 고대의 예복(禮服) 중 하나이다. 흑색으로 만든 옷이다. 주로 제사 때 사용했으며, 천자 및 제후로부터 대부(大夫)와 사(士) 계급에 이르기까지 모두 이 복장을 착용할 수 있었다. '현단'은 상의와 하의 및 관(冠)까지 포함하는 용어이다. 한편 손이양(孫詒讓)의 주장에 따르면, '현단'은 의복에만 해당하는 용어이며, 관(冠)은 포함하지 않는다고 주장한다. 그리고 천자로부터 사 계급에 이르기까지 이 복장을 제복(齊服)으로 사용했다고 설명한다.『주례』「춘관(春官)·사복(司服)」편에는 "其齊服有玄端素端."이라는 기록이 있는데, 손이양의『정의(正義)』에서는 "玄端素端是服名, 非冠名, 蓋自天子下達至於士通用爲齊服, 而冠則尊卑所用互異."라고 풀이하였다. 그리고 '현단'은 천자가 평소 거처할 때 착용했던 복장을 가리키기도 한다.『예기』「옥조(玉藻)」편에는 "卒食, 玄端而居."라는 기록이 있고, 이에 대한 정현의 주에서는 "天子服玄端燕居也."라고 풀이하였다.
21)『예기』「옥조(玉藻)」【380b】: 長中繼掩尺, 袷二寸, 袪尺二寸, 緣廣寸半.
22)『예기』「옥조(玉藻)」【380a】: 朝玄端, 夕深衣.

에는 또한 심의를 입으니, 모두 이것을 겉옷으로 입게 된다. 중의는 조복·제복·상복 속에 입는 것이다. 상복을 착용할 때에도 또한 중의를 입었다는 사실을 알 수 있는 이유는 『예기』「단궁(檀弓)」편에서 "연의(練衣)24)에는 황색의 옷감으로 중의의 속단을 댄다."25)라고 했고, 정현의 주에서는 "연중의(練中衣)를 입는데, 황색의 옷감으로 속감을 댄다."라고 했다. 다만 상복에 착용하는 중의는 "소매의 끝부분에 천을 덧대길 1척(尺) 정도 한다."는 것을 할 수 없다. 그렇기 때문에 『의례』「상복(喪服)」편의 전문에서는 "대(帶)와 가선은 각각 착용하는 관에 견주어서 만든다."26)라고 했고, 정현의 주에서는 "'연(緣)'자는 심의의 가선과 같다."라고 한 것이니, 이것은 상복의 중의도 심의를 사용하는 것을 뜻하며, 심의의 가선은 채색된 것을 사용한다. 그렇기 때문에 아래문장에서 "부모와 조부모가 모두 생존해 계실 때에는 옷의 가선은 수놓은 것으로 하고 청색으로 한다."라고 한 부류가 이러한 사실을 나타낸다. 오직 고아가 된 자가 착용하는 심의만 순(純)을 흰색으로 한다고 했는데, 단지 가선을 흰색으로 할 따름이니, 장의와는 다르다. 길복에 착용하는 중의 또한 채색된 가선을 사용한다. 제후는 보(黼)무늬를 새긴 것으로 옷깃을 만들 수 있고, 주색으로 가선을 댈 수 있다. 『예기』「교특생(郊特牲)」편에서는 "중의를 만들며 수보(繡黼)로 옷깃을 달고, 적색으로 끝단을 대는 것은 대부들이 제후의 예법을 참람되게 따라한 것이다."27)라고 했으니, 대부와 사는 수놓은 것과 주색을 사용할 수 없고 단지 채색된 가선만 사용하게 될 따름임을 알 수 있지만, 경문에는 관련 기록이 없어서

---

23) 길복(吉服)에는 두 가지 뜻이 있다. 첫 번째는 제사 때 입는 복장인 제복(祭服)을 뜻한다. 제사(祭祀)는 길례(吉禮)에 해당하므로, 그때 착용하는 복장을 '길복'이라고 부르는 것이다. 두 번째는 예의를 갖출 때 입는 예복(禮服)을 범칭하는 말이다.

24) 연의(練衣)는 누이는 공정을 기마한 포(布)로 제작한 옷을 뜻한다. 고대에는 부모의 상을 치를 때 소상(小祥)을 치른 뒤에 착용했다.

25) 『예기』「단궁상(檀弓上)」【103d】: 練, 練衣, 黃裏, 縓緣.

26) 『의례』「상복(喪服)」: 傳曰, 問者曰, 何冠也? 曰, 齊衰·大功冠其受也, 緦麻·小功冠其衰也. 帶緣各視其冠.

27) 『예기』「교특생(郊特牲)」【322b】: 臺門而旅樹, 反坫, 繡黼丹朱中衣, 大夫之僭禮也.

그 사실을 확증할 수 없다. 장의에는 흰색의 가선을 대는데, 그 사실을 알
수 있는 것은 만약 채색된 가선을 사용하게 된다면 길복에 사용하는 중의
와 같게 된다. 그렇기 때문에 흰색의 가선을 댄다는 사실을 알 수 있다.
만약 포(布)로 가선을 댄다면 이것은 '마의(麻衣)'라고 부른다. 포로 가선을
댄다는 사실을 알 수 있는 것은 '마의(麻衣)'라고 지칭했기 때문에 알 수
있다. 상복에 착용하는 중의는 가선을 댈 때 포를 사용하는데, 관에 사용되
는 포의 거칠고 고운 정도에 따르며, 장례를 치르게 되면 흰색의 가선을
댈 수 있다. 연제(練祭)[28]를 치르면 분홍색의 가선을 사용한다.『시』에서
마의라고 한 것은 이것과 구별된다.『시』에서 말한 것은 길복에 착용하는
복장을 뜻한다. 이것을 심의라고 지칭한 것은 나머지 복장들은 상의와 하
의가 서로 연결되어 있지 않은데, 심의는 상의와 하의가 서로 연결되어 있
어서, 틈도 없이 몸을 깊이 감싸게 된다. 그렇기 때문에 '심의(深衣)'라고
부르는 것이다.

集解 愚謂: 禮衣上衣下裳, 深衣連衣裳爲之, 以其用於燕私, 尙簡便也. 自
深衣之外, 與深衣同制而其用不同者有三. 一曰中衣, 衣於禮服之內者, 玉藻
所言錦衣·玄綃衣·絞衣·緇衣之屬, 是也. 中衣之所用, 與禮服同. 祭服皮弁用
繒, 朝服玄端用布, 故玉藻曰, "以帛裏布, 非禮也", 而別以華美之物爲之領緣,
故郊特牲言"黼繡丹朱中衣". 大夫士亦以采色爲之, 故裼謂之見美, 謂見此中
衣之領緣也. 一曰長衣, 喪服之中衣也. 中衣長衣之袂皆繼掩尺. 聘禮, "遭喪,
將命於大夫, 主人長衣練冠以受." 雜記, "如筮, 則史練冠長衣以筮." 蓋喪中
因事而脫衰, 則不復加餘服, 而卽以中衣爲上服, 故喪服之中衣不謂之中衣,
而謂之長衣, 以其袂名其衣也. 檀弓, "練, 練衣黃裏縓緣." 又曰, "袪, 裼之可
也." 蓋練中衣始用縓緣, 故可裼以見美, 然則自練以前未有飾也. 一曰麻衣,
大祥之所服也. 麻衣用十五升布爲之, 而亦緣以縓, 喪服記"公子爲其母, 練冠,
麻衣縓緣", 是也. 縓緣者, 布也. 麻衣卽深衣. 大祥旣除衰, 故服麻衣以居. 深

---

28) 연제(練祭)는 소상(小祥)을 뜻한다. 삼년상에서 1년째에 지내는 제사이다.
　　소상 때에는 연관(練冠)과 연의(練衣)를 착용하고 제사를 지내기 때문에
　　'연제'라고 부른다.

衣之緣, 或以繢, 或以靑, 或以素, 皆繒也. 而麻衣仍小祥之縓緣, 則猶未離乎凶也. 此篇專明深衣之制. 由深衣之制以推之, 則中衣長衣麻衣之制亦可見矣.

번역 내가 생각하기에, 예복은 상의와 하의가 있는데, 심의(深衣)는 상의와 하의를 연결해서 만드니, 한가롭게 거처할 때 사용하여 간편한 것을 숭상하기 때문이다. 심의 이외에 심의와 만드는 제도는 동일하지만 사용하는 용도가 다른 것은 세 가지가 있다. 첫 번째는 '중의(中衣)'를 뜻하는데, 예복 안에 착용하는 것으로『예기』「옥조(玉藻)」편에서 금의(錦衣)29)·현초의(玄綃衣)30)·교의(絞衣)31)·치의(緇衣)32)라고 말한 것이 여기에 해당한다. 중의에 사용하는 옷감은 예복을 만드는 것과 동일하다. 제복과 피변복(皮弁服)33)은 비단으로 만들고 조복(朝服)과 현단복(玄端服)은 포(布)로 만든다. 그렇기 때문에「옥조」편에서는 "포로 만든 겉옷을 입었는데, 비단으로 된 옷을 그 안에 입는 것은 비례이다."라고 한 것이니, 화려하고 아름다운 옷감으로 옷깃과 가선을 별도로 만든다. 그렇기 때문에『예기』「교특생(郊特牲)」편에서는 "수보(繡黼)로 옷깃을 달고, 적색으로 끝단을 댄다."라고 말한 것이다. 대부와 사 또한 채색된 것으로 만든다. 그렇기 때문에 석(裼)34)하는 것을 아름다움을 드러낸다고 부르니, 중의의 옷깃과 가선을 드

---

29)『예기』「옥조(玉藻)」【382a】 : 君衣狐白裘, 錦衣以裼之. 君之右虎裘, 厥左狼裘. 士不衣狐白.

30)『예기』「옥조(玉藻)」【382b】 : 君子狐靑裘豹褎, 玄綃衣以裼之.

31)『예기』「옥조(玉藻)」【382c】 : 麛裘靑豻褎, 絞衣以裼之.

32)『예기』「옥조(玉藻)」【382c】 : 羔裘豹飾, 緇衣以裼之; 狐裘, 黃衣以裼之. 錦衣狐裘, 諸侯之服也.

33) 피변복(皮弁服)은 호의(縞衣)라고도 부르며, 주로 군주가 조회를 하거나 고삭(告朔)을 할 때 착용하는 복장이다. 흰색 비단으로 만들었으며, 옷에 착용하는 관(冠) 또한 백색 사슴 가죽으로 만들었다.『의례』「기석례(旣夕禮)」편에는 "薦乘車, 鹿淺幦, 干笮革靾, 載旜載皮弁服, 纓轡貝勒, 縣于衡."이라는 기록이 있고, 이에 대한 정현의 주에서는 "皮弁服者, 視朔之服."이라고 풀이했다.

34) 석(裼)은 고대에 의례를 시행할 때 하는 복장 방식 중 하나이다. 좌측 소매를 걷어 올려서, 안에 입고 있는 석의(裼衣)를 드러내는 것이다. 한편 '석'은 비교적 성대하지 않은 의식 때 시행하는 복장 방식으로도 사용되어,

러낸다는 의미이다. 두 번째는 '장의(長衣)'를 뜻하는데, 상복에 착용하는
중의이다. 중의와 장의의 소매는 모두 이어 붙여서 1척(尺) 정도를 가리게
된다.『의례』「빙례(聘禮)」편에서는 "상을 당하여 대부에게 명령을 전할 때
에는 주인은 장의와 연관(練冠)35)을 착용하고 받는다."36)라고 했고,『예기』
「잡기(雜記)」편에서는 "만약 시초점을 치게 된다면, 시초점을 치는 자는
연관과 장의를 착용하고 시초점을 친다."37)라고 했다. 무릇 상을 치르는
중에 어떤 사안으로 인해 상복을 벗게 된다면, 다시 다른 복장을 착용할
수 없으니, 곧 중의를 가장 겉에 입는 복장으로 삼는다. 그렇기 때문에 상복
에 착용하는 중의는 '중의(中衣)'라고 부르지 않고, '장의(長衣)'라고 부르
니, 소매가 길어서 그 옷을 장의라고 부르는 것이다.『예기』「단궁(檀弓)」편
에서는 "소상(小祥)38)에는 연의(練衣)를 착용하니, 연의는 황색의 옷감으
로 중의의 속단을 대고, 옅은 홍색의 옷감으로 옷깃과 소매의 끝단을 댄
것이다."라고 했고, 또 "소맷부리를 달았다면, 석의(裼衣)39)를 착용해도 괜
찮다."40)라고 했다. 무릇 연제(練祭)가 되어야만 중의는 비로소 분홍색 가
선을 댄 것을 사용한다. 그렇기 때문에 석을 하여 아름다움을 드러내니,
그렇다면 연제를 치르기 이전에는 장식을 할 수 없다. 세 번째는 '마의(麻
衣)'를 뜻하는데, 대상(大祥)41)에 착용하는 복장이다. 마의는 15승(升)42)의

좌측 소매를 걷어 올려서 공경의 뜻을 표하기도 했다.
35) 연관(練冠)은 상(喪) 중에 착용하는 관(冠)이다. 부모의 상 중에서 1주기에
   지내는 제사 때 착용을 하였다.
36)『의례』「빙례(聘禮)」: 遭喪, 將命于大夫, 主人長衣·練冠以受.
37)『예기』「잡기상(雜記上)」【493d】: 如筮, 則史練冠長衣以筮, 占者朝服.
38) 소상(小祥)은 본래 부모 및 군주의 상(喪)에서, 부모가 죽은 지 만 1년 만
   에 지내는 제사이다. 이 제사가 끝나면, 자식은 3년상을 지낼 때의 복장과
   생활방식을 조금씩 덜어내게 된다. 또한 '소상'은 친족 및 타인의 상에서 1
   년이 지났을 때를 가리키기도 한다.
39) 석의(裼衣)는 고대에 의례를 시행할 때 입는 옷이다. 가죽옷이나 갈옷 위
   에 걸쳤던 외투 중 하나이다. '석의' 위에는 습의(襲衣)를 걸쳤기 때문에,
   중간에 입는 옷이라는 뜻에서 '중의(中衣)'라고도 부른다.
40)『예기』「단궁상(檀弓上)」【104b】: 鹿裘, 衡長, 袪. 袪, 裼之可也.
41) 대상(大祥)은 부모의 상(喪) 및 삼년상 등을 치를 때 그 대상이 죽은 후
   만 2년 만에 탈상을 하며 지내는 제사이다.

포로 만들게 되며 또한 분홍색으로 가선을 대니,『의례』「상복(喪服)」편의 기문에서 "공자가 자기 모친의 상을 치를 때 연관(練冠)을 착용하고 마의를 착용하며 분홍색의 가선을 댄다."[43]라고 한 말이 이러한 사실을 나타낸다. 분홍색의 가선을 댄다는 것은 포를 이용하는 것이다. 마의는 곧 심의에 해당한다. 대상을 치르게 되면 상복을 제거하게 된다. 그렇기 때문에 마의를 착용하고 기거하게 된다. 심의의 가선은 어떤 것은 수놓은 것을 사용하고 또 어떤 것은 청색으로 하며 또 어떤 것은 흰색으로 하는데 모두 비단으로 만든다. 그런데 마의는 소상(小祥)의 분홍색 가선을 사용하니, 아직까지 흉례에서 완전히 벗어나지 못했기 때문이다. 「심의」편은 전적으로 심의의 제도를 나타내고 있다. 심의의 제도를 통해 추론해보면, 중의·장의·마의의 제도 또한 확인할 수 있다.

참고 『예기』「왕제(王制)」 기록

경문-179b 有虞氏, 皇而祭, 深衣而養老.

번역 유우씨 때 천자는 황(皇)이라는 면류관을 쓰고 제사를 지냈으며, 심의를 입고서 노인을 봉양했다.

鄭注 皇, 冕屬也, 畫羽飾焉. 凡冕屬, 其服皆玄上纁下. 有虞氏十二章, 周九章, 夏殷未聞. 凡養老之服, 皆其時與群臣燕之服. 有虞氏質, 深衣而已.

번역 황(皇)은 면류관의 등속이니, 깃털 문양을 그려 넣은 것이다. 무릇 면류관의 등속들은 그 복식제도가 모두 위쪽은 검은 색으로 하고, 아래쪽은 붉은 색으로 했다. 유우씨 때에는 의복에 12장(章)을 수놓고, 주나라 때

---

42) 승(升)은 옷감과 관련된 단위이다. 고대에는 포(布) 80가닥[縷]을 1승(升)으로 여겼다. 『의례』「상복(喪服)」편에서는 "冠六升, 外畢."이라는 기록이 있는데, 이에 대한 정현의 주에서는 "布八十縷爲升."이라고 풀이했다.
43) 『의례』「상복(喪服)」: 記. 公子爲其母, 練冠, 麻, 麻衣縓緣.

에는 9장을 수놓았지만, 하나라와 은나라에 대해서는 들어보지 못했다. 무릇 노인을 봉양할 때 입는 의복은 모두 그 당시에 천자가 여러 신하들과 함께 연회를 할 때 입었던 의복이었다. 유우씨 때에는 질박하였기 때문에 심의로 했을 뿐이다.

참고 『시』「당풍(唐風)·양지수(揚之水)」

揚之水, (양지수) : 격양된 물이여,
白石鑿鑿. (백석착착) : 흰 돌이 매우 선명하구나.
素衣朱襮, (소의주박) : 수놓은 흰 옷에 붉은 가선이여,
從子于沃. (종자우옥) : 종자를 통해 옥나라로 보내리라.
旣見君子, (기현군자) : 이미 군자를 만나보았는데,
云何不樂. (운하불락) : 어찌 즐겁지 않으리오.

揚之水, (양지수) : 격양된 물이여,
白石皓皓. (백석호호) : 흰 돌이 매우 깨끗하구나.
素衣朱繡, (소의주수) : 흰 옷에 붉은 수를 놓은 것이여,
從子于鵠. (종자우곡) : 종자를 통해 곡옥읍으로 보내리라.
旣見君子, (기현군자) : 이미 군자를 만나보았는데,
云何其憂. (운하기우) : 어찌 근심하리오.

揚之水, (양지수) : 격양된 물이여,
白石粼粼. (백석린린) : 흰 돌이 맑고도 깨끗하구나.
我聞有命, (아문유명) : 내 곡옥에 선한 정치가 시행됨을 들었으나,
不敢以告人. (불감이고인) : 감히 남에게 고하지 못하겠구나.

毛序   揚之水, 刺晉昭公也. 昭公, 分國以封沃, 沃盛强, 昭公微弱, 國人, 將叛而歸沃焉.

모서   「양지수(揚之水)」편은 진나라 소공을 풍자한 시이다. 소공은 나라

를 나누어 옥을 분봉하였는데, 옥이 강성해지고 소공은 미약해져서 나라 사람들이 소공을 배반하고 옥으로 회귀하려고 했다.

참고 『예기』「옥조(玉藻)」 기록

경문-380c 以帛裏布, 非禮也.

번역 포(布)로 만든 겉옷을 입었는데, 비단으로 된 옷을 그 안에 입는 것은 비례(非禮)이다.

鄭注 中外宜相稱也. 冕服, 絲衣也, 中衣用素. 皮弁服・朝服・玄端, 麻衣也, 中衣用布.

번역 안에 입는 옷과 겉에 입는 옷은 마땅히 서로 대칭이 되어야 한다. 면복(冕服)은 생사를 이용해서 만든 옷이니, 중의(中衣)는 백색의 생사를 이용해서 만든다. 피변복(皮弁服)・조복(朝服)・현단(玄端)은 마(麻)를 이용해서 만든 옷이니, 중의는 포(布)를 이용해서 만든다.

孔疏 ●"以帛裏布, 非禮也", 若朝服用布, 則中衣不得用帛也. "皮弁服・朝服・玄端服, 麻衣也, 中衣用布", 三衣用麻, 麻卽十五升布, 故中衣並用布也. 然云"朝服", 又云"玄端"者, 朝服指玄衣素裳, 而玄端裳色多種, 或朱裳玄黃雜裳之屬, 廣言之也. 而小祥衰裏執帛中衣者, 吉凶異故也.

번역 ●經文: "以帛裏布, 非禮也". ○만약 조복(朝服)을 포(布)를 이용해서 만든다면, 중의(中衣)는 비단을 이용해서 만들 수 없다. 정현이 "피변복(皮弁服)・조복(朝服)・현단(玄端)은 마(麻)를 이용해서 만든 옷이니, 중의는 포(布)를 이용해서 만든다."라고 했는데, 세 종류의 옷은 마(麻)를 이용해서 만들고, 마(麻)는 15승(升)의 포(布)가 된다. 그렇기 때문에 중의도 모두 포(布)를 이용해서 만드는 것이다. 그런데 '조복(朝服)'이라고 부르고, 또 '현단(玄端)'이라고 부른 것은 조복은 현의(玄衣)와 소상(素裳)을 가리키는 것

이고, 현단은 하의의 색깔이 여러 종류이므로, 어떤 것은 주색의 하의가
있고, 또 현황(玄黃)색의 하의도 있으며, 또 잡색의 하의 등도 있으니, 범범
하게 말을 한 것이다. 그런데 소상(小祥)에 착용하는 상복에는 안쪽에 숙련
시킨 비단을 이용해서 중의를 만드는데, 길례(吉禮)와 흉례(凶禮)에 따른
차이점 때문이다.

大全 延平周氏曰: 玄冕而上衣用帛者, 則裏亦用帛, 皮弁而下衣用布者,
則裏亦用布, 欲其有純一之德也.

번역 연평주씨44)가 말하길, 현면(玄冕) 이상의 복장처럼 비단을 이용해
서 만든 옷이라면, 그 안에 입는 옷 또한 비단을 이용해서 만들고, 피변(皮弁)
이하의 복장처럼 포(布)를 이용해서 만든 옷이라면, 그 안에 입는 옷 또한
포(布)를 이용해서 만드니, 순일한 덕(德)을 갖추게끔 하고자 해서이다.

集解 愚謂: 裏, 謂中衣之裏也. 長·中與深衣同制. 然深衣襌而長中有裏,
檀弓"練衣黃裏", 是也. 中衣之所用與上服同; 皮弁服·爵弁服·冕服, 中衣用
帛, 其裏亦同帛; 玄端·朝服, 中衣用布, 其裏亦宜用布也. 鄭氏以裏爲中衣, 非
是. 又中衣所用之色, 亦並與上服同, 祭服之中衣用玄, 下言"玄綃衣", 是也.
鄭氏謂"冕服中衣用素", 亦非也.

번역 내가 생각하기에, '이(裏)'는 중의(中衣)의 안감을 뜻한다. 장의(長
衣)·중의는 심의(深衣)와 제작방법이 동일하다. 그러나 심의는 홑겹으로 되
어 있고, 장의와 중의에는 안감이 덧대어 있다. 『예기』「단궁(檀弓)」편에서
"연의(練衣)에는 황색의 옷감으로 속단을 댄다."45)라고 한 말이 바로 이러
한 사실을 나타낸다. 중의에 사용되는 재질은 그 위에 입는 겉옷의 재질과
동일하며, 피변복(皮弁服)·작변복(爵弁服)·면복(冕服)에는 비단으로 만든

---

44) 연평주씨(延平周氏, ?~?) : =주서(周諝)·주희성(周希聖). 송(宋)나라 때의 유
학자이다. 이름은 서(諝)이다. 자(字)는 희성(希聖)이다. 『예기설(禮記說)』
등의 저서가 있다.
45) 『예기』「단궁상(檀弓上)」【103d】: 練, 練衣, 黃裏, 縓緣.

중의를 착용하고, 그 안감 또한 동일하게 비단으로 댄다. 현단(玄端)·조복(朝服)에는 포(布)로 만든 중의를 착용하고, 그 안감 또한 마땅히 포(布)를 이용해야 한다. 정현은 이(裏)를 중의라고 여겼는데, 이것은 잘못된 주장이다. 또한 중의에 사용되는 옷감의 색깔 또한 겉옷의 색깔과 동일하여, 제복(祭服)에 착용하는 중의는 검은색으로 만드니, 아래문장에서 "검은색의 초의(綃衣)이다."[46]라고 한 말이 바로 이러한 사실을 나타낸다. 정현은 "면복(冕服)의 중의는 흰색의 생사를 이용해서 만든다."라고 했는데, 이 또한 잘못된 주장이다.

참고 『예기』「옥조(玉藻)」 기록

경문-380b 長中繼掩尺, 袷二寸, 袪尺二寸, 緣廣寸半.

번역 장의(長衣)와 중의(中衣)는 소매의 끝부분에 천을 덧대길 1척(尺) 정도 하고, 목 뒤의 옷깃은 2촌(寸)이며, 소매의 통은 1척 2촌으로 하고, 가선의 너비는 1.5촌으로 한다.

鄭注 其爲長衣·中衣, 則繼袂揜一尺, 若今褎矣. 深衣則緣而已. 曲領也. 袂口也. 飾邊也.

번역 장의와 중의를 만들게 된다면, 소매에 연결하여 1척 정도를 가리니, 현재의 유(褎)와 같다. 심의의 경우에는 가선만 댈 따름이다. '겁(袷)'은 굽은 옷깃이다. '거(袪)'는 소매의 입구이다. 가선을 대서 가장자리를 장식하는 것이다.

孔疏 ●"長·中, 繼揜尺"者, 謂長衣·中衣, 繼袂之末, 揜餘一尺.

번역 ●經文: "長·中, 繼揜尺". ○장의와 심의에는 소매의 끝부분에 천을 연결하여, 1척 정도를 덮는다는 뜻이다.

---

46) 『예기』「옥조(玉藻)」【382b】: 君子狐靑裘豹褎, <u>玄綃衣</u>以裼之.

孔疏 ●"袷二寸"者, 袷, 謂深衣曲領, 廣二寸.

번역 ●經文: "袷二寸". ○'겁(袷)'은 심의 중 목 뒤의 굽은 옷깃으로, 그 너비가 2촌이라는 뜻이다.

孔疏 ●"袪尺二寸"者, 袪, 謂深衣袂口, 謂口之外畔上下尺二寸也. 故注云 "衽, 袂口也".

번역 ●經文: "袪尺二寸". ○'거(袪)'는 심의의 소매 입구를 뜻하니, 소매 입구의 겉 부분은 상하로 1척 2촌이라는 의미이다. 그렇기 때문에 정현의 주에서는 "'임(衽)'은 소매의 입구이다."라고 말한 것이다.

孔疏 ●"緣廣寸半"者, 謂深衣邊以緣飾之, 廣寸半也.

번역 ●經文: "緣廣寸半". ○심의의 가장자리는 가선으로 장식을 하는데, 그 너비는 1.5촌이라는 뜻이다.

孔疏 ◎注"其爲"至"而已". ○正義曰: "繼袂揜一尺"者, 幅廣二尺二寸, 以半幅繼續袂口, 揜餘一尺. 云"深衣則緣而已"者, 若長衣揜必用素, 而中衣揜或布或素, 隨其衣而然. 長·中制同而名異者, 所施異故也. 裏中著之, 則曰"中衣", 若露著之, 則曰"長衣". 故鄭注深衣目錄: "素紕曰長衣, 有表謂之中衣."

번역 ◎鄭注: "其爲"~"而已". ○정현이 "소매에 연결하여 1척 정도를 가린다."라고 했는데, 폭(幅)의 너비는 2척 2촌이며, 반폭을 이용해서 소매의 입구와 연결을 시키고, 나머지 1척을 가린다. 정현이 "심의의 경우에는 가선만 댈 따름이다."라고 했는데, 만약 장의의 가리는 부분이라면, 반드시 소(素)를 사용하게 되고, 중의의 가리는 부분은 어떤 것은 포(布)를 사용하고, 또 어떤 것은 소(素)를 사용하여, 그 겉에 입는 옷에 따라서 만들게 된다. 장의와 중의를 만드는 제도는 동일하지만 명칭이 다른데, 그 이유는 사용되는 곳이 다르기 때문이다. 안에 착용을 하기 때문에 '중의(中衣)'라고 부르는 것이고, 만약 겉으로 노출을 시켜서 착용한다면, '장의(長衣)'라고 부른다. 그렇기 때문에『심의목록(深衣目錄)』에 대한 정현의 주에서는 "소비(素紕)를 장의라고 부르고, 겉옷이 있는 것은 중의라고 한다."라고 한 것이다.

大全 嚴陵方氏曰: 長中與深衣, 大同而小異. 繼揜尺者, 繼袂而揜覆一尺也, 此所以異於深衣也. 袷, 領也, 以交而合, 故謂之袷. 辨則奇, 合則偶, 故二寸. 緣寸半者, 三五之分也.

번역 엄릉방씨가 말하길, 장의(長衣) 및 중의(中衣)와 심의(深衣)는 대동소이하다. '계엄척(繼揜尺)'이라는 말은 소매의 입구에 이어서, 1척 정도를 덮는다는 뜻인데, 이것이 심의(深衣)와 다른 점이다. '겁(袷)'은 옷깃을 뜻하니, 교차하여 합하기 때문에, '유(袷)'라고 부르는 것이다. 나누면 홀수가 되고, 합하면 짝수가 된다. 그렇기 때문에 2촌이 된다. 가선을 촌반(寸半)으로 한다는 말은 15분으로 한다는 뜻이다.

集解 愚謂: 長衣·中衣, 皆衣於上服之內者也. 吉服謂之中衣, 喪服謂之長衣. 蓋吉服之中衣恒服在內, 凶服之中衣則如遭喪受聘之大夫, 大夫筮葬之史, 皆釋衰而卽用爲外服, 故不謂之中衣, 而因其袂之長, 謂之長衣也. 繼揜尺者, 更以一尺續於袂口, 而揜覆於手也. 長·中之制, 悉與深衣同, 其異於深衣者唯此也. 蓋深衣用之燕居, 故袂短, 反屈之及肘而已. 長·中在禮服之內, 禮服袂長, 故長中之袂亦長, 欲其與上服稱也. "袷二寸"以下, 兼承深衣·長·中言之也. 深衣用十五升白布爲之, 長·中則各視其上服之所用焉.

번역 내가 생각하기에, 장의와 중의는 모두 겉옷의 안쪽에 착용하는 옷이다. 길복(吉服)의 경우에는 안에 입는 옷을 '중의(中衣)'라고 부르고, 상복의 경우에는 안에 입는 옷을 '장의(長衣)'라고 부른다. 무릇 길복에 착용하는 중의는 항상 그 안에 착용하게 되지만, 흉복에 착용하는 중의라면, 예를 들어 상을 당하여 빙문을 받는 대부의 경우, 대부가 장례를 치를 때, 그 사안에 대해 시초점을 치는 관리는 모두 상복을 벗고, 곧바로 안에 입고 있던 옷을 겉에 입는 옷으로 사용한다. 그렇기 때문에 '중의(中衣)'라고 부르지 않는 것이고, 그 소매가 길다는 이유에 따라서, '장의(長衣)'라고 부르는 것이다. '계엄척(繼揜尺)'이라는 말은 다시금 1척 정도의 천을 소매 입구에 달아서, 손을 가린다는 뜻이다. 장의와 중의를 제작하는 방법은 심의와 모든 면에서 동일하지만, 오직 소매에 덧대는 것만이 차이를 보일 따름이다. 무릇 심의는 한가롭게 거처할 때 착용하는 것이다. 그렇기 때문에 소매가 짧으니, 반대로 접으면 팔꿈치까지 오게 될 따름이다. 장의와 중의는 예복 안에 입는 것이고, 예복의 소매는 길기 때문에, 장의의 소매 또한 긴 것이니, 그 위에 입는 옷과 길이가 대칭이 되도록 한 것이다. "겁(袷)을 2촌으로 한다."라는 구문부터 그 이하의 내용은 심의·장의·중의를 함께 포함해서 말한 것이다. 심의는 15승(升)의 백색 포(布)를 이용해서 만들고, 장의와 중의의 경우에는 각각 그 위에 입는 겉옷의 재질에 맞춰서 만든다.

참고 『예기』「옥조(玉藻)」기록

경문-380a 朝玄端, 夕深衣.

번역 대부와 사는 아침에는 현단(玄端)을 착용하고, 저녁에는 심의(深衣)를 착용한다.

鄭注 謂大夫·士也.

번역 대부와 사에게 해당하는 내용이다.

孔疏 ●"朝玄端, 夕深衣"者, 謂大夫·士早朝在私朝, 服玄端, 夕服深衣, 在私朝及家也.

번역 ●經文: "朝玄端, 夕深衣". ○대부와 사가 아침 일찍 사조(私朝)[47]

---

47) 사조(私朝)는 가조(家朝)와 같은 말이다. 대부(大夫)가 자신의 가(家)에 갖추고 있는 조정으로, 이곳에서 업무를 집행한다. 국가의 공적인 업무를 처리하는 군주의 조정과 대비가 되므로, '사조'라고 부르는 것이다. 대부는 통치 단위가 가(家)이므로, 대부가 가지고 있는 조정을 '가조'라고 부르는

에 머물게 되면 현단을 착용하고, 저녁에는 심의를 착용하여 사조 및 가(家)에 머물게 된다.

訓纂 聶氏三禮圖玄端: 張鎰圖云: "天子齊, 玄衣, 玄冠, 玄裳, 黑韠, 素帶, 朱綠, 終辟, 佩白玉, 黑潟, 赤絇繶純. 諸侯唯佩山玄玉爲別, 燕居朱裳, 朱韠, 赤潟, 黑絇繶純. 卿大夫素裳, 上士玄裳, 中士黃裳, 下士雜裳, 前玄後黃. 大夫以上, 朝夕服之, 唯士夕服之. 夕者, 若今哺上視事耳."

번역 섭숭의의『삼례도』[48] 중 현단(玄端) 항목에서 말하길, 장일의 도설에서는 "천자가 재계를 하면, 현색의 상의, 현색의 관(冠), 현색의 하의, 흑색의 슬갑, 흰색의 띠, 주색의 가선을 두르고, 끝단을 대며, 백색의 옥을 차고, 흑색의 신발에, 적색의 신코장식과 묶는 끈 및 옆의 끈을 단다. 제후는 다만 산현(山玄)색의 옥을 차서 구별을 하고, 한가롭게 거처할 때에는 주색의 하의, 주색의 슬갑, 적색의 신발에, 흑색의 신코장식과 묶는 끈 및 옆의 끈을 단다. 경과 대부는 흰색의 하의를 착용하며, 상사(上士)는 현색의 하의를 착용하고, 중사(中士)는 황색의 하의를 착용하며, 하사(下士)는 잡색의 하의를 착용하는데, 전면은 현색이고 후면은 황색이다. 대부 이상의 계급은 아침저녁으로 이러한 복장을 착용하지만, 사(士)는 저녁에만 이러한 복장을 착용한다. 저녁이라는 것은 마치 오늘날 신시(申時)를 넘겨서 정무를 처리하는 것과 같을 따름이다."라고 했다.

集解 此謂大夫士燕居之服也. 玄端, 玄冠端衣也. 端, 正也. 玄端之衣, 以十五升布緇而爲之, 前後各二幅, 其長二尺二寸, 幅廣亦二尺二寸, 長與幅廣正等, 故曰"端". 深衣以十五升白布, 連衣裳爲之, 以其被體深邃, 故曰"深衣".

것이다.

48)『삼례도(三禮圖)』는 삼례(三禮)에 나타나는 각종 명물(名物) 등에 대한 도해(圖解)를 한 책이다.『수서(隋書)』「경적지(經籍志)」를 비롯하여, 각종 사서(史書)에는 각 시대마다 편찬된『삼례도』에 대한 기록이 나오지만, 현재는 전해지지 않는다. 현재 남아있는『삼례도』는 송대(宋代) 섭숭의(聶崇義)의『삼례도』20권과 명대(明代) 유적(劉績)의『삼례도』4권이다.

天子皮弁視朝, 遂以食, 卒食, 服玄端; 諸侯朝服視朝, 退適路寢, 釋服, 服玄端, 又朝服以食, 卒食, 服深衣; 大夫士朝服以朝, 退朝, 服玄端以食, 卒食, 服深衣也. 若大夫士視私朝, 亦朝服也.

번역 이 내용은 대부와 사가 한가롭게 거처할 때 착용하는 복장에 대한 것이다. '현단(玄端)'은 현관(玄冠)에 단의(端衣)를 착용하는 것이다. '단(端)'자는 "바르다[正]."는 뜻이다. 현단(玄端)의 상의는 15승(升)의 검은색 포(布)를 사용해서 만드는데, 앞뒤를 각각 2폭(幅)으로 하며, 그 길이는 2척 2촌으로 하고, 폭(幅)의 너비 또한 2척 2촌으로 하니, 길이와 폭(幅)의 너비가 균등하게 된다. 그렇기 때문에 '단(端)'자를 붙여서 부르는 것이다. 심의는 15승의 백색 포를 이용해서 만드는데, 상의와 하의를 연결해서 만들고, 신체와 밀착하게 된다. 그렇기 때문에 '심의(深衣)'라고 부르는 것이다. 천자는 피변(皮弁)을 착용하고 조회에 참여하고, 그 뒤에는 식사를 하며, 식사를 끝내면, 현단(玄端)을 착용한다. 제후는 조복(朝服)을 착용하고 조회에 참여하고, 물러나서 노침(路寢)[49]으로 가서 옷을 벗고, 현단(玄端)을 착용하며, 또한 조복(朝服)을 착용하고 식사를 하고, 식사가 끝나면 심의(深衣)를 착용한다. 대부와 사는 조복을 착용하고 조회에 참여하며, 조정에서 물러나면, 현단을 착용하고 식사를 하며, 식사가 끝나면 심의를 착용한다. 만약 대부와 사가 사조(私朝)에 참관하는 경우라면, 또한 조복을 착용한다.

集解 凡禮服, 皆端也. 樂記"端冕而聽古樂", 大戴禮"端衣玄裳, 絻而乘輅", 此冕服謂之端也. 左傳"晏子端委立於虎門之外", 又劉定公曰"吾與子弁冕端委, 以治民臨諸侯", 又子贛曰"大伯端委以治周禮", 此朝服謂之端也. 而玄端獨以端爲名, 蓋深衣連衣裳爲之, 玄端乃禮服之下, 衣之端者自此始, 故專以

---

49) 노침(路寢)은 천자나 제후가 정무를 처리하던 정전(正殿)이다. 『시』「노송(魯頌)·민궁(閟宮)」편에는 "松桷有舃, 路寢孔碩."이라는 기록이 있는데, 이에 대한 모전(毛傳)에서는 "路寢, 正寢也."라고 풀이했고, 『문선(文選)』에 수록된 장형(張衡)의 '서경부(西京賦)'에는 "正殿路寢, 用朝群辟."이라는 기록이 있는데, 이에 대한 설종(薛綜)의 주에서는 "周曰路寢, 漢曰正殿."이라고 하여, 주(周)나라에서는 '정전'을 '노침'으로 불렀다고 풀이했다.

端名焉. 玄端之衣, 雖與朝服以上同制, 而其袂則異. 雜記: "凡弁絰, 其衰侈
袂." 弁絰之衰侈袂, 則吉時皮弁·爵弁之服侈袂可知. 少牢禮: "主人朝服, 主
婦錫衣侈袂." 主婦衣侈袂, 則主人朝服侈袂可知. 特牲禮"主人玄端", 不言
"侈袂", 則袂不侈也. 玄端之制, 雖不可考, 而喪服記言喪衰之制云: "袂屬幅,
衣二尺有二寸, 袪尺二寸." 士之喪衰, 與玄端同制者也. 是玄端之袂屬於衣爲
二尺二寸, 至袖口而圜殺爲尺二寸, 與深衣同. 若朝服以上, 則其袂不殺, 不殺
故侈, 殺之故不侈. 此端衣與朝服以上之異制也.

번역 무릇 예복(禮服)들은 모두 단(端)에 해당한다. 『예기』「악기(樂記)」
편에서는 "단면(端冕)하고 고악(古樂)을 듣는다."50)라고 했고, 『대대례기
(大戴禮記)』에서는 "단의(端衣)와 현상(玄裳)을 착용하고, 문(絻)하고서 수
레에 오른다."51)라고 했으니, 이 기록들은 면복(冕服)에 대해서도 '단(端)'
이라고 부른다는 사실을 나타낸다. 『좌전』에서는 "안자는 단위(端委)를 착
용하고, 호문(虎門)52) 밖에 서 있었다."53)라고 했고, 또 유정공은 "나와 그
대는 변면(弁冕)에 단위(端委)를 착용하고, 백성들을 다스리며, 제후들을
임한다."54)라고 했으며, 자공은 "대백(大伯)에 단위(端委)를 착용하고, 주
(周)나라의 예법을 다스렸다."55)라고 했는데, 이 기록들은 조복(朝服)에 대
해서도 '단(端)'이라고 부른다는 사실을 나타낸다. 그런데 현단(玄端)에 대
해서 유독 '단(端)'자를 붙여서 명칭을 정한 것은 무릇 심의(深衣)는 상의와
하의를 연결해서 만들고, 현단은 곧 예복 중에서도 하등의 복장인데, 옷의

---

50) 『예기』「악기(樂記)」【477d~478a】: 魏文侯問於子夏曰, "吾端冕而聽古樂,
則唯恐臥. 聽鄭衛之音, 則不知倦. 敢問古樂之如彼何也? 新樂之如此何也?"

51) 『대대례기(大戴禮記)』「애공문오의(哀公問五義)」: 孔子曰: 否, 不必然. 今夫
端衣·玄裳·冕而乘路者, 志不在於食葷.

52) 호문(虎門)은 궁성(宮城)에 있는 노침(路寢)의 문을 가리킨다. 문 밖에 호
랑이를 그려서, 용맹함을 나타냈다.

53) 『춘추좌씨전』「소공(昭公) 10년」: 晏平仲端委立于虎門之外, 四族召之, 無所往.

54) 『춘추좌씨전』「소공(昭公) 1년」: 劉子曰, "美哉禹功! 明德遠矣. 微禹, 吾其
魚乎! 吾與子弁冕·端委, 以治民·臨諸侯, 禹之力也. 子盍亦遠績禹功而大庇民乎!"

55) 『춘추좌씨전』「애공(哀公) 7년」: 大伯端委以治周禮, 仲雍嗣之, 斷髮文身, 嬴
以爲飾, 豈禮也哉? 有由然也.

길이와 폭을 균등하게 만드는 방법은 이 옷부터 시작되기 때문에, 전적으로 '단(端)'자를 붙여서 명칭을 정한 것이다. 현단에 착용하는 상의는 비록 조복 이상의 복장에서 착용하는 것과 동일한 제도로 만들지만, 그 소매에 있어서는 차이가 난다. 『예기』「잡기(雜記)」편에서는 "무릇 변질(弁絰)56)에는 그 상복의 소매를 넓게 한다."57)라고 했다. 따라서 변질을 착용할 때의 상복에 있어서, 그 소매를 넓게 했다면, 길한 때 착용하는 피변(皮弁)·작변(爵弁)의 복장에 대해서도 소매를 넓게 했다는 사실을 알 수 있다. 『의례』「소뢰궤식례(少牢饋食禮)」편에서는 "주인은 조복(朝服)을 착용하고, 주부는 석의(錫衣)를 착용하는데 소매를 넓게 한다."라고 했다. 주부의 옷에 대해서 소매를 넓게 했다면, 주인이 착용하는 조복(朝服)에 대해서도 소매를 넓게 했다는 사실을 알 수 있다. 『의례』「특생궤식례(特牲饋食禮)」편에서는 "주인은 현단(玄端)을 착용한다."라고 했지만, "소매를 넓게 한다."라는 말을 하지 않았으니, 소매를 넓히지 않았던 것이다. 현단(玄端)을 만드는 제도에 대해서는 비록 고찰을 할 수 없지만, 『의례』「상복(喪服)」편의 기문에서는 상복에 대한 제도를 설명하며, "소매는 그 폭을 줄이지 않고, 상의의 연결부분은 2척 2촌으로 만들며, 소매 끝단은 1척 2촌으로 한다."58)라고 했다. 사가 착용했던 상복은 현단(玄端)과 동일한 방식으로 제작한다. 따라서 이 말은 현단의 소매도 상의보다 줄이지 않고, 2척 2촌으로 만들며, 소매의 끝단에 이르러서는 전체적으로 크기를 줄여서 1척 2촌으로 만드니, 심의와 동일하게 된다. 만약 조복 이상의 복장이라면, 그 소맷부리를 줄이지 않는데, 줄이지 않기 때문에 늘리는 것이며, 줄이기 때문에 늘리지 않는 것이다. 이것은 곧 단의(端衣)는 조복 이상의 복장과 그 제도가 달랐다는 사실을 나타낸다.

---

56) 변질(弁絰)은 흰 색으로 된 작변(爵弁)에 환질(環絰)을 두른 것이다.

57) 『예기』「잡기하(雜記下)」【516c】: 凡弁絰, 其衰侈袂.

58) 『의례』「상복(喪服)」: 袂二尺有五寸. 袪屬幅. 衣二尺有二寸. 袪尺二寸.

참고 『예기』「단궁상(檀弓上)」 기록

경문-103d 練, 練衣, 黃裏, 縓緣.

번역 소상(小祥)에는 연의(練衣)를 착용하니, 연의는 황색의 옷감으로 중의(中衣)의 속단을 대고, 옅은 홍색의 옷감으로 옷깃과 소매의 끝단을 댄 것이다.

참고 『의례』「상복(喪服)」 '자최장기장(齊衰杖期章)' 기록

경문 疏衰裳齊, 牡麻絰, 冠布纓, 削杖, 布帶, 疏屨, 期者.

번역 거친 베로 만든 상의와 하의의 아랫단을 꿰매고, 숫마로 만든 질(絰)을 차며, 관은 포로 만들고 갓끈을 달고, 삭장을 짚으며, 포로 만든 띠를 두르고, 거친 짚신을 신고 기년상을 치른다.

賈疏 ●"疏衰"至"期者". ○釋曰: 按下章不言疏衰已下者, 還依此經所陳, 唯言不杖及麻屨異於上者, 此章"疏衰"已下, 與前章不殊, 唯"期"一字與前三年有異. 今不直言其異, 而還具列之者, 以其此一期與前三年懸絶, 恐服制亦多不同, 故須重列七服者也. 但此章雖止一期, 而禫杖具有. 按下雜記云: "期之喪, 十一月而練, 十三月而祥, 十五月而禫." 注云: "此謂父在爲母." 卽是此章者也. 母之與父, 恩愛本同, 爲父所厭屈而至期, 是以雖屈猶申禫杖也. 爲妻亦申, 妻雖義合, 妻乃天夫, 爲夫斬衰, 爲妻報以禫杖, 但以夫尊妻卑, 故齊斬有異.

번역 ●經文: "疏衰"~"期者". ○밑의 장을 살펴보면 '소최(疏衰)'로부터 그 이하의 말을 언급하지 않았는데, 이곳 경문에서 진술한 것에 따른 것인데, 오직 지팡이를 짚지 않고 마로 된 짚신을 신는다고 말하여 이곳의 내용과 차이가 있다. 이곳에서 '소최'로부터 그 이하의 내용은 앞의 장과 차이가 없지만, '기(期)'라고 쓴 한 글자는 앞에서 '삼년(三年)'이라고 한 것과 차이

가 생긴다. 그런데 그 차이점에 대해서만 언급하지 않고 다시 구체적인 복장들을 나열하였는데, 이곳에서 말한 기년이라는 것은 앞에서 말한 삼년과 현격한 차이가 있어서 상복제도에 있어서도 대부분 다를 것이라는 오해를 할 수 있기 때문에, 일곱 가지 복식 제도를 거듭 나열할 필요가 있었다. 다만 이곳에서는 비록 하나의 '기(期)'자만 제시했으나 담제(禫祭)[59]를 지내고 지팡이를 짚는다는 내용도 모두 수록하고 있다. 『예기』「잡기하(雜記下)」편을 살펴보면, "기년상을 치를 때, 11개월이 지나면 소상(小祥)을 치르며, 13개월이 지나면 대상(大祥)을 치르고, 15개월이 지나면 담제(禫祭)를 치른다."[60]라고 했고, 정현의 주에서는 "이것은 부친이 생존해 계실 때 돌아가신 모친의 상례를 치르는 경우이다."라고 했다. 이것은 곧 이곳의 내용에 해당한다. 모친과 부친에 대해서는 은정과 친애함이 본래 동일하지만 부친으로 인해 염강(厭降)[61]을 해서 기년상에 이르는 것이니, 이러한 까닭으로 비록 염강을 하지만 여전히 담제를 치르고 지팡이를 짚는 것은 시행할 수 있다. 처를 위해서도 또한 담제와 지팡이 짚는 것을 시행할 수 있으니, 처는 비록 의로움에 따라 혼인을 한 대상이지만, 처의 경우 남편을 하늘처럼 섬겨서 남편을 위해서는 참최복을 착용하는데, 처를 위해서는 담제와 지팡이를 짚는 규정을 시행하여 보답을 한다. 다만 남편은 존귀하고 처는 미천하기 때문에 자최복을 입느냐 참최복을 입느냐가 다른 것이다.

전문 傳曰: 問者曰: 何冠也? 曰: 齊衰·大功, 冠其受也. 緦麻·小功, 冠其衰也. 帶緣各視其冠.

번역 전문에서 말하였다. 질문을 하는 자가 "어떤 관을 쓰는가?"라고 하

---

59) 담제(禫祭)는 상복(喪服)을 벗을 때 지내는 제사이다.

60) 『예기』「잡기하(雜記下)」【513c】: <u>期之喪, 十一月而練, 十三月而祥, 十五月而禫. 練則弔.</u>

61) 염강(厭降)은 상례(喪禮)에 있어서, 돌아가신 모친을 위해 자식은 본래 삼년상(三年喪)을 치러야 하지만, 부친이 생존해 계신 경우라면, 수위를 낮춰서 기년상(期年喪)으로 치르는데, 이처럼 낮춰서 치르는 것을 '염강'이라고 부른다.

여, 답해보자면 자최복과 대공복에서는 새로 받게 되는 상복의 승(升)수에 관을 맞춘다. 시마복과 소공복에서는 처음의 상복 승수에 관을 맞춘다. 허리띠와 가선은 각각 쓰는 관의 승수에 맞춘다.

鄭注 問之者, 見斬衰有二, 其冠同. 今齊衰有四章, 不知其冠之異同爾. 緣, 如深衣之緣. 今文無冠布纓.

번역 질문을 한 것은 참최복에는 두 경우가 있지만 쓰는 관은 동일하다. 그런데 자최복에는 네 개의 장이 있는데, 각각의 쓰는 관에 있어서 차이점을 알 수 없다는 것을 드러낸 것이다. '연(緣)'이라는 것은 심의의 가선과 같다. 금문본에는 '관포영(冠布纓)'이라는 기록이 없다.

賈疏 ●"傳曰"至"其冠". ○釋曰: 云"問者曰何冠也"者, 此還子夏之問答而言. 問者曰者, 子夏欲起發前人使之開悟, 故假他問答己之言也. 云"曰齊衰大功, 冠其受也"者, 降服, 齊衰四升, 冠七升; 旣葬, 以其冠爲受, 衰七升, 冠八升. 正服, 齊衰五升, 冠八升; 旣葬, 以其冠爲受, 衰八升, 冠九升. 義服, 齊衰六升, 冠九升; 旣葬, 以其冠爲受, 受服衰九升, 冠十升. 降服, 大功衰七升, 冠十升; 旣葬, 以其冠爲受, 受衰十升, 冠十一升. 正服, 大功衰八升, 冠十升; 旣葬, 以其冠爲受, 受衰十升, 冠十一升. 義服, 大功衰九升, 冠十一升; 旣葬, 以其冠爲受, 受衰十一升, 冠十二升. 以其初死, 冠升皆與旣葬衰升數同, 故云冠其受也. 大功亦然. 云"緦麻小功, 冠其衰也"者, 以其降服, 小功衰十升; 正服, 小功衰十一升; 義服, 小功衰十二升, 緦麻十五升, 抽其半七升半, 冠皆與衰升數同, 故云冠其衰也. 義疏備於下記. 云"帶緣各視其冠"者, 帶謂布帶, 象革帶者, 緣謂喪服之內, 中衣緣用布, 緣之二者之布升數多少, 視猶比也, 各比擬其冠也. 然本問齊衰之冠, 因答大功與緦麻, 小功並答帶緣者, 子夏欲因問博陳其義, 是以假問答異常例也.

번역 ●傳文: "傳曰"~"其冠". ○"질문을 하는 자가 어떤 관을 쓰느냐고 물었다."라고 했는데, 이것은 자하의 문답을 통해 말한 것이다. '문자왈(問者曰)'이라는 것은 자하가 이전 사람들로 인해 깨우치게 되었음을 드러내

고자 했기 때문에, 다른 사람의 질문을 가탁하여 자신의 답변을 기록한 것
이다. "답해보자면 자최복과 대공복에서는 새로 받게 되는 상복의 승(升)수
에 관을 맞춘다."라고 했는데, 강복(降服)62)의 경우 자최복은 4승으로 만들
고 관은 7승으로 만드는데, 장례를 마치면 관의 승수에 따라 새로운 상복을
받게 되어 상복은 7승이고 관은 8승이다. 정복(正服)63)의 경우 자최복은
5승으로 만들고 관은 8승으로 만드는데, 장례를 마치면 관의 승수에 따라
새로운 상복을 받게 되어 상복은 8승이고 관은 9승이다. 의복(義服)64)의
경우 자최복은 6승으로 만들고 관은 9승으로 만드는데, 장례를 마치면 관
의 승수에 따라 새로운 상복을 받게 되어 상복은 9승으로 만든 것을 받고
관은 10승으로 한다. 강복의 경우 대공복은 7승으로 만들고 관은 10승으로
만드는데, 장례를 마치면 관의 승수에 따라 새로운 상복을 받게 되어 상복
은 10승으로 만든 것을 받고 관은 11승으로 한다. 정복의 경우 대공복은
8승으로 만들고 관은 10승으로 만드는데, 장례를 마치면 관의 승수에 따라
새로운 상복을 받게 되어 상복은 10승으로 만든 것을 받고 관은 11승으로
한다. 의복의 경우 대공복은 9승으로 만들고 관은 11승으로 만드는데, 장례
를 마치면 관의 승수에 따라 새로운 상복을 받게 되어 상복은 11승으로
만든 것을 받고 관은 12승으로 한다. 어떤 자가 이제 막 죽었을 때 쓰는
관의 승수는 모두 장례를 마쳤을 때 새로 착용하는 상복의 승수와 같다.
그렇기 때문에 "새로 받게 되는 상복의 승수에 관을 맞춘다."라고 했다. 대

---

62) 강복(降服)은 상(喪)의 수위를 본래의 등급보다 한 등급 낮추는 일에 해당
   한다. 예를 들어 자식은 부모에 대해 삼년상을 치러야 하지만, 다른 집의
   양자로 간 경우라면 자신의 친부모에 대해 삼년상을 치르지 않고, 한 등급
   낮춰서 1년만 치르게 된다. 이것은 상(喪)의 기간에만 해당하는 것이 아니
   라, 상복(喪服) 및 상(喪)을 치르며 부수적으로 갖추게 되는 기물(器物)들
   에도 적용된다.
63) 정복(正服)은 본래의 상례(喪禮) 규정에 따른 정식 복장을 뜻한다. 친족 관
   계에서는 각 등급에 따른 상례 절차가 규정되어 있으므로, '정복'이라는 것
   은 규정에 따른 상복(喪服)을 착용하는 것뿐만 아니라, 상(喪)을 치르는 기
   간과 각종 부수적 기물(器物)들에 대해서도 규정대로 따르는 것을 뜻한다.
64) 의복(義服)은 본래 친속관계가 성립되지 않아서, 상복(喪服)을 착용해야만
   하는 관계가 아닌데도, 도리에 따라 상복을 착용하는 것을 말한다.

공복에서도 이처럼 한다. "시마복과 소공복에서는 처음의 상복 승수에 관을 맞춘다."라고 했는데, 강복의 경우 소공복의 승수는 10승이고, 정복의 경우 소공복의 승수는 11승이며, 의복의 경우 소공복의 승수는 12승이다. 시마복은 15승으로 만드는데, 그 중 절반인 7.5승을 빼며, 관은 모두 상복의 승수와 동일하다. 그렇기 때문에 "처음의 상복 승수에 관을 맞춘다."라고 했다. 그 의미에 대한 풀이는 아래 기문에 나온다. "허리띠와 가선은 각각 쓰는 관의 승수에 맞춘다."라고 했는데, 허리띠는 포로 만든 허리띠를 뜻하니 혁대를 상징하는 것이며, 가선은 상복의 안쪽에 입는 중의의 가선은 포로 만드는데, 두 가선에 들어가는 포의 승수 차이를 나타낸다. '시(視)'자는 "견주다[比]."는 뜻이니, 각각 관의 승수에 따른다는 의미이다. 그런데 본래의 질문은 자최복에 쓰는 관에 대한 것이지만, 질문한 것에 연유하여 대공복과 시마복, 소공복을 설명하고 아울러 허리띠와 가선에 대해 설명을 했는데, 자하는 질문한 것에 따라서 그 의미를 폭넓게 진술하고자 했다. 이러한 까닭으로 문답형식을 통해 차이가 나는 용례를 기술한 것이다.

賈疏 ◎注"問之"至"布緣". ○釋曰: 云"問之者見斬衰有二, 其冠同"者, 下記云"斬衰三升, 三升有半, 冠六升", 是其冠同也. 云"今齊衰有四章不知其冠之異同爾"者, 下記云"齊衰四升, 其冠七升", 旣葬, "以其冠爲受, 受衰七升, 冠八升", 唯見此降服齊衰, 不見正服·義服, 及三月齊衰一章不見, 以不知其冠之異同, 故致此問也. 云"緣如深衣之緣"者, 按深衣目錄云: "深衣, 連衣裳而純之以采. 素純曰長衣, 有表則謂之中衣." 此旣在喪服之內, 則是中衣矣. 而云深衣, 以其中衣與深衣同是連衣裳, 其制大同, 故就深衣有篇目者而言之. 按玉藻云其爲"長中繼掩尺", 注云: "其爲長衣·中衣則繼袂掩一尺, 若今褒矣. 深衣則緣而已." 若然, 中衣與長衣袂皆手外長一尺. 按檀弓云練時"鹿裘衡長袪", 注云"袪謂褒緣袂口也". 練而爲裘, 橫廣之又長之, 又爲袪, 則先時狹短, 無袪可知. 若然, 此初喪之中衣緣亦狹短, 不得如玉藻中衣繼袂掩一尺者也. 但吉時麛裘, 卽凶時鹿裘, 吉時中衣, 深衣. 目錄云大夫以上用素, 士中衣不用布, 緣皆用采, 況喪中緣用布, 明中衣亦用布也. 其中衣用布, 雖無明文, 亦當視冠. 若然, 直言緣視冠, 不言中衣緣用采, 故特言緣用布, 何妨喪時中衣亦用布乎? 云"今文無冠布纓"者, 鄭注儀禮從經今文者, 注內疊出古文, 不從古文.
若從經古文者, 注內疊出今文, 不從今文. 此注旣疊出今文, 明不從今文, 從經
古文, 有冠布纓爲正也.

번역 ◎鄭注: "問之"~"布纓". ○정현이 "질문을 한 것은 참최복에는 두
경우가 있지만 쓰는 관은 동일하다."라고 했는데, 아래 기문에서는 "참최복
은 3승이나 3.5승으로 만들고 관은 6승으로 만든다."라고 했는데, 이것은
관의 승수가 동일함을 나타낸다. 정현이 "자최복에는 네 개의 장이 있는데,
각각의 쓰는 관에 있어서 차이점을 알 수 없다."라고 했는데, 아래 기문에서
"자최복은 4승으로 만들고 관은 7승으로 만든다."라고 했고, 장례를 마치면
"관의 승수에 따라 새로운 상복을 받으니 상복은 7승으로 만든 것을 받고
관은 8승이다."라고 하여, 오직 강복인 경우의 자최복만 나타나고 정복과
의복이 나타나지 않으며, '삼월자최장'에서도 나타나지 않아 관의 승수 차
이를 알 수 없다. 그렇기 때문에 이처럼 질문하게 된 것이다. 정현이 "'연
(緣)'이라는 것은 심의의 가선과 같다."라고 했는데, 『예기』「심의」편에 대
한 『목록』을 살펴보면 "심의는 상의와 하의를 연결하는데 채색으로 가선을
댄다. 흰색으로 가선을 대면 '장의(長衣)'라고 부르며, 겉에 입는 옷이 있다
면 '중의(中衣)'라고 부른다."라고 했다. 여기에서 말한 것은 상복 안에 입는
것이니 중의에 해당한다. 그런데도 심의라고 말한 것은 중의와 심의는 동
일하게 상의와 하의를 연결하고 만드는 방식이 대체적으로 동일하다. 따라
서 「심의」편에 나온 내용을 가져다가 설명한 것이다. 『예기』「옥조(玉藻)」
편을 살펴보면 "장의(長衣)와 중의(中衣)는 소매의 끝부분에 천을 덧대길
1척 정도 한다."[65]라고 했고, 정현의 주에서는 "장의와 중의를 만들게 된다
면, 소매에 연결하여 1척 정도를 가리니, 현재의 유(襦)와 같다. 심의의 경
우에는 가선만 댈 따름이다."라고 했다. 만약 그렇다면 중의와 장의의 소매
는 모두 손 밖으로 1척 정도 길게 나오게 된다. 『예기』「단궁(檀弓)」편을
살펴보면 "상을 치를 때에는 안에 사슴가죽으로 만든 갓옷을 착용하는데,

---

65) 『예기』「옥조(玉藻)」【380b】: 長中繼掩尺, 袼二寸, 袪尺二寸, 緣廣寸半.

소상(小祥)을 치른 이후에는 사슴가죽으로 만든 갓옷을 넓고 길게 만든 것으로 바꿔 입고, 소맷부리도 달게 된다."66)라고 했고, 정현의 주에서는 "'거(袪)'자는 소매에 끝단을 대는 소맷부리를 뜻한다."라고 했다. 즉 소상을 치르게 되면 사슴가죽으로 갓옷을 만드는데, 넓고 길게 만들며 또 소맷부리도 달게 되니, 그 이전에 착용하는 옷은 좁고 짧으며 소맷부리가 없다는 사실을 알 수 있다. 만약 그렇다면 여기에서 말한 초상 때의 중의에 있어서도 가선 역시 좁고 짧으니, 「옥조」편에서 말한 중의가 소매에 1척 정도 가릴 수 있게 덧댄 것과는 같을 수 없다. 다만 길한 시기에 착용하는 새끼 사슴가죽으로 만든 갓옷은 곧 흉상을 치를 때 착용하는 사슴가죽으로 만든 갓옷에 해당하고, 길한 시기에 착용하는 중의는 심의에 해당한다. 「심의」편에 대한 『목록』에서는 대부 이상의 계층은 흰색으로 중의를 만들고, 사는 중의에 포를 사용하지 않으며, 가선은 모두 채색된 것을 사용한다고 했는데, 하물며 상중에 착용하는 복장의 가선은 포를 사용하니 중의에도 포를 사용하게 됨을 나타낸다. 중의를 포로 만든다는 것에 있어서는 비록 경문의 기록이 없지만 마땅히 관에 견주어서 만들어야 한다. 단지 가선은 관에 견주어서 만든다고 말하고 중의의 가선은 채색된 것을 사용한다고 말하지 않았기 때문에 특별히 가선은 포를 사용한다고 말했는데, 어찌 상중에 착용하는 중의 또한 포를 사용한다는 사실에 저해될 것이 있겠는가? 정현이 "금문본에는 '관포영(冠布纓)'이라는 기록이 없다."라고 했는데, 『의례』에 대한 정현의 주에서 경문에 있어서 금문본을 따르는 경우, 주의 기록에서는 관련된 기록의 고문본 내용이 나타나나 고문본을 따르지는 않는다. 만약 경문에 있어서 고문본을 따르는 경우라면 주의 기록에서는 관련된 기록의 금문본 내용이 나타나고 금문본의 내용을 따르지 않는다. 이곳 주석에서는 관련된 기록의 금문본 내용이 나타나니, 경문에 있어서 금문본을 따르지 않았고 고문본을 따랐다는 사실을 나타내며, '관포영(冠布纓)'이라는 세 글자가 기록된 것을 바른 기록으로 본 것이다.

---

66) 『예기』「단궁상(檀弓上)」【104b】: <u>鹿裘, 衡長, 袪</u>. 袪, 裼之可也.

참고 『예기』「교특생(郊特牲)」기록

경문-322b 臺門而旅樹, 反坫, 繡黼丹朱中衣, 大夫之僭禮也.

번역 대문(臺門)을 설치하고 출입구에 나무를 병풍처럼 심어서 가리며, 반점(反坫)을 설치하고, 중의(中衣)를 만들며 수보(繡黼)로 옷깃을 달고 적색으로 끝단을 대는 것은 대부들이 제후의 예법에 대해서 참례(僭禮)를 한 것이다.

鄭注 繡黼丹朱以爲中衣領緣也. 繡讀爲綃. 綃, 繒名也. 詩云: "素衣朱綃." 又云: "素衣朱襮." 襮, 黼領也.

번역 수보(繡黼)와 단주(丹朱)로는 중의(中衣)의 옷깃과 가선을 만들게 된다. '수(繡)'자는 '초(綃)'자로 해석하니, '초(綃)'는 비단[繒]의 명칭이다. 『시』에서는 "흰 옷에 적색의 초(綃)이다."[67]라고 하였고, 또 "흰 옷에 적색의 박(襮)이다."[68]라고 하였는데, '박(襮)'은 보(黼)를 새긴 옷깃을 뜻한다.

孔疏 ●"繡黼丹朱中衣"者, 綃, 繒也; 黼, 刺繒爲黼文也. 丹朱, 赤色, 謂染繒爲赤色也. 中衣, 謂以素爲冕服之裏衣, 猶今中衣單也.

번역 ●經文: "繡黼丹朱中衣". ○'초(綃)'는 비단[繒]이며, '보(黼)'는 비단에 수를 놓아서 보(黼)의 무늬를 만든 것이다. '단주(丹朱)'는 적색을 뜻하니, 비단을 염색하여 적색으로 만든 것을 뜻한다. '중의(中衣)'는 흰색의 옷감으로 면복(冕服)을 착용할 때 입는 속옷을 만든 것을 뜻하니, 현재의 중의(中衣)인 단의(單衣)와 같은 것이다.

孔疏 ◎"繡黼丹朱以爲中衣領緣也"者, 中衣, 謂冕及爵弁之中衣, 以素爲之, 繡黼爲領, 丹朱爲緣. 云"繡讀爲綃, 綃, 繒名也"者, 按注昏禮引詩云: "素

---

67) 『시』「당풍(唐風)·양지수(揚之水)」: 揚之水, 白石皓皓. 素衣朱繡, 從子于鵠. 旣見君子, 云何其憂.

68) 『시』「당풍(唐風)·양지수(揚之水)」: 揚之水, 白石鑿鑿. 素衣朱襮, 從子于沃. 旣見君子, 云何不樂.

衣朱綃.” 魯詩亦以爲綃. 綃, 綺屬, 以魯詩旣爲綃字, 又五色備曰繡, 白與黑曰
黼, 繡黼不得共爲一物, 故以繡爲綃也, 謂於綃上而刺黼文也. 引詩云“素衣朱
綃”者, 證以繡爲綃. 又引詩“素衣朱襮”者, 證黼領也. 按釋器“黼領謂之襮”,
故云“襮, 黼領也”. 按玉藻云: “以帛裏布, 非禮也.” 此素衣是絲, 當爲冕及爵
弁之中衣. 禮: 朝燕之服, 皆以布爲之. 皇氏云: “此素爲中衣, 兼爲朝燕服之中
衣”, 非也. 按禮公之孤四命, 則爵弁自祭也. 則天子大夫四命, 亦當爵弁自祭,
則中衣得用素, 但不得用綃黼爲領·丹朱爲緣耳. 熊氏云: 此云大夫僭, 謂非四
命大夫而著素衣爲僭. 今爲四命得著素衣, 但以綃黼丹朱猶爲僭也. 其大夫士
助祭於君, 服爵弁以上, 雖中衣用素, 亦不得用綃黼丹朱以爲領緣, 以其是諸
侯之服, 故唐詩·揚之水“刺晉昭公微弱”, 云: “素衣朱綃, 從子于鵠.” 國人欲進
此服, 去從桓叔爲諸侯也.

번역 ◎鄭注: “繡黼”~“領也”. ○정현이 “수보(繡黼)와 단주(丹朱)로는 중
의(中衣)의 옷깃과 가선을 만들게 된다.”라고 하였는데, ‘중의(中衣)’라는
것은 면(冕)을 쓰거나 작변(爵弁)을 쓰는 복장에 입게 되는 중의를 뜻하니,
흰색의 옷감으로 만들게 되며, 수보(繡黼)로 옷깃을 만들고, 단주(丹朱)로
가선을 만들게 된다. 정현이 “‘수(繡)’자는 ‘초(綃)’자로 해석하니, ‘초(綃)’는
비단[繒]의 명칭이다.”라고 하였는데, 『의례』「혼례(昏禮)」편에 대한 주에
서는 『시』를 인용하며, ‘소의주초(素衣朱綃)’라고 기록하고 있다.69) 따라서
『노시(魯詩)』에서는 또한 ‘초(綃)’자로 기록하고 있었던 것이다. ‘초(綃)’라
는 것은 ‘무늬가 들어간 비단[綺]’ 부류에 해당하는데, 『노시』에서 이미 ‘초
(綃)’자로 기록을 하고 있고, 또 오색(五色)을 모두 갖춘 것을 ‘수(繡)’라고
부르며, 백색과 흑색을 섞어서 만든 것을 ‘보(黼)’라고 부른다고 했으므
로,70) ‘수(繡)’와 ‘보(黼)’는 한 가지 사물이 될 수가 없다. 그렇기 때문에
‘수(繡)’자를 ‘초(綃)’자로 여긴 것이니, 이 말은 초(綃) 위에 보(黼) 무늬를

---

69) 이 문장은 『의례』「사혼례(士昏禮)」편의 “姆纚·笄·宵衣, 在其右.”라는 문장에
대한 정현의 주를 가리킨다.
70) 『주례』「동관(冬官)·화궤(畫繢)」: 靑與赤謂之文, 赤與白謂之章, 白與黑謂之
黼, 黑與靑謂之黻, 五采備謂之繡.

새기는 것을 뜻한다. 정현이『시』의 '소의주초(素衣朱綃)'라는 구문을 인용
한 것은 '수(繡)'자가 '초(綃)'자의 뜻이 됨을 증명하기 위해서이다. 또 정현
은『시』의 '소의주박(素衣朱襮)'이라는 구문을 인용하였는데, 그 이유는 보
(黼) 무늬를 새긴 옷깃에 대해서 증명하기 위해서이다.『이아』「석기(釋器)」
편을 살펴보면, "보(黼) 무늬를 새긴 옷깃을 '박(襮)'이라고 부른다."71)라고
했다. 그렇기 때문에 정현이 "'박(襮)'은 보(黼)를 새긴 옷깃을 뜻한다."라고
말한 것이다.『예기』「옥조(玉藻)」편을 살펴보면, "비단으로 만들되 안감을
포(布)로 만드는 것은 비례(非禮)이다."72)라고 하였다. 여기에서 말하는 소
의(素衣)라는 것은 사(絲)로 만든 옷이니, 마땅히 면(冕)과 작변(爵弁)을 착
용할 때 입게 되는 중의(中衣)에 해당한다. 예법에 따르면, 조례(朝禮)와
연례(燕禮)를 치를 때 착용하는 복장은 모두 포(布)를 사용해서 만들게 된
다. 황간73)은 "여기에서 말한 소(素)는 중의(中衣)가 되니, 조복(朝服)과 연
복(燕服)에 착용하는 중의(中衣)를 모두 포함한다."라고 하였는데, 이것은
잘못된 주장이다. 예법을 살펴보면, 공(公)에게 소속된 고(孤)는 그 신분
등급이 4명(命)의 등급에 해당한다고 했으니,74) 작변(爵弁)을 착용하고서
제 스스로 제사를 지낼 수 있다. 따라서 천자에게 소속된 대부들 또한 4명
(命)의 등급에 해당하므로,75) 이들 또한 마땅히 작변(爵弁)을 착용하고서
제 스스로 제사를 지낼 수 있다고 한다면, 중의(中衣)에 흰색의 옷감을 사

---

71)『이아』「석기(釋器)」 : 衣梳謂之祝. 黼領謂之襮. 緣謂之純. 袂謂之袂. 衣眥謂
之襟. 裾謂之裾. 衿謂之袴. 佩衿謂之緩. 執衽謂之袺. 扱衽謂之襭. 衣蔽前謂
之襜. 婦人之褘謂之縭. 縭, 綬也. 裳削幅謂之纀.

72)『예기』「옥조(玉藻)」【380c】 : 以帛裏布, 非禮也.

73) 황간(皇侃, A.D.488~A.D.545) : =황씨(皇氏). 남조(南朝) 때 양(梁)나라의
경학자이다.『주례(周禮)』,『의례(儀禮)』,『예기(禮記)』 등에 해박하여,『상
복문구의소(喪服文句義疏)』,『예기의소(禮記義疏)』,『예기강소(禮記講疏)』
등을 지었지만, 현재는 전해지지 않는다. 그 일부가 마국한(馬國翰)의『옥
함산방집일서(玉函山房輯佚書)』에 수록되어 있다.

74)『주례』「춘관(春官)·전명(典命)」 : 公之孤四命, 以皮帛視小國之君, 其卿三命,
其大夫再命, 其士一命, 其宮室·車旗·衣服·禮儀, 各視其命之數.

75)『주례』「춘관(春官)·전명(典命)」 : 王之三公八命, 其卿六命, 其大夫四命. 及其
出封, 皆加一等. 其國家·宮室·車旗·衣服·禮儀亦如之.

용할 수 있게 된다. 다만 초보(綃黼)로 옷깃을 만들고 단주(丹朱)로 가선을
대는 것은 할 수 없을 따름이다. 웅안생76)은 여기에서 대부의 참례(僭禮)라
고 언급한 것은 4명의 등급에 해당하지 않는 대부의 입장에서, 소의(素衣)
를 드러내었으므로, 참례로 여긴 것이라고 하였다. 따라서 4명의 등급에
해당하는 대부라면, 소의(素衣)를 중의(中衣)로 입어서, 중의를 겉으로 드
러낼 수가 있는 것이지만, 초보(綃黼)와 단주(丹朱)를 사용하는 것은 여전
히 참례(僭禮)에 해당하는 것이다. 대부와 사들 중에서 군주의 제사를 돕는
자들은 작변(爵弁) 이상의 복장을 착용하게 되는데, 비록 중의에 흰옷을
사용할 수 있다고 하더라도, 이러한 경우에도 또한 초보(綃黼)와 단주(丹
朱)를 사용해서 옷깃과 가선을 만들 수 없으니, 이러한 복장은 제후들이
착용하는 복장이 되기 때문이다. 그래서 당시(唐詩)에 해당하는「양지수
(揚之水)」편에서는 "진나라 소공이 미약한 것을 풍자한 것이다."라고 한
것이며, 또 "소의(素衣)에 주초(朱綃)를 하여, 종자를 통해 곡옥읍으로 보내
리라."라고 한 말은 나라 사람들이 이러한 복장을 진상하여, 그 나라를 떠나
환숙(桓叔)을 제후로 삼고자 했다는 뜻을 나타낸다.

訓纂 儀禮土昏禮"宵衣", 注云: "魯詩以綃爲綺屬也." 特牲饋食禮"宵衣",
注云: "此衣染之以黑, 其繒本名曰綃."

번역 『의례』「사혼례(土昏禮)」편에는 '소의(宵衣)'라는 기록이 나오고,77)
이 문장에 대한 정현의 주에서는 "『노시(魯詩)』에서는 '초(綃)'를 기(綺)의
부류라고 여겼다."라고 했다. 그리고 『의례』「특생궤식례(特牲饋食禮)」편
에도 '소의(宵衣)'라는 기록이 나오는데,78) 이 문장에 대한 정현의 주에서

---

76) 웅안생(熊安生, ?~A.D.578) : =웅씨(熊氏). 북조(北朝) 때의 경학자이다. 자
(字)는 식지(植之)이다. 『주례(周禮)』, 『예기(禮記)』, 『효경(孝經)』 등 많은
전적에 의소(義疏)를 남겼지만, 모두 산일되어 남아 있지 않다. 현재 마국
한(馬國翰)의 『옥함산방집일서(玉函山房輯佚書)』에 『예기웅씨의소(禮記熊
氏義疏)』 4권이 남아 있다.
77) 『의례』「사혼례(土昏禮)」 : 女次, 純衣纁袡, 立于房中南面. 姆纚·笄·宵衣, 在
其右.
78) 『의례』「특생궤식례(特牲饋食禮)」 : 祝筵·几于室中, 東面. 主婦纚·笄·宵衣, 立

는 "이 옷은 검은색으로 염색을 하는 것으로, 증(繒)의 본래 명칭은 '초(綃)'이다."라고 했다.

集解 愚謂: 中衣, 衣在上服之中者. 黼, 斧文也. 繡黼丹朱中衣, 謂以丹朱爲中衣之領緣, 又於其上繡爲黼文也. 虞書十二章, 黼用繡. 鄭氏破"繡"爲"綃", 非矣. 人君之中衣丹朱緣, 喪自小祥以後縓緣, 則大夫士中衣之飾, 蓋自縓以上, 丹朱以下也. 其大夫以纁, 士以赬與. 論語云"君子不以紺·緅飾", 邢疏謂"紺爲玄色". 朱四入, 緅五入, 玄六入, 此三者皆不可爲飾, 則大夫士之飾, 舍再染之赬, 三染之纁, 別無可用也.

번역 내가 생각하기에, '중의(中衣)'는 겉옷과 속옷 중간에 입는 옷을 뜻한다. '보(黼)'는 도끼 무늬를 뜻한다. 수보(繡黼)와 단주(丹朱)를 한 중의라는 것은 단주로 중의의 옷깃과 가선을 만들고, 또 그 위에 수를 놓아서 보(黼)의 무늬를 새긴 것이다. 『서』「우서(虞書)」의 기록에서는 12장(章)을 언급하며, 보(黼)에는 수(繡)를 사용한다고 했다.[79] 정현이 '수(繡)'자를 고쳐서 '초(綃)'자로 풀이한 것은 잘못된 주장이다. 군주가 입는 중의에는 단주색의 가선을 대고, 상례에서는 소상(小祥)으로부터 그 이후로는 분홍색으로 가선을 대니, 대부와 사가 착용하는 중의의 치장은 아마도 분홍색의 치장 방식으로부터 그 이상의 방식과 단주색으로 치장하는 방식으로부터 그 이하의 방식에 해당할 것이다. 따라서 대부는 분홍색을 사용하고, 사는 붉은색을 사용했을 것이다. 『논어』에서는 "군자는 감색[紺]과 검붉은 색[緅]으로 치장을 하지 않는다."[80]라고 했고, 이 문장에 대한 형병[81]의 소에서는 "감(紺)은 검은색이다."라고 했다. 주색[朱]을 만들 때에는 네 차례 염색을

于房中, 南面.

79) 『서』「우서(虞書)·익직(益稷)」: 日月星辰山龍華蟲作會宗彝藻火粉米黼黻絺繡以五采彰施于五色, 作服, 汝明.

80) 『논어』「향당(鄕黨)」: <u>君子不以紺緅飾</u>, 紅紫不以爲褻服.

81) 형병(邢昺, A.D.932~A.D.1010): 북송(北宋) 때의 학자이다. 자(字)는 숙명(叔明)이다. 예부상서(禮部尙書) 등을 지냈다. 저서로는 『논어정의(論語正義)』, 『이아정의(爾雅正義)』 등이 있다.

하고, 추색[緅]을 만들 때에는 다섯 차례 염색을 하며, 현색[玄]을 만들 때에는 여섯 차례 염색을 하는데, 이러한 세 가지 것들을 장식으로 삼을 수 없었다고 한다면, 대부와 사의 치장은 두 차례 염색을 하는 정색[頳]과 세 차례 염색을 하는 훈색[纁]을 사용했을 것이며, 별도로 사용할 수 있는 것들이 없었을 것이다.

集解 中衣, 衣於上服之內, 以裼裘葛者也. 玄綃衣以裼狐靑裘, 祭服之中衣也. 素衣以裼麛裘, 皮弁服之中衣也. 緇衣以裼羔裘, 朝服之中衣也. 孔疏以詩言"素衣朱襮"爲冕及爵弁服之中衣, 非也.

번역 '중의(中衣)'는 겉옷 안에 입는 옷으로, 이것을 이용해서 갓옷이나 갈옷을 석(裼)한다. 현초의(玄綃衣)는 여우가죽으로 만든 청색의 갓옷을 석(裼)하는 것이니, 제복(祭服)에 착용하는 중의가 된다. 소의(素衣)로는 새끼 사슴의 가죽으로 만든 갓옷을 석(裼)하는 것이니, 피변복(皮弁服)에 착용하는 중의가 된다. 치의(緇衣)로는 검은 양의 가죽으로 만든 갓옷을 석(裼)하니, 조복(朝服)에 착용하는 중의가 된다. 공영달의 소에서는 『시』에서 언급한 '소의주박(素衣朱襮)'이라는 말을 면복(冕服)이나 작변복(爵弁服)에 착용하는 중의라고 여겼는데, 이것은 잘못된 주장이다.

참고 『예기』「옥조(玉藻)」 기록

경문-382a 君衣狐白裘, 錦衣以裼之. 君之右虎裘, 厥左狼裘. 士不衣狐白.

번역 군주는 흰색의 여우 가죽옷을 착용하며, 그 때에는 비단옷을 입어서 석(裼)을 한다. 군주의 우측에 있는 호위무사는 호랑이 가죽옷을 착용하고, 좌측에 있는 호위무사는 이리 가죽옷을 착용한다. 사는 흰색의 여우 가죽옷을 착용하지 않는다.

鄭注 君衣狐白毛之裘, 則以素錦爲衣覆之, 使可裼也. 袒而有衣曰"裼". 必覆之者, 裘褻也. 詩云: "衣錦絅衣, 裳錦絅裳." 然則錦衣復有上衣明矣. 天子

狐白之上衣, 皮弁服與. 凡裼衣, 象裘色也. 衛尊者宜武猛. 辟君也. 狐之白者
少, 以少爲貴也.

번역 군주가 흰색의 털이 있는 여우 가죽옷을 착용한다면, 흰색의 비단
으로 옷을 만들어서 그 위에 껴입어, 석(裼)을 할 수 있도록 한다. 소매를
걷어 올려서, 그 안에 입고 있는 옷을 드러내는 것을 '석(裼)'이라고 부른다.
반드시 그 위에 옷을 껴입는 것은 갓옷은 내의에 해당하기 때문이다.『시』
에서는 "비단 저고리에 홑옷을 걸치고, 비단 치마에 홑옷을 걸쳤다."[82]라고
했다. 그렇다면 비단옷 위에도 재차 다른 옷을 껴입게 된다는 사실을 알
수 있다. 천자가 착용하는 흰색의 여우 가죽옷 위에 입는 복장은 피변복(皮
弁服)에 해당할 것이다. 무릇 석의(裼衣)의 경우에는 갓옷의 색깔을 본뜨게
된다. 존귀한 자를 호위하는 자는 마땅히 무용과 용맹함을 갖춰야 한다.
사가 입지 못하는 것은 군주의 예법을 피하기 위해서이다. 여우 중에 흰색
을 띈 것은 개체수가 적으니, 적은 것을 존귀한 것으로 삼은 것이다.

集解 愚謂: 錦衣及下"玄綃衣"之屬, 皆中衣也. 中衣之內, 冬則有裘, 夏則有
絺·綌, 春秋則有繭·袍·絧·褶, 其外則有冕服·皮弁服·朝服之屬. 舒上服之衽以
掩中衣則爲襲, 褶上服之衽而露其中衣則爲裼. 中衣之所用與其色, 皆隨禮服
爲變易, 若褻衣則絺·綌用葛, 禪用絧, 袍·繭·褶用帛, 皆無異物者也. 唯裘之取
材不一, 先王制禮, 因別其貴賤輕重而服之, 而又辨其色, 使曓與外服相稱, 故
此篇詳言之. 鄭氏謂"袒而有衣曰裼", 又謂"錦衣上有上衣", 皆是也. 然不能明
錦衣之屬之卽爲中衣, 且又誤立裼衣之名, 故於經義未晰. 曲禮曰: "天子視不
上於袷." 又此篇云: "凡侍於君, 視帶以及袷." 袷者, 中衣之交領, 則在外服之
內, 裼而露見者卽爲中衣明矣. 裘褻, 不露見, 故服中衣於裘外, 裼時則露見,
此"衣裼"非衣名也. 狐白裘, 人君皮弁服之裘也. 錦衣者, 皮弁服以素爲中衣,
而以朱錦爲之領緣也. 以領緣名其衣, 猶郊特牲之言"黼繡丹朱中衣"也. 此不
用黼繡丹朱中衣, 而用錦衣者, 以狐白裘華美, 故異其領緣以表之. 以人君中衣
領用丹朱, 故知此錦亦朱錦也. 狐白裘·麑裘, 皆皮弁服之裘. 士不衣狐白, 則大

82)『시』「정풍(鄭風)·봉(丰)」: <u>衣錦褧衣</u>, <u>裳錦褧裳</u>. 叔兮伯兮, 駕予與行.

夫以上皮弁服兼用二裘. 其所用之異不可考, 孔氏之所區別, 未知是否也.

번역 내가 생각하기에, 금의(錦衣) 및 그 밑에 나오는 '현초의(玄綃衣)' 등속은 모두 중의(中衣)에 해당한다. 중의 안에 입는 옷의 경우, 겨울이라면 구(裘)가 있고, 여름이라면 치(絺)·격(綌)이 있으며, 봄이나 가을인 경우라면 견(繭)·포(袍)·경(絅)·습(褶)이 있고, 그 겉에 입는 옷의 경우라면 면복(冕服)·피변복(皮弁服)·조복(朝服) 등의 부류가 있다. 겉옷의 옷섶을 펴서 중의를 가린다면 습(襲)을 하는 것이 되고, 겉옷의 옷섶을 감아서 중의를 드러낸다면 석(裼)을 하는 것이 된다. 중의를 만들 때 사용되는 재료와 그 색깔은 모두 예복(禮服)에 따라서 바뀌게 되니, 만약 내의인 경우라면, 치(絺)·격(綌)은 갈포를 이용해서 만들고, 단(禪)은 경(絅)을 이용해서 만들며, 포(袍)·견(繭)·습(褶)은 백(帛)을 이용해서 만드는데, 이 모두에 대해서는 재질을 달리하는 경우가 없다. 오직 갖옷의 경우에만 재료로 사용하는 것이 동일하지 않으니, 선왕이 예법을 제정했을 때, 귀천 및 경중의 구별에 따라서 복장을 제정하고, 또한 그 색깔을 변별하여, 그것들로 하여금 대략적으로 그 겉옷과 서로 어울리도록 했던 것이다. 그렇기 때문에 이곳 편에서는 이러한 내용을 상세히 언급한 것이다. 정현은 "소매를 걷어서 안에 입고 있는 옷을 드러내는 것을 '석(裼)'이라고 부른다."라고 했고, 또한 "금의(錦衣) 위에는 겉옷이 있다."라고 했는데, 이 말들은 모두 옳다. 그러나 금의(錦衣) 등의 옷들이 중의가 된다는 사실을 밝히지 못했고, 또한 잘못하여 석의(裼衣)라는 명칭을 설정했다. 그렇기 때문에 경문의 뜻에 대해서 분명히 밝히지 못한 것이다. 『예기』「곡례(曲禮)」편에서는 "천자를 바라볼 때에는 시선이 옷깃 위로 올라가지 않는다."[83]라고 했다. 또 이곳 편에서는 "무릇 군주를 시중 들 때에는 시선은 허리띠로부터 옷깃이 겹쳐진 부위까지를 바라본다."[84]라고 했다. '협(袷)'이라는 것은 중의에 있는 옷깃이니,

---

83) 『예기』「곡례하(曲禮下)」【65b】: 天子視, 不上於袷, 不下於帶. 國君綏視, 大夫衡視, 士視五步.
84) 『예기』「옥조(玉藻)」【387a】: 凡侍於君, 紳垂, 足如履齊, 頤霤垂拱, 視下而聽上, 視帶以及袷, 聽鄉任左.

겉옷의 안쪽에 위치하며, 석(裼)을 하여 안에 입고 있던 옷을 드러낸 경우라면, 중의가 됨이 분명하다. 갓옷은 내의가 되므로 드러내지 않는다. 그렇기 때문에 중의를 갓옷 겉에 입는 것이고, 석(裼)을 할 때라면 드러내게 되니, 이곳에서 '의석(衣裼)'이라고 한 것은 옷의 이름이 아니다. '호백구(狐白裘)'는 군주가 피변복(皮弁服)을 착용할 때 입는 갓옷을 뜻한다. '금의(錦衣)'라는 것은 피변복을 착용할 때, 흰색의 명주로 중의를 만들고, 적색의 비단으로 옷깃과 가선을 댄 것을 뜻한다. 옷깃과 가선에 따라서 그 옷의 명칭을 정하는 것은 마치 『예기』「교특생(郊特牲)」편에서 "중의를 만들며 수보(繡黼)로 옷깃을 달고, 적색으로 끝단을 댄다."라고 한 것과 같다. 이곳에서는 '보수단주중의(黼繡丹朱中衣)'를 사용하지 않고, 금의(錦衣)를 사용했는데, 호백구(狐白裘)는 무늬가 화려하기 때문에, 그 옷깃과 가선을 다르게 하여, 드러내는 것이다. 군주의 중의에 다는 옷깃은 적색의 옷감을 사용한다. 그렇기 때문에 이곳에 나온 금(錦) 또한 적색의 비단이 됨을 알 수 있다. 호백구(狐白裘)와 미구(麛裘)는 모두 피변복을 착용할 때 입는 갓옷이다. 사가 호백(狐白)을 착용하지 못한다면, 대부 이상의 계급은 피변복을 착용하며, 두 가지 갓옷을 모두 사용할 수 있었던 것이다. 갓옷을 만드는 재질의 차이에 대해서는 고찰할 수 있는 자료가 없으니, 공영달이 구별한 것이 옳은 말인지는 알 수 없다.

참고 『예기』「옥조(玉藻)」 기록

경문-382b 君子狐靑裘豹褎, 玄絹衣以裼之.

번역 대부와 사는 청색 여우의 가죽옷에 표범의 가죽으로 소매를 달고, 검은색의 생사로 만든 옷을 입어서 석(裼)을 한다.

鄭注 君子, 大夫·士也. 絹, 綺屬也, 染之以玄, 於狐靑裘相宜. 狐靑裘, 蓋玄衣之裘.

번역 '군자(君子)'는 대부와 사를 가리킨다. '초(綃)'는 비단의 부류를 뜻하니, 검은색으로 염색을 한 것은 청색의 여우 가죽옷과 어울린다. 청색의 여우 가죽옷은 아마도 현의(玄衣)에 착용하는 갓옷일 것이다.

참고 『예기』「옥조(玉藻)」 기록

경문-382c 麛裘青犴褎, 絞衣以裼之.

번역 새끼 사슴의 가죽으로 만든 옷에는 청색의 들개가죽으로 소매를 달며, 교의(絞衣)를 껴입어서 석(裼)을 한다.

鄭注 犴, 胡犬也. 絞, 蒼黃之色也. 孔子曰: "素衣麛裘."

번역 '한(犴)'자는 오랑캐 지역에 서식하는 개이다. '교(絞)'는 푸르고 누런색을 뜻한다. 공자는 "소의(素衣)에 새끼사슴 가죽옷을 입는다."[85]라고 했다.

참고 『예기』「옥조(玉藻)」 기록

경문-382c 羔裘豹飾, 緇衣以裼之; 狐裘, 黃衣以裼之. 錦衣狐裘, 諸侯之服也.

번역 검은 양의 가죽으로 만든 갓옷에는 표범의 가죽으로 소매를 달고, 치의(緇衣)를 껴입어서 석(裼)을 하며, 여우가죽으로 만든 갓옷에는 황의(黃衣)를 껴입어서 석(裼)을 한다. 금의(錦衣)와 여우 가죽옷을 착용하는 것은 제후에게 해당하는 복장이다.

鄭注 飾, 猶褎也. 孔子曰: "緇衣羔裘." 黃衣, 大蜡時臘先祖之服也. 孔子曰: "黃衣狐裘." 非諸侯則不用錦衣爲裼.

---

85)『논어』「향당(鄕黨)」 : 緇衣, 羔裘, <u>素衣, 麑裘</u>, 黃衣狐裘.

번역 '식(飾)'자는 소매[袂]와 같다. 공자(孔子)는 "치의(緇衣)에 검은 양의 가죽으로 만든 갓옷을 입는다."라고 했다. 황의(黃衣)는 대사(大蜡)를 지낼 때, 선조(先祖)에게 납(臘)86)제사를 지내며 착용하는 복장이다. 공자는 "황의(黃衣)에 여우가죽으로 만든 갓옷을 입는다."라고 했다. 제후(諸侯)가 아니라면, 금의(錦衣)를 껴입어서 석(裼)을 할 수 없다.

訓纂 金氏榜曰: 此錦衣·絞衣·素衣, 皆在皮弁服之裏, 卽中衣也. 掩合上衣謂之中衣, 袒而露見謂之裼衣, 中衣裼衣, 異名同物. 賈疏云: "凡服四時不同. 假令冬有裘, 襯身單衫, 又有襦袴, 襦袴之上有裘, 裘上有裼衣, 裼衣之上又有上服, 皮弁祭服之等. 若夏以絺綌, 絺綌之上則有中衣, 中衣之上復有上服, 皮弁祭服之等. 若春秋二時, 則衣袷褶, 袷褶之上加以中衣, 中衣之上加以上服也." 其說與鄭義合.

번역 금방87)이 말하길, 이곳에 나온 금의(錦衣)·교의(絞衣)·소의(素衣)는 모두 피변복(皮弁服)의 안쪽에 입는 옷이니, 곧 중의(中衣)에 해당한다. 상의와 겹쳐져서 가리기 때문에, '중의(中衣)'라고 부르는 것인데, 소매를 걷어서 노출시키게 되면, 그것을 '석의(裼衣)'라고 부르니, 중의와 석의는 명칭만 다른 것이고 동일한 사물이다. 가공언의 소에서는 "무릇 복장에 있

---

86) 납(臘)은 엽(獵)이라고도 부른다. 짐승을 사냥하여 조상 및 오사(五祀)에게 지내는 제사를 뜻한다. 고대에는 백신(百神)들에 대한 제사를 사(蜡)라고 불렀고, 조상에 대한 제사를 '납'이라고 불렀는데, 진한대(秦漢代) 이후로는 이 둘을 통칭하여, '납'이라고 불렀다. 『예기』「월령(月令)」편에는 "天子, 乃祈來年于天宗, 大割, 祠于公社及門閭, 臘先祖·五祀, 勞農以休息之."라는 기록이 있고, 이에 대한 공영달(孔穎達)의 소(疏)에서는 "臘, 獵也. 謂獵取禽獸以祭先祖五祀也."라고 풀이했다. 또한 『춘추좌씨전』「희공(僖公) 5년」편에는 "宮之奇以其族行, 曰虞不臘矣."라는 기록이 있는데, 이에 대한 두예(杜預)의 주에서는 "臘, 歲終祭衆神之名."이라고 풀이했다. 즉 '납'은 한 해가 끝날 무렵 뭇 신들에게 지내는 제사의 명칭이라는 뜻이다.
87) 금방(金榜, A.D.1735~A.D.1801) : 청(淸)나라 때의 학자이다. 자(字)는 예중(蕊中)·보지(輔之)이다. 한림원수찬(翰林院修撰) 등을 지냈으며, 외조부(外祖父)가 죽자 복상(服喪)을 하고, 이후 두문불출하며 오로지 독서와 저술에만 전념하였다. 대진(戴震)과 동학(同學)했으며, 『예전(禮箋)』 등을 저술하였다.

어서는 사계절에 따라 다르다. 가령 겨울에는 갓옷이 포함되어, 몸을 직접 감싸는 것에는 단삼(單衫)이 있게 되고, 또 유고(襦袴)가 있게 되는데, 유고 (襦袴) 겉에는 갓옷을 착용하고, 갓옷 겉에는 석의(裼衣)를 착용하며, 석의 겉에는 또한 겉옷이 포함되니, 피변(皮弁) 및 제복(祭服) 등의 복장이 여기 에 해당한다. 만약 여름이라면, 치격(絺綌)을 이용하니, 치격(絺綌) 겉에는 중의가 있게 되며, 중의 겉에는 재차 겉옷이 있게 되니, 피변(皮弁)이나 제 복(祭服) 등의 복장이 여기에 해당한다. 만약 봄이나 가을이라면, 겹습(裌褶) 을 착용하고, 겹습(裌褶) 겉에는 재차 중의를 껴입고, 중의 겉에는 겉옷 이 있게 된다."라고 했다. 그 주장은 정현이 주장한 의도와 합치된다.

集解 愚謂: 君子狐靑裘豹褎, 此希冕·玄冕·爵弁服之裘也. 麛, 鹿子, 其色 白. 麛裘靑犴褎, 皮弁服之裘也. 羔裘豹飾, 朝服·玄端服之裘也. 豹飾, 猶詩言 "豹褎"也. 狐裘玄端服, 用於燕居之裘也. 黃中衣不與上服同色者, 以其用於 燕居而畧其制也. 論語曰"褻裘長, 短右袂", "狐貉之厚以居." 褻裘, 深衣之裘 也. 大夫士朝玄端則服狐裘, 夕深衣則服貉裘.

번역 내가 생각하기에, 군자는 청색의 여우 가죽옷에 표범가죽으로 소매 를 단다고 했는데, 이것은 희면(希冕)[88]·현면(玄冕)[89]·작변복(爵弁服)에 착용하는 갓옷을 뜻한다. '미(麛)'는 사슴의 새끼를 뜻하며, 그 색깔은 백색

---

88) 치면(絺冕)은 희면(希冕)·치면(黹冕)이라고도 부른다. 치의(絺衣)와 면류관 을 뜻한다. 천자 및 제후가 사직(社稷) 및 오사(五祀)에 대한 제사를 지낼 때 착용하던 복장이다. '치의'에는 쌀 모양의 무늬를 수놓았고, 다른 그림 을 그려 넣지 않았다. 상의에는 1개의 무늬를 수놓고, 하의에는 2개의 무 늬를 수놓게 되어, 총 3개의 무늬가 들어가게 된다. 『주례(周禮)』「춘관(春 官)·사복(司服)」편에는 "祭社稷·五祀則希冕."이라는 기록이 있고, 이에 대한 정현의 주에서는 "希刺粉米, 無畫也. 其衣一章, 裳二章, 凡三也."라고 풀이 했다.
89) 현면(玄冕)은 현의(玄衣)와 면류관을 뜻한다. 본래 천자 및 제후의 제사복 장으로, 비교적 중요성이 덜한 제사 때 입는다. '현의' 중 상의에는 무늬가 들어가지 않고, 하의에만 불(黻)을 수놓는다. 『주례』「춘관(春官)·사복(司服)」 편에는 "祭群小祀則玄冕."이라는 기록이 있고, 이에 대한 정현의 주에서는 "玄者, 衣無文, 裳刺黻而已, 是以謂玄焉."이라고 풀이했다.

이다. 새끼사슴의 가죽으로 만든 옷에 청색의 들개가죽으로 소매를 단다고
한 것은 피변복(皮弁服)에 착용하는 갓옷이다. 검은 양의 가죽으로 만든
옷에 표범의 가죽으로 소매를 단다는 것은 조복(朝服)·현단복(玄端服)에
착용하는 갓옷이다. '표식(豹飾)'이라는 것은『시』에서 말한 '표유(豹褎)'90)
와 같은 것이다. 여우 가죽옷에 현단복(玄端服)을 착용하는 것은 한가롭게
거처할 때 착용하는 갓옷이다. 황색의 중의(中衣)를 그 겉에 입는 옷의 색
깔과 같은 색으로 하지 않는 것은 한가롭게 거처할 때 착용하는 의복은
그 제도가 간략하기 때문이다.『논어』에서는 "갓옷은 길게 하되 오른쪽 소
매는 짧게 했다."라고 했고, "여우와 담비의 가죽으로 만든 두터운 것으로
써 거처했다."라고 했는데,91) '설구(褻裘)'라는 것은 심의(深衣)에 착용하는
갓옷이다. 대부와 사가 아침에 현단(玄端)을 착용한다면, 여우가죽으로 만
든 갓옷을 입는 것이고, 저녁에 심의를 착용한다면, 담비가죽으로 만든 갓
옷을 입는 것이다.

集解 愚謂: 錦衣狐裘, 謂狐白裘以錦衣裼之也. 士不衣狐白, 大夫雖得衣狐
白, 但用素衣裼之, 不得用錦衣也.

번역 내가 생각하기에, '금의호구(錦衣狐裘)'라는 말은 백색의 여우 가죽
옷에 금의(錦衣)를 껴입어서, 석(裼)을 한다는 뜻이다. 사는 백색의 여우
가죽옷을 착용하지 않고, 대부가 비록 백색의 여우 가죽옷을 입을 수 있다
고 하더라도, 단지 소의(素衣)를 껴입어서 석(裼)을 하니, 금의(錦衣)를 착
용할 수 없는 것이다.

참고 『의례』「빙례(聘禮)」 기록

경문 遭喪, 將命于大夫, 主人長衣練冠以受.

90)『시』「당풍(唐風)·고구(羔裘)」: 羔裘豹褎, 自我人究究. 豈無他人, 維子之好.
91)『논어』「향당(鄉黨)」: 褻裘長, 短右袂. 必有寢衣, 長一身有半. 狐貉之厚以居.

번역 상을 당하여 대부에게 명령을 전할 때 주인은 장의(長衣)와 연관 (練冠)을 착용하고 받는다.

鄭注 遭喪, 謂主國君薨, 夫人·世子死也. 此三者, 皆大夫攝主人. 長衣, 素純布衣也. 去衰易冠, 不以純凶接純吉也. 吉時在裏爲中衣, 中衣·長衣, 繼皆掩尺, 表之曰深衣, 純袂寸半耳. 君喪不言使大夫受, 子未君, 無使臣義也.

번역 상을 당했다는 것은 주인 역할을 하는 제후국의 군주가 죽었거나, 그의 부인 및 세자가 죽은 경우를 뜻한다. 이러한 세 경우에는 모두 대부가 주인을 돕게 된다. '장의(長衣)'는 흰색의 가선을 댄 포로 만든 옷이다. 상복을 벗고 관을 바꾸는 것은 완벽한 흉복으로 길례인 빙례를 위해 찾아온 빈객을 접할 수 없기 때문이다. 길한 때 안에 착용하는 옷은 중의(中衣)인데, 중의와 장의는 모두 소매에 천을 이어 모두 1척 정도 가리도록 덮고, 이것을 겉에 입게 되면 '심의(深衣)'라고 부르며 가선과 소맷부리는 1.5촌으로 할 따름이다. 군주의 상에 대해 대부를 사신으로 보내 받는다고 말하지 않은 것은 그의 자식이 아직 정식 군주가 되지 않았으므로, 신하를 사신으로 보내는 도의가 아직 없기 때문이다.

賈疏 ●“遭喪”至“以受”. ◎注“遭喪”至“義也”. ○釋曰: 此經總說上三人死, 主君不得受命, 故使將命於大夫, 主人卽大夫, 故鄭云“此三者, 皆大夫攝主人”也. 云“長衣, 素純布衣”者, 此長衣則與深衣同布, 但袖長素純爲異, 故云長衣素純布衣也. 此長衣之緣以素爲之, 故云素純也. 去衰易冠者, 謂脫去斬衰之服, 而著長衣, 脫去六升·九升之冠, 而著練冠, 故云“去衰易冠”也. 云“不以純凶接純吉”者, 聘禮是純吉禮, 爲君三升衰裳六升冠, 爲夫人·世子, 六升衰裳九升冠, 是純凶禮. 麻絰與屨不易, 直去衰易冠而已, 故云不以純凶接純吉. 云“吉時在裏爲中衣, 中衣·長衣, 繼皆掩尺, 表之曰深衣, 純袂寸半耳”, 鄭言此者, 欲廣解長衣·中衣·深衣三者之義. 此三者之衣, 皆用朝服十五升布, 六幅分爲十二幅而連衣裳, 袖與純緣則異, 故云吉時在裏爲中衣. 中衣與長衣繼皆掩尺者, 按玉藻云“長中繼掩尺”, 鄭注云: “其爲長衣·中衣, 則繼袂掩一尺.” 此鄭云吉時之服純袂寸半者, 純爲衣裳之側, 袂爲口緣, 皆寸半, 表裏共三寸. 按深衣目錄云: "深衣, 連衣裳而純以綵. 純素曰長衣, 有表則謂之中衣." 以此言之, 則長衣·中衣皆用素純. 云"君喪不使大夫受, 子未君, 無使臣義也"者, 其疏見於上. 若然, 臣爲君斬, 爲夫人·世子期, 輕重不同. 今受鄰國之聘禮, 同用長衣練冠者, 但接鄰國者, 禮不可以純凶, 故權制此服, 略爲一節耳. 向來所釋, 皆是君主始薨. 假令君薨踰年, 嗣子卽位, 鄰國朝聘, 以吉禮受之於廟, 故成十七年經書"邾子貜且卒", 十八年"邾宣公來朝", 傳云"卽位而來見", 踰年可以朝他國, 他國來朝亦得以吉禮受之於廟矣. 雖踰年而未葬, 則不得朝人. 人來朝己, 亦使人受之於廟. 於夫人·世子亦然, 以其本爲死者來故也.

번역 ●經文: "遭喪"~"以受". ◎鄭注: "遭喪"~"義也". ○이곳 경문은 앞서 말한 세 사람이 죽었을 때, 주인 역할을 하는 나라의 군주는 명령을 받을 수 없으므로, 사신이 대부에게 명령을 전달하게 되니, 여기에서 말한 주인은 곧 대부를 뜻한다. 그렇기 때문에 정현은 "이러한 세 경우에는 모두 대부가 주인을 돕게 된다."라고 했다. 정현이 "'장의(長衣)'는 흰색의 가선을 댄 포로 만든 옷이다."라고 했는데, 이곳에서 말한 장의는 심의와 동일하게 포로 만든다. 다만 소매의 길이와 흰색의 가선을 대는 것이 다를 뿐이다. 그렇기 때문에 장의에 대해서 흰색의 가선을 댄 포로 만든 옷이라고 했다. 이곳에서 말한 장의의 가선은 흰색으로 대기 때문에 '소순(素純)'이라고 했다. 상복을 벗고 관을 바꾼다는 것은 참최복을 벗고 장의를 착용하며, 6승이나 9승으로 만든 관을 벗고 연관(練冠)을 착용한다는 뜻이다. 그렇기 때문에 "상복을 벗고 관을 바꾼다."라고 했다. 정현이 "완벽한 흉복으로 길례인 빙례를 위해 찾아온 빈객을 접할 수 없기 때문이다."라고 했는데, 빙례라는 것은 순전히 길한 예법에 해당하고, 군주의 상을 치를 때에는 3승의 상복과 6승의 관을 쓰고, 군주의 부인 및 세자를 위해서는 6승의 상복과 9승의 관을 쓰는데, 이것은 순전히 흉례에 해당한다. 마로 된 질과 짚신은 바꾸지 않으니, 단지 상복을 벗고 관을 바꿀 따름이다. 그렇기 때문에 순흉으로 순길을 접할 수 없다고 했다. 정현이 "길한 때 안에 착용하는 옷은 중의(中衣)인데, 중의와 장의는 모두 소매에 천을 이어 모두 1척 정도 가리도록 덮고, 이것을 겉에 입게 되면 '심의(深衣)'라고 부르며 가선과 소맷부리는

1.5촌으로 할 따름이다."라고 했는데, 정현이 이러한 설명을 했던 것은 장의·중의·심의라는 세 복장의 뜻을 폭넓게 설명하고자 했기 때문이다. 이러한 세 종류의 옷에 있어서는 모두 조복에 사용하는 15승의 포를 사용하게 되는데, 6폭을 갈라 12폭으로 만들고 상의와 하의를 연결한다. 다만 소매와 가선을 대는 것에 있어서 차이가 생긴다. 그렇기 때문에 "길한 때 안에 착용하는 옷은 중의인데, 중의와 장의는 모두 소매에 천을 이어 모두 1척 정도를 가린다."라고 말한 것이다. 이에 대해 『예기』「옥조(玉藻)」편을 살펴보면 "장의와 중의는 소매의 끝부분에 천을 덧대길 1척 정도 한다."라고 했고, 정현의 주에서는 "장의와 중의를 만들게 된다면, 소매에 연결하여 1척 정도를 가린다."라고 했다. 이곳에서 정현은 길한 시기의 복장에는 가선과 소맷부리를 1.5촌으로 한다고 했는데, 순(純)은 상의와 하의의 측면이며, 메(袂)는 소맷부리이며, 모두 1.5촌으로, 겉감과 속감을 합하면 모두 3촌이 된다. 『예기』「심의」편에 대한 『목록』을 살펴보면 "심의는 상의와 하의를 연결하며 채색으로 가선을 댄다. 흰색으로 가선을 대면 장의라고 부르며 겉옷이 있게 되면 중의라고 부른다."라고 했다. 이를 통해 말해보자면 장의와 중의는 모두 흰색으로 가선을 댄다. 정현이 "군주의 상에 대해 대부를 사신으로 보내 받는다고 말하지 않은 것은 그의 자식이 아직 정식 군주가 되지 않았으므로, 신하를 사신으로 보내는 도의가 아직 없기 때문이다."라고 했는데, 그 이유에 대해서는 앞의 소에서 풀이했다. 만약 그렇다면 신하는 군주를 위해서 참최복을 착용하고, 군주의 부인 및 세자를 위해서는 기년상을 치르니, 경중이 다르다. 그런데 현재 이웃나라의 빙례를 받을 때 동일하게 장의와 연관을 착용한다고 했다. 그 이유는 이웃 나라의 사신을 접하게 될 때, 그 예법은 순전히 흉례에만 따를 수 없다. 그렇기 때문에 권도에 따라 이러한 복식 제도를 제정하였으니, 간략히 동일한 복식으로 맞출 따름이다. 이전의 풀이에서는 모두 주인 역할을 하게 되는 군주가 죽은 경우로 가정하였다. 가령 군주가 죽은 이후 그 해를 넘기게 되면 지위를 계승하는 세자가 즉위를 하게 되며, 이웃 나라에서 조빙을 하게 되면 길례에 따라 묘에서 받게 된다. 그렇기 때문에 성공 17년에 대한 『춘추』의 경문에서는 "주나라

자작 확차가 죽었다."[92]라고 했고, 18년 경문에서는 "주나라 선공이 찾아와 조회했다."[93]라고 했고,『좌전』에서는 "즉위를 하고서 찾아와 조회한 것이다."[94]라고 했으니, 그 해를 넘기게 되면 다른 나라에 조회를 갈 수 있고, 다른 나라에서 찾아와 조회를 할 때에도 길례에 따라 묘에서 받을 수 있는 것이다. 비록 그 해를 넘겼지만 아직 장례를 치르지 않았다면 다른 사람에게 조회를 갈 수 없다. 다른 사람이 자신을 조회로 찾아왔을 때에도 남을 시켜 묘에서 받게 한다. 군주의 부인과 세자의 상에 대해서도 이처럼 하는데, 본래 죽은 자를 위해 찾아온 경우이기 때문이다.

참고 『예기』「잡기상(雜記上)」 기록

경문-493d 如筮, 則史練冠長衣以筮, 占者朝服.

번역 만약 시초점을 치게 된다면, 시초점을 치는 자는 연관과 장의를 착용하고 시초점을 치며, 점괘를 해석하는 자는 조복을 착용한다.

鄭注 筮者, 筮宅也. 謂下大夫若士也. 筮史, 筮人也. 長衣, 深衣之純以素也. 長衣練冠, 純凶服也. 朝服, 純吉服也. 大夫士日朝服以朝也.

번역 시초점을 친다는 것은 장지에 대해서 시초점을 친다는 뜻이다. 즉 하대부와 사의 경우에 해당한다. '서사(筮史)'는 시초점을 치는 자이다. '장의(長衣)'는 심의(深衣)에 흰색으로 가선을 댄 것이다. 장의와 연관을 착용하는 것은 완전한 흉복의 복장에 따른 것이다. 조복(朝服)은 완전한 길복의 복장에 따른 것이다. 대부와 사는 날마다 조복을 착용하고 조회에 참여한다.

孔疏 ●"則史練冠·長衣"者, 此謂無地大夫筮葬禮也, 唯筮宅卜日耳. 卜時緇布冠, 麻衣布衰, 雜以吉凶之服. 如筮, 則練冠長衣. 以筮輕, 故用純凶服也.

---

92)『춘추』「성공(成公) 17년」 : 邾子玃且卒.
93)『춘추』「성공(成公) 18년」 : 八月, 邾子來朝.
94)『춘추좌씨전』「성공(成公) 18년」 : 八月, 邾宣公來朝, <u>卽位而來見也</u>.

번역 ●經文: "則史練冠·長衣". ○이 내용은 채지(采地)가 없는 대부가 시초점을 쳐서 장례를 치르는 예법을 뜻하니, 다만 장지에 대해서는 시초점을 치고 장례를 치르는 날짜는 거북점으로 칠 따름이다. 거북점을 칠 때에는 치포관(緇布冠)을 착용하고, 마의(麻衣)에 포(布)로 만든 상복을 덧대어, 길흉의 복장을 섞이게 한다. 만약 시초점을 치게 된다면, 연관(練冠)과 장의(長衣)를 착용하니 시초점이 상대적으로 덜 중요하기 때문에, 완전한 흉복에 따른 복장을 착용한다.

참고 『예기』「단궁상(檀弓上)」기록

경문-104b 鹿裘, 衡長, 袪. 袪, 裼之可也.

번역 상을 치를 때에는 안에 사슴가죽으로 만든 갓옷을 착용하는데, 소상(小祥)을 치른 이후에는 사슴가죽으로 만든 갓옷을 넓고 길게 만든 것으로 바꿔 입고, 소맷부리도 달게 된다. 소맷부리를 달았다면, 석의(裼衣)를 착용해도 괜찮다.

鄭注 衡當爲橫, 字之誤也. 袪, 謂褒緣袂口也. 練而爲裘, 橫廣之, 又長之. 又爲袪, 則先時狹短無袪可知. 吉時麛裘. 裼, 表裘也. 有袪而裼之, 備飾也. 玉藻曰: "麛裘靑犴褒, 絞衣以裼之." 鹿裘亦用絞乎.

번역 '형(衡)'자는 마땅히 '횡(橫)'자가 되어야 하니, 글자가 비슷해서 생긴 오류이다. '거(袪)'자는 소매에 끝단을 대는 소맷부리를 뜻한다. 소상(小祥)을 지내고 갓옷을 입을 때에는 옆으로 넓고, 또한 아래로 길게 만든 것으로 입는다. 또한 소맷부리를 달게 되니, 그 이전에는 좁고 짧으며 소맷부리가 없는 갓옷을 착용했다는 사실을 알 수 있다. 길(吉)한 때에는 새끼사슴의 가죽으로 만든 갓옷을 입는다. '석(裼)'이라는 것은 갓옷을 드러낸다는 뜻이다. 소맷부리가 달려 있다면, 석(裼)을 하게 되니, 장식을 갖추기 때문이다. 『예기』「옥조(玉藻)」편에서는 "새끼사슴의 가죽으로 만든 갓옷에 청

색의 개가죽으로 소매를 달고, 청황색의 옷을 입어서 석(裼)을 한다."라고
했다. 따라서 사슴가죽으로 만든 갓옷에는 또한 청황색의 옷을 착용했을
것이다.

孔疏 ●"袪, 裼之可也"者, "裼", 謂裘上又加衣也. 吉時裘上皆有裼衣, 喪已
後, 旣凶質, 雖有裘, 裘上未有裼衣. 至小祥, 裘旣橫長, 又有袪爲吉轉文, 故加
裼之可也. 按如此文, 明小祥時外有衰, 衰內有練中衣, 中衣內有裼衣, 裼衣內
有鹿裘, 鹿裘內自有常著襦衣.

번역 ●經文: "袪, 裼之可也". ○'석(裼)'자는 갓옷 위에 또한 옷을 걸친다
는 뜻이다. 길한 때에는 갓옷 위에 모두 석의(裼衣)를 착용하는데, 상이 발
생한 이후에는 이미 흉한 때가 되어 질박하게 하므로, 비록 갓옷을 입게
되더라도 갓옷 위에는 석의(裼衣)를 입지 않는다. 소상(小祥) 때에 이르게
되면, 갓옷의 경우에도 이미 넓고 긴 것으로 바꾸고, 또 소맷부리도 달게
되어, 길한 때처럼 꾸며서 점진적으로 화려하게 치장한다. 그렇기 때문에
석의를 덧입어도 괜찮은 것이다. 이와 같은 내용을 살펴보면, 소상 때에는
겉에 상복을 입게 되고, 상복 안에는 연중의(練中衣)를 입게 되며, 중의(中
衣) 안에는 석의(裼衣)를 입게 되고, 석의 안에는 사슴가죽으로 만든 갓옷
을 입게 되며, 갓옷 안에는 자연히 항상 착용하는 유의(襦衣)를 입게 된다.

集解 愚謂: 小祥謂之練者, 始練大功布爲冠也. 喪冠不練, 故喪服傳"冠六
升, 鍛而勿灰." 爲父小祥, 冠八升, 爲母冠九升, 皆加灰練之. 以其祭言之, 曰
小祥; 以其冠言之, 曰練. 練衣者, 練大功布爲中衣也. 爲父小祥, 衰七升, 爲母
衰八升, 皆不練. 其中衣升數與衰同, 而加灰練之, 又染爲黃爲之裏, 以其在內
可差飾也. 縓, 淺絳色. 爾雅, "一染謂之縓." 緣, 中衣之緣也. 喪服傳曰, "帶緣
各視其冠." 練中衣之緣, 亦用其冠之布爲之, 而染爲縓色. 蓋吉時中衣之緣,
皆以采色爲之, 始喪無采, 至是而漸飾也. 中衣與深衣同制, 然深衣禪, 而練中
衣有裏, 則吉服中衣有裏可知. 葛要経者, 卒哭, 變麻服葛, 至練, 除首経而要
経猶在也. 繩屨, 大功之屨也. 斬衰始喪菅屨, 卒哭受以不杖齊衰之疏屨, 旣練
受以大功繩麻屨. 爲母始喪蔬屨, 卒哭受以大功繩麻屨, 至練而無變也. 絇, 屨

頭飾也. 喪屨無絇, 去飾也. 瑱, 吉時人君以玉, 大夫士以石之似玉者. 初喪去瑱, 練, 貴賤同用角爲之, 貶於吉也. 裘之袂口, 以他物飾之, 詩言"羔裘豹袪", 是也. 前此雖已有裘, 而短狹無袪, 至練而橫廣之, 又長之, 又飾其袪也. 裼者, 袒上服之衦而露其中衣也. 袪, 裼之可也者, 裼爲見美, 吉時以裼爲常, 有爲焉則襲; 喪事以襲爲常, 有爲焉則袒. 小祥裘旣有袪, 差向文飾, 則雖裼而露其中衣亦可也.

번역 내가 생각하기에, '소상(小祥)'을 '연(練)'이라고 부르는 이유는 비로소 누인 대공포(大功布)로 관(冠)을 만들게 되기 때문이다. 상을 치를 때 쓰는 관은 누이지 않는다. 그렇기 때문에『의례』「상복(喪服)」편의 전문(傳文)에서는 "관은 6승(升)의 재질로 만들고, 그 천을 불리되 재를 넣어서 씻지 않는다."[95]라고 한 것이다. 부친에 대한 상을 치르게 되면, 소상 때 쓰는 관은 8승이 되는 것으로 만들고, 모친에 대한 상을 치르게 되면, 소상 때 쓰는 관은 9승이 되는 것으로 만드는데, 둘 모두에 대해서는 물에 재를 넣어서 누이게 된다. 따라서 제례의 절차로써 언급한다면, '소상(小祥)'이라고 부르는 것이고, 관을 기준으로 언급한다면, '연(練)'이라고 부르는 것이다. '연의(練衣)'라는 것은 누인 대공포(大功布)로 만든 중의(中衣)를 뜻한다. 부친에 대한 상을 치르게 되면, 소상 때 착용하는 상복은 7승이 되는 것으로 만들고, 모친에 대한 상을 치르게 되면, 소상 때 착용하는 상복은 8승이 되는 것으로 만드는데, 둘 모두에 대해서는 옷감을 누이지 않는다. 그런데 중의의 경우, 승(升)의 수치는 상복의 승수와 동일하지만, 물에 재를 넣어서 누이게 되고, 또한 염색을 하여 황색으로 만든 천을 안감으로 대니, 안쪽에 입는 옷에는 차등적으로 치장을 할 수 있기 때문이다. '전(縓)'자는 옅은 홍색을 뜻한다.『이아』에서는 "한 번 염색한 것을 '전(縓)'이라 부른다."[96]고 했다. '연(緣)'자는 중의에 다는 끝단을 뜻한다. 「상복」편의 전문에서는 "대(帶)의 끝단은 각각 그 관에 견주어서 만든다."[97]라고 했다. 누인 옷감

---

95)『의례』「상복(喪服)」: 冠六升, 外畢, 鍛而勿灰.
96)『이아』「석기(釋器)」: 一染謂之縓, 再染謂之䞓, 三染謂之纁. 靑謂之葱. 黑謂之黝. 斧謂之黼.

으로 만든 중의에 있어서 끝단은 또한 착용하는 관에 사용된 포(布)를 이용
해서 만들게 되는데, 염색을 해서 옅은 홍색을 내도록 하는 것이다. 무릇
길한 시기에 입는 중의에 있어서 끝단은 모두 채색한 천으로 만들게 되는
데, 상을 치르기 시작할 때에는 채색된 것을 사용함이 없다가 이 시기가
되어, 점진적으로 꾸미게 되는 것이다. 중의(中衣)와 심의(深衣)는 동일한
방법으로 제작을 하는데, 심의의 경우에는 홑겹으로 만들지만, 누인 옷감으
로 만든 중의는 안감이 있으니, 길복에 착용하는 중의에도 또한 안감이 있
었다는 사실을 확인할 수 있다. '갈요질(葛要絰)'이라는 것은 졸곡(卒哭) 때
에는 마(麻)로 된 것을 바꿔서, 갈(葛)로 된 것을 착용하며, 소상이 되면,
머리에 쓰고 있던 수질(首絰)을 제거하고, 요질(要絰)만은 여전히 차게 된
다는 뜻이다. '승구(繩屨)'라는 것은 대공복(大功服)에 신는 신발이다. 참최
복(斬衰服)을 착용하고 상을 치르기 시작할 때에는 관구(菅屨)를 신는데,
졸곡 때에는 지팡이를 잡지 않고 착용하는 자최복(齊衰服)의 소구(疏屨)를
신고, 소상 때가 되면 대공복에 착용하는 승마구(繩麻屨)를 신는다. 모친에
대한 상을 치르기 시작할 때에는 표구(藨屨)를 신고, 졸곡 때에는 대공복에
신는 마구(麻屨)를 신는데, 소상 때가 되어도 신발을 바꾸지 않는다. '구
(絇)'라는 것은 신발의 신코 장식이다. 상을 치를 때 신는 신발에는 신코
장식이 없으니, 장식을 제거하기 때문이다. '진(瑱)'의 경우, 길한 시기에
군주는 옥으로 만든 것을 사용하니, 대부와 사는 옥과 유사한 돌로 만들게
된다. 초상 때에는 진(瑱)을 제거하고, 소상 때에는 귀천의 신분 차이와 상
관없이 모두 짐승의 뿔로 만든 것을 사용하니, 길한 시기보다 낮추기 때문
이다. 갓옷의 소매는 다른 재질을 사용해서 장식을 하는데, 『시』에서 "새끼
양의 가죽으로 만든 갓옷에 표범의 가죽으로 소매를 댔구나."[98]라고 한 기
록이 바로 이러한 사실을 나타낸다. 이 시기에 이르기 전에도 비록 갓옷을
이미 착용하고 있지만, 길이가 짧고 폭이 협소하며, 소매도 없게 되는데,

---

97) 『의례』「상복(喪服)」 : 傳曰, 問者曰, 何冠也? 曰, 齊衰·大功冠其受也, 緦麻·
小功冠其衰也. 帶緣各視其冠.

98) 『시』「당풍(唐風)·고구(羔裘)」 : <u>羔裘豹袪</u>, 自我人居居. 豈無他人, 維子之故.

소상 때가 되면, 폭을 넓게 하고, 또 길이도 길게 하며, 소매에 장식을 하게 되는 것이다. '석(裼)'이라는 것은 위에 입고 있던 옷의 옷깃을 걷어서, 안에 입고 있던 중의를 겉으로 드러내는 것을 뜻한다. "소매를 장식하면, 석(裼)을 해도 괜찮다."는 말은 석(裼)을 통해서 화려함을 드러내게 되니, 길한 때에는 석(裼)을 하는 방식을 일상적인 것으로 여겼고, 특별한 일이 있다면, 습(襲)을 했던 것이다. 반면 상사에서는 습(襲)을 하는 방식을 일상적인 것으로 여겼고, 특별한 일이 있다면, 옷깃을 걷게 된다. 소상 때 착용하는 갓옷에 대해 이미 소매 장식을 하였다면, 순차적으로 문식을 꾸미는 방향으로 선회한 것이니, 비록 석(裼)을 해서 안에 입고 있던 중의를 겉으로 드러내더라도 또한 무방한 것이다.

참고 『의례』「상복(喪服)」기록

기문 公子爲其母, 練冠·麻, 麻衣縓緣; 爲其妻, 縓冠·葛絰帶·麻衣縓緣. 皆既葬除之.

번역 공자가 자신의 모친의 상을 치르게 되면 연관(練冠)과 마(麻)로 된 질(絰)과 대(帶)를 차며, 마의(麻衣)에 분홍색의 가선을 댄다. 처의 상을 치르게 되면 분홍색의 관을 쓰고 갈포로 만든 질과 대를 차며 마의에 분홍색의 가선을 댄다. 둘 모두 장례를 치르면 제거한다.

鄭注 公子, 君之庶子也. 其或爲母, 謂妾子也. 麻者, 緦麻之絰帶也. 此麻衣者, 如小功布, 深衣, 爲不制衰裳變也. 詩云: "麻衣如雪." 縓, 淺絳也, 一染謂之縓. 練冠而麻衣縓緣, 三年練之受飾也. 檀弓曰: "練, 練衣黃裏·縓緣." 諸侯之妾子厭於父, 爲母不得伸, 權爲制此服, 不奪其恩也. 爲妻縓冠葛絰帶, 妻輕.

번역 '공자(公子)'는 군주의 서자이다. 간혹 그의 모친을 위해서 상복을 착용한다고 한 것은 그가 첩의 자식인 경우를 뜻한다. '마(麻)'는 시마복(緦麻服)에 착용하는 수질(首絰)과 요대(要帶)를 뜻한다. 여기에서 말한 마의

(麻衣)는 소공복(小功服)에 들어가는 포로 만든 심의(深衣)로, 상복처럼 제작하지 않는 것이다. 『시』에서는 "마의가 눈처럼 하얗구나."99)라고 했다. '전(縓)'자는 옅은 분홍색으로, 한 차례 염색한 것을 '전(縓)'이라고 부른다. 연관을 쓰고 마의에 분홍색의 가선을 두르는 것은 삼년상에서 연제(練祭)를 치르고 난 뒤에 받는 복식이다. 『예기』「단궁(檀弓)」편에서는 "연제에서는 연의(練衣)를 착용하니, 연의는 황색의 옷감으로 중의(中衣)의 속단을 대고, 옅은 홍색의 옷감으로 옷깃과 소매의 끝단을 댄 것이다."100)라고 했다. 제후 첩의 자식은 부친으로 인해 염강을 해서 자기 생모에 대해서는 정감을 펼칠 수 없으니, 권도에 따라 이러한 복장을 제작해서 자식의 은정을 빼앗지 않는 것이다. 처를 위해서는 분홍색의 관을 쓰고 갈포로 만든 질과 대를 차니, 처에 대한 상은 상대적으로 수위가 낮기 때문이다.

賈疏 ◎注"公子"至"妻輕". ○釋曰: 云"練冠麻, 麻衣縓緣"者, 以練布爲冠, 麻者, 以麻爲絰帶. 又云麻衣者, 謂白布深衣. 云縓緣者, 以繒爲縓色, 與深衣爲領緣. "爲其妻縓冠"者, 以布爲縓色, 爲冠. "葛絰帶"者, 又以葛爲絰帶. 云"麻衣縓緣"者, 與爲母同. 皆旣葬除之者, 與緦麻所除同也. 云"公子君之庶子也"者, 則君之適夫人第二已下, 及八妾子皆名庶子. 云"其或爲母, 謂妾子也"者, 以其適夫人所生第二已下, 爲母自與正子同, 故知爲母妾子也. 云"麻者緦麻之絰帶也"者, 以絰有二麻, 上麻爲首絰·腰絰, 知一麻而含二絰者, 斬衰云"苴絰", 鄭云: "麻在首在要皆曰絰." 故知此絰亦然. 知如緦之麻者, 以其此言麻, 緦麻亦云麻, 又見司服"弔服環絰", 鄭云: "大如緦之絰." 則此云子爲母, 雖在五服外, 絰亦當如緦之絰, 故鄭以此麻兼緦言之也. 云"此麻衣者, 如小功布深衣", 知者, 按士之妾子, 父在爲母期, 大夫之妾子, 父在爲母大功, 則諸侯妾子, 父在小功, 是其差次, 故知此當小功布也. 云"爲不制衰裳變也"者, 此記不言衰, 明不制衰裳變者, 以其爲深衣, 不與喪服同, 故云"變"也. 詩云"麻衣如雪"者, 彼麻衣及禮記·檀弓云"子游麻衣", 幷間傳云"大祥素縞麻衣", 注皆云"十五升布", 深衣與此小功布深衣異. 引之者, 證麻衣之名同, 取升數則異.

---

99) 『시』「조풍(曹風)·부유(蜉蝣)」 : 蜉蝣掘閱, 麻衣如雪. 心之憂矣, 於我歸說.
100) 『예기』「단궁상(檀弓上)」【103d】 : 練, 練衣, 黃裏, 縓緣.

禮之通例, 麻衣與深衣制同, 但以布緣之則曰麻衣; 以采緣之則曰深衣; 以素
緣之袖長在外, 則曰長衣; 又以采緣之袖長在衣內, 則曰中衣; 又以此爲異也,
皆以六幅破爲十二幅, 連衣裳則同也. 云"緆, 淺絳也"者, 對三入爲纁爲淺絳.
云"一染謂之緆"者, 爾雅文. 按彼云"一染謂之緆, 再染謂之䞓, 三染謂之纁"
也. 云"緆緣, 三年練之受飾也", 知者, 引檀弓云"練衣黃裏緆緣", 注云: "練中
衣, 以黃爲內緆爲飾." 爲中衣之飾, 據重服三年變服後爲中衣之飾也. 此公子
爲母, 在五服外輕, 故將爲人初死, 深衣之飾, 輕重有異, 故不同也. 云"諸侯之
妾子厭於父, 爲母不得申, 權爲制此服, 不奪其恩也"者, 諸侯尊, 絶期已下無
服, 公子被厭, 不合爲母服. 不奪其母子之恩, 故五服外權爲制此服. 必服麻衣
緆衣者, 麻衣大祥受服, 緆緣練之受飾, 雖被抑, 猶容有三年之哀故也. 云"爲
妻緆冠葛絰帶, 妻輕"者, 以緆布爲冠, 對母用練冠, 以葛是葬後受服, 而爲絰
帶, 對母用麻, 皆是爲妻輕故也.

번역 ◎鄭注: "公子"~"妻輕". ○기문에서는 "연관(練冠)에 마로 만든 질
(絰)을 두르고, 마의에 분홍색의 가선을 댄다."라고 했는데, 연관은 누인
포로 관을 만든 것이고, 마(麻)는 마로 질과 대를 만든 것을 뜻한다. 또 '마
의(麻衣)'라고 했는데, 백색의 포로 만든 심의를 뜻한다. '전연(緆緣)'이라는
것은 비단을 분홍색으로 물들여서 심의의 옷깃과 끝단을 만드는 것이다.
기문에서는 "자신의 처를 위해 분홍색의 관을 쓴다."라고 했는데, 포를 분
홍색으로 물들여서 관을 만든 것이다. '갈질대(葛絰帶)' 또한 갈포로 질과
대를 만든 것이다. "마의에 분홍색의 가선을 댄다."라고 했는데, 이것은 모
친에 대한 경우와 동일하다. 이 모두는 장례를 치르게 되면 제거하게 되는
데, 시마복(緦麻服)을 제거하는 것과 동일하다. 정현이 "'공자(公子)'는 군
주의 서자이다."라고 했는데, 군주의 정부인 다음 서열부터 8명의 첩에 이
르기까지 그녀들이 낳은 자식들은 모두 '서자(庶子)'라고 부른다. 정현이
"간혹 그의 모친을 위해서 상복을 착용한다고 한 것은 그가 첩의 자식인
경우를 뜻한다."라고 했는데, 정부인이 낳은 자식들 중 장남을 제외한 나머
지 아들들이 자신의 모친을 위해서 상을 치를 때에는 적장자와 동일하기
때문에, 여기에서 말한 상황이 첩의 아들에 대한 것임을 알 수 있다. 정현이

"‘마(麻)’는 시마복(緦麻服)에 착용하는 수질(首絰)과 요대(要帶)를 뜻한
다."라고 했는데, 경문에 나오는 두 개의 ‘마(麻)’자에 있어서 앞의 마자는
수질과 요질을 뜻하는데, 한 개의 마자가 이러한 두 가지 질(絰)을 포함한
다는 사실을 알 수 있는 이유는 『의례』 ‘참최장’에서 ‘저질(苴絰)’이라고 했
고, 정현은 "마로 제작하여 머리에 쓰고 허리에 차는 것을 모두 ‘질(絰)’이라
고 부른다."라고 했다. 그렇기 때문에 이곳 경문에 나온 마자의 뜻 또한
그러함을 알 수 있다. 시마복의 마로 만든 질처럼 한다는 사실을 알 수 있는
이유는 여기에서는 ‘마(麻)’라고 했고, ‘시마복(緦麻服)’에서도 ‘마(麻)’라고
했기 때문이며, 또 『주례』 「사복(司服)」편에서는 "조복(弔服)에 환질을 두
른다."라고 했고, 정현은 "그 크기는 시마복의 질(絰)과 같다."라고 했으니,
이곳에서 자식이 자신의 생모를 위해 착용하는 상복이 비록 오복(五服)의
범주에 포함되지 않지만, 질(絰)은 마땅히 시마복의 질처럼 만들어야 한다.
그렇기 때문에 정현은 이곳에 나온 마(麻)에 대해 시마복의 질까지도 포함
시켜 말한 것이다. 정현이 "여기에서 말한 마의(麻衣)는 소공복(小功服)에
들어가는 포로 만든 심의(深衣)이다."라고 했는데, 이러한 사실을 알 수 있
는 이유는 사의 첩 자식은 부친이 생존해 계실 때 자신의 생모를 위해서
기년상(期年喪)을 치르고, 대부의 첩 자식은 부친이 생존해 계실 때 자신의
생모를 위해서 대공복(大功服)을 착용하니, 제후 첩의 자식은 부친이 생존
해 계실 때 자신의 생모를 위해서 소공복(小功服)을 착용하는 것이 순차적
인 차등이다. 그러므로 여기에서 말한 의복이 소공복의 포로 만든 것임을
알 수 있다. 정현이 "상복처럼 제작하지 않는 것이다."라고 했는데, 이곳
기문에서는 상복에 대해 언급하지 않았으니, ‘부제최상변(不制衰裳變)’이
라는 말은 그것을 심의의 형태로 만들어서 상복과 동일하게 만들지 않는
것을 뜻한다. 그렇기 때문에 ‘변(變)’자를 덧붙여서 기록했다. 『시』에서는
"마의가 눈처럼 하얗구나."라고 했는데, 『시』에서 말하는 마의, 『예기』 「단
궁(檀弓)」편에서 "자유가 마의를 입었다."[101]라고 했을 때의 마의, 「간전」

___
101) 『예기』 「단궁상(檀弓上)」 【89b】: 司寇惠子之喪, 子游爲之麻衰, 牡麻絰. 文
子辭曰: "子辱與彌牟之弟游, 又辱爲之服, 敢辭." 子游曰: "禮也."

편에서 "대상(大祥)을 치르면 호관(縞冠)에 소비(素紕)를 단 것을 쓰고 마
의를 착용한다."라고 했을 때의 마의에 대해, 정현의 주에서는 모두 "15승
(升)의 포로 만든다."라고 했으니, 본래의 심의는 여기에서 말한 소공복의
포로 마든 심의와는 다른 것이다. 이 기록을 인용한 것은 마의라는 명칭은
동일하지만 천의 승(升) 수에 있어서 차이가 남을 증명하기 위해서이다.
예법에 있어서 통상적인 용례에 따르면 마의와 심의의 제작방법은 동일하
다. 다만 포로 가선을 댄 것을 마의라고 부르고, 채색된 천으로 가선을 댄
것을 심의라고 부르며, 흰색의 가선을 댄 소매가 길게 밖으로 나와 있는
것을 장의라고 부르고, 채색된 가선의 소매가 길게 안쪽으로 들어가 있는
것을 중의라고 부르니, 또한 이를 통해 차이를 두지만, 이 모두 6폭을 갈라
12폭으로 만들고 상의와 하의를 연결한다는 점에서는 동일하다. 정현이
"'전(緆)'자는 옅은 분홍색이다."라고 했는데, 세 차례 염색을 한 '훈(纁)'과
대비해보면 옅은 분홍색이 된다. 정현이 "한 차례 염색한 것을 '전(緆)'이라
고 부른다."라고 했는데, 이것은 『이아』의 기록이다.[102] 『이아』의 기록을
살펴보면, "한 차례 염색한 것을 '전(緆)'이라 부르고, 두 차례 염색한 것을
'정(赬)'이라 부르며, 세 차례 염색한 것을 '훈(纁)'이라 부른다."라고 했다.
정현이 "분홍색의 가선을 두르는 것은 삼년상에서 연제(練祭)를 치르고 난
뒤에 받는 복식이다."라고 했는데, 이러한 사실을 알 수 있는 이유는 「단궁」
편의 문장에서 "연의(練衣)를 착용하는데, 연의는 황색의 옷감으로 속단을
대고 분홍색의 가선을 댄다."라고 했고, 정현의 주에서는 "연중의(練中衣)
를 입는데, 황색의 옷감으로 속감을 대고, 옅은 분홍색으로 장식을 한다."라
고 했으니, 이것은 중의에 대한 장식이 되며, 이것은 수위가 높은 상복인
삼년복에서 복장을 바꾼 뒤에 착용하는 중의의 장식을 기준으로 한 말이다.
이곳에서는 공자가 자신의 생모를 위해 상복을 착용하는데, 상복이 오복의
규정 밖에 있어 수위가 매우 낮다. 그렇기 때문에 어떤 자가 이제 막 죽었을
때 심의에 하는 장식에 있어서도 경중에 따른 차이가 생겨 달라진 것이다.

---

102) 『이아』「석기(釋器)」 : 一染謂之緆, 再染謂之赬, 三染謂之纁. 靑謂之葱. 黑
謂之黝. 斧謂之黼.

정현이 "제후 첩의 자식은 부친으로 인해 염강을 해서 자기 생모에 대해서는 정감을 펼칠 수 없으니, 권도에 따라 이러한 복장을 제작해서 자식의 은정을 빼앗지 않는 것이다."라고 했는데, 제후는 존귀한 존재이므로, 기년복 이하의 관계는 끊어 상복이 없게 되는데, 공자는 염강을 하게 되어 모친에 대한 정규 상복을 착용할 수 없다. 그러나 모친과 자식의 은정을 빼앗을 수 없기 때문에 오복의 범위에서 벗어났지만 권도에 따라 이러한 복장을 제작한 것이다. 반드시 마의에 분홍색의 가선을 댄 복장을 착용하는 것은 마의는 대상을 치르고 난 뒤에 받는 복장이며, 분홍색의 가선은 연제를 치른 뒤에 받는 복식이므로, 비록 염강을 하게 되었지만 실제로 삼년상을 치를 때의 애통한 감정을 포용할 수 있게끔 했기 때문이다. 정현이 "처를 위해서는 분홍색의 관을 쓰고 갈포로 만든 질과 대를 차니, 처에 대한 상은 상대적으로 수위가 낮기 때문이다."라고 했는데, 분홍색의 포로 관을 만드는데, 이것은 모친을 위해 연관을 쓰는 것과 대비되며, 갈포로 만드는 것들은 장례를 치른 이후 받게 되는 복식으로, 이것으로 질과 대를 만드니, 모친을 위해 마로 질과 대를 만든 것과 대비된다. 이 모두는 처에 대한 상례가 상대적으로 낮기 때문이다.

● 그림 0-1 ◧ 심의(深衣)-전면

※ 출처: 『삼재도회(三才圖會)』「의복(衣服)」1권

● 그림 0-2 　◨ 심의(深衣)-후면

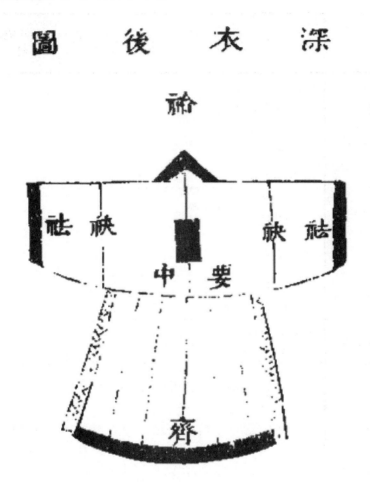

※ 출처: 『삼재도회(三才圖會)』「의복(衣服)」 1권

그림 0-3 ◼ 신하들의 명(命) 등급

	천자(天子) 신하	대국(大國) 신하	차국(次國) 신하	소국(小國) 신하
9명(九命)	상공(上公=二伯) 하(夏)의 후손 은(殷)의 후손			
8명(八命)	삼공(三公) 주목(州牧)			
7명(七命)	후작[侯] 백작[伯]			
6명(六命)	경(卿)			
5명(五命)	자작[子] 남작[男]			
4명(四命)	부용군(附庸君) 대부(大夫)	고(孤)		
3명(三命)	원사(元士=上士)	경(卿)	경(卿)	
2명(再命)	중사(中士)	대부(大夫)	대부(大夫)	경(卿)
1명(一命)	하사(下士)	사(士)	사(士)	대부(大夫)
0명(不命)				사(士)

◎『예기』와『주례』의 기록에는 다소 차이가 있다.

※ **참조**:『주례』「춘관(春官)·전명(典命)」및『예기』「왕제(王制)」

● 그림 0-4 ◉ 피변(皮弁)과 작변(爵弁)

※ 출처: 『삼례도집주(三禮圖集注)』 3권

그림 0-5　◾ 작변복(爵弁服)

弁爵

※ 출처: 『삼례도집주(三禮圖集注)』 1권

그림 0-6 ◼ 피변복(皮弁服)

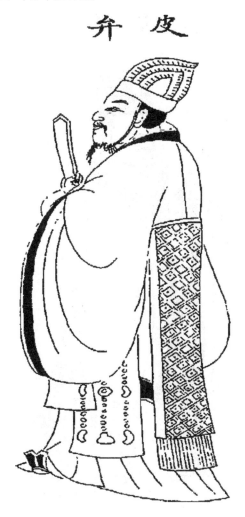

弁 皮

※ 출처: 『삼례도집주(三禮圖集注)』 1권

그림 0-7 ▣ 현단복(玄端服)

※ 출처: 『삼례도집주(三禮圖集注)』 1권

그림 0-8 ▣ 십이장(十二章) 중 상의의 6가지 무늬

※ 출처: 『삼재도회(三才圖會)』「의복(衣服)」 1권

그림 0-9 ▣ 십이장(十二章) 중 하의의 6가지 무늬

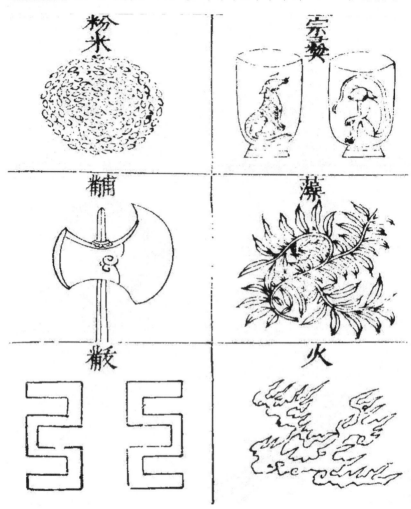

※ 출처: 『삼재도회(三才圖會)』「의복(衣服)」 1권

그림 0-10 ◩ 제후의 조복(朝服)

※ 출처: 『삼례도집주(三禮圖集注)』 1권

● 그림 0-11 ▣ 치면(絺冕)

※ 출처: 『삼례도집주(三禮圖集注)』 1권

◉ 그림 0-12 ◾ 현면(玄冕)

※ **출처**: 『삼례도집주(三禮圖集注)』1권

• 제1절 •

심의의 속임(續衽) · 구변(鉤邊) · 요봉(要縫)

古者深衣, 蓋有制度, 以應規 · 矩 · 繩 · 權 · 衡. 短毋見膚, 長毋被土. 續衽, 鉤邊, 要縫半下.

직역 古者의 深衣는 蓋히 制度가 有하여, 規 · 矩 · 繩 · 權 · 衡에 應이라. 短이나 膚가 見함이 毋하고, 長이나 土를 被함이 毋라. 衽을 續하고, 邊을 鉤하며, 要縫은 下를 半이라.

의역 고대의 심의(深衣)는 일정한 제도가 정해져 있어서, 둥근 자 · 곱자 · 먹줄 · 저울추 · 저울대 등의 도량형에 맞았다. 따라서 옷의 길이가 짧더라도 피부를 드러내는 일이 없었고 길더라도 땅에 닿는 일이 없었다. 하의의 옷자락을 봉합하고, 봉합된 부분을 덮어서 재차 봉합하였으며, 허리부분을 봉합한 것은 하단의 끝부분 길이의 절반이 된다.

集說 朝服·祭服·喪服, 皆衣與裳殊, 惟深衣不殊, 則其被於體也. 深邃, 故名深衣. 制同而名異者有四焉. 純之以采曰深衣, 純之以素曰長衣, 純之以布曰麻衣, 著在朝服祭服之內曰中衣. 但大夫以上助祭用冕服, 自祭用爵弁服, 則以素爲中衣. 士祭用朝服, 則以布爲中衣也. 皆謂天子之大夫與士也. 喪服亦用中衣. 檀弓云, "練衣, 黃裏縓緣", 是也, 但不得繼揜尺耳.

번역 조복·제복·상복은 모두 상의와 하의가 달랐는데, 오직 심의(深衣)만은 차이가 없었으니, 몸을 가리는 것이다. 조금의 틈도 없이 깊이 감싸기 때문에 '심의(深衣)'라고 부른다. 옷을 만드는 방법은 동일하지만 명칭이

다른 것은 네 가지이다. 채색된 천으로 가선을 달면 '심의(深衣)'라고 부르며, 흰색의 천으로 가선을 달면 '장의(長衣)'라고 부르고, 포(布)로 가선을 달면 '마의(麻衣)'라고 부르며, 조복이나 제복 안에 착용하게 되면 '중의(中衣)'라고 부른다. 다만 대부 이상의 계급이 제사를 돕게 되면 면복(冕服)[1]을 착용하고, 자신이 제사를 지내게 되면 작변복(爵弁服)을 착용하니, 흰색의 천으로 중의를 만들게 된다. 사는 제사를 지낼 때 조복을 착용하니, 포로 중의를 만들게 된다. 이 모두는 천자에게 소속된 대부와 사를 뜻한다. 상복에도 또한 중의를 착용한다. 『예기』「단궁(檀弓)」편에서 "연의(練衣)를 착용하니, 연의는 황색의 옷감으로 중의의 속단을 대고, 옅은 홍색의 옷감으로 옷깃과 소매의 끝단을 댄 것이다."[2]라고 한 말이 이러한 사실을 나타내지만, 소매를 덧대어 1척(尺)을 가리지는 않을 따름이다.

集說 楊氏曰: 深衣制席, 惟續衽鉤邊一節難考, 鄭註續衽二字文義甚明, 特疏家亂之耳. 鄭註云, "續, 猶屬也. 衽, 在裳旁者也, 屬連之不殊裳前後也." 鄭意蓋言凡裳前三幅, 後四幅, 旣分前後, 則其旁兩幅分開而不相屬; 惟深衣裳十二幅, 交裂裁之, 皆名爲衽. 所謂續衽者, 指在裳旁兩幅言之, 謂屬連裳旁兩幅, 不殊裳之前後也. 又衣圖云, "旣合縫了, 又再覆縫, 方便於著, 以合縫者爲續衽, 覆縫爲鉤邊."

번역 양씨[3]가 말하길, 심의(深衣)를 만드는 제도에서 '속임구변(續衽鉤邊)'에 대해서는 고찰하기 어려운데, 정현의 주에서는 '속임(續衽)'이라는 두 글자에 대해서 그 뜻을 매우 분명하게 풀이했지만, 주소학의 학자들이

---

1) 면복(冕服)은 대부(大夫) 이상의 계층이 착용하는 예관(禮冠)과 복식을 뜻한다. 무릇 길례(吉禮)를 시행할 때에는 모두 면류관[冕]을 착용하는데, 복장의 경우에는 시행하는 사안에 따라서 달라진다.

2) 『예기』「단궁상(檀弓上)」【103d】: 練, 練衣, 黃裏, 縓緣.

3) 양시(楊時, A.D.1053~A.D.1135): =구산양씨(龜山楊氏) · 양씨(楊氏) · 양중립(楊中立). 북송(北宋) 때의 학자이다. 자(字)는 중립(中立)이고, 호(號)는 구산(龜山)이다. 저서로는 『구산집(龜山集)』 · 『구산어록(龜山語錄)』 · 『이정수언(二程粹言)』 등이 있다.

혼란스럽게 만들었을 따름이다. 정현의 주에서는 "'속(續)'자는 연결하다는 뜻이다. '임(衽)'은 하의의 측면 자락을 뜻하니, 연결해 붙여서 하의의 전면과 후면에 차이가 생기지 않도록 했다."라고 했다. 정현의 의도는 아마도 일반적은 하의는 전면은 3폭이고 후면은 4폭이니, 전면과 후면이 구분되므로, 측면의 양폭이 갈라져서 서로 연결되어 있지 않다. 오직 심의의 하의만 12폭으로 만들며 벌려진 것을 교차하여 만들기 때문에 이 모두를 '임(衽)'이라 부른다고 한 것이다. 이른바 '속임(續衽)'이라는 것은 하의의 측면 양폭에 있는 것을 가리켜서 말한 것이니, 하의의 측면에 양폭을 붙여서, 하의의 전면과 후면에 차이가 생기지 않게끔 한 것을 뜻한다. 또『의도』에서는 "두 자락을 봉합하고 그것이 끝나면 재차 덮어서 봉합을 하니, 입을 때 편리하게 만들기 위해서이며, 두 자락을 봉합하는 것을 속임(續衽)이라고 하며, 덮어서 봉합하는 것을 구변(鉤邊)이라고 한다."라고 했다.

集說 要縫七尺二寸, 是比下齊之一丈四尺四寸爲半之也. 玉藻云, "縫齊倍要", 是也.

번역 허리부분을 봉합한 것은 7척(尺) 2촌(寸)인데, 이것은 하의의 끝부분의 길이인 1장(丈) 4척 4촌과 비교를 해보면 절반이 된다.『예기』「옥조(玉藻)」편에서 "끝부분을 재봉한 것은 허리부분의 너비보다 2배로 한다."[4]라고 한 말이 이러한 사실을 나타낸다.

大全 嚴陵方氏曰: 深衣之作, 其來尙矣, 故以古者冠篇首. 袂在前以應規, 袷在中以應矩, 縫在後以應繩, 齊在下以應權衡. 短毋見膚, 則其形不褻, 雖約而不失於儉. 長毋被土, 則其物不費, 雖隆而不過於奢. 衽, 襟也, 與裳相續, 故謂續, 衽居裳之邊曲, 以鉤束焉, 故曰鉤邊. 玉藻所謂衽當旁, 是也. 要縫之博, 居下齊之半, 玉藻所謂縫齊倍要, 是也. 以縫齊爲倍, 倍則要縫爲半矣, 此所以互言之.

번역 엄릉방씨가 말하길, 심의(深衣)를 제작했던 방법은 그 유래가 매우

4)『예기』「옥조(玉藻)」【380a~b】: 深衣三袪, <u>縫齊倍要</u>, 衽當旁, 袂可以回肘.

오래되었다. 그렇기 때문에 '고자(古者)'라는 말을 「심의」편의 첫 머리에 기록하여 결부시켰다. 소매는 앞부분에 있어서 둥근 자에 맞고, 옷깃은 가운데 있어서 곱자에 맞으며, 봉합부분은 뒤에 있어서 먹줄에 맞고, 끝부분은 아래에 있어서 저울추와 저울대에 맞는다. 짧아도 피부를 드러내는 일이 없다면 그 형체를 무람되게 드러내는 것이 아니며, 비록 약소하게 만들더라도 지나치게 검소하게 만드는 잘못을 저지르지 않는 것이다. 길어도 땅에 닿는 일이 없다면 재료를 낭비하지 않은 것이니, 비록 융성하게 만들더라도 사치하는 잘못을 저지르지 않는 것이다. '임(衽)'은 앞섶[襟]을 뜻하니, 하의와 서로 연결되어 있기 때문에 '속임(續衽)'이라고 부른다. 임(衽)은 하의의 측면 중 굴곡진 부분에 있으며 접어서 합치기 때문에 '구변(鉤邊)'이라고 부른다. 『예기』「옥조(玉藻)」편에서 "연결 부분을 꿰맨 것은 양쪽 측면으로 오도록 한다."라고 한 말이 이러한 사실을 나타낸다. 허리부분을 꿰맨 것의 너비는 하단 끝부분을 재봉한 것의 반절을 차지하니, 「옥조」편에서 "끝부분을 재봉한 것은 허리부분의 너비보다 2배로 한다."라고 한 말이 이러한 사실을 나타낸다.[5] 끝부분을 재봉한 것을 2배로 만든다고 했는데, 2배로 한다면 허리부분을 봉합한 것은 그 절반이 되니, 이것은 상호 그 뜻을 드러내도록 기록한 것이다.

鄭注 言聖人制事, 必有法度. 衣取蔽形. 爲汚辱也. 續, 猶屬也. 衽, 在裳旁者也. 屬連之, 不殊裳前後也. 鉤, 讀如"鳥喙必鉤"之"鉤". 鉤邊, 若今曲裾也. 續, 或爲"裕". 三分要中, 減一以益下, 下宜寬也. 要, 或爲"優".

번역 성인이 어떤 사안을 제어할 때에는 반드시 그에 대한 법도를 제정했다는 뜻이다. 옷은 몸을 가리기 위해서 만든다. 땅에 닿지 않게 만드는 것은 더럽게 되기 때문이다. '속(續)'자는 "붙이다[屬]."는 뜻이다. '임(衽)'은 하의의 측면에 있는 것을 뜻한다. 연결해 붙여서 하의의 전면과 후면에 차이가 생기지 않게끔 하는 것이다. '구(鉤)'자는 "새의 부리는 반드시 굽어 있다."라고 할 때의 '구(鉤)'자처럼 풀이한다. '구변(鉤邊)'이라는 것은 오늘

5) 『예기』「옥조(玉藻)」【380a~b】: 深衣三袪, 縫齊倍要, 衽當旁, 袂可以回肘.

날의 곡거(曲裾)라는 것과 같다. '속(續)'자를 다른 판본에서는 '유(裕)'자로 기록하기도 한다. 허리부분을 세 등분하여 그 중 하나 만큼을 줄여서 하단부가 넓어지도록 하니, 하단부는 마땅히 넓어야 하기 때문이다. '요(要)'자를 다른 판본에서는 '우(優)'자로 기록하기도 한다.

釋文 應, 於證反. 毋音無, 下同. 見, 賢遍反. 被, 彼義反. 爲, 于僞反. 汚, 汚辱之汚, 一音烏臥反. 袡, 而審反, 又如鴆反. 鉤, 古侯反. 屬音燭, 下皆同. 喙, 許穢反. 裕, 以樹反. 要, 一遙反, 注同. 縫, 扶用反, 下注同.

번역 '應'자는 '於(어)'자와 '證(증)'자의 반절음이다. '毋'자의 음은 '無(무)'이며, 아래문장에 나오는 글자도 그 음이 이와 같다. '見'자는 '賢(현)'자와 '遍(편)'자의 반절음이다. '被'자는 '彼(피)'자와 '義(의)'자의 반절음이다. '爲'자는 '于(우)'자와 '僞(의)'자의 반절음이다. '汚'자는 '오욕(汚辱)'이라고 할 때의 '汚'자이며, 다른 음은 '烏(오)'자와 '臥(와)'자의 반절음이다. '袡'자는 '而(이)'자와 '審(심)'자의 반절음이고, 또 '如(여)'자와 '鴆(짐)'자의 반절음도 된다. '鉤'자는 '古(고)'자와 '侯(후)'자의 반절음이다. '屬'자의 음은 '燭(촉)'이며, 아래문장에 나오는 글자도 모두 그 음이 이와 같다. '喙'자는 '許(허)'자와 '穢(예)'자의 반절음이다. '裕'자는 '以(이)'자와 '樹(수)'자의 반절음이다. '要'자는 '一(일)'자와 '遙(요)'자의 반절음이며, 정현의 주에 나오는 글자도 그 음이 이와 같다. '縫'자는 '扶(부)'자와 '用(용)'자의 반절음이며, 아래 정현의 주에 나오는 글자도 그 음이 이와 같다.

孔疏 ●"古者"至"篇末". ○正義曰: 此一篇從此至末, 皆論深衣之制. 今各隨文解之.

번역 ●經文: "古者"~"篇末". ○「심의」편은 이곳 구문부터 끝까지 모두 심의(深衣)의 제도를 논의하고 있다. 현재 각각의 문장에 따라서 풀이하겠다.

孔疏 ●"古宅深衣, 蓋有制度"者, 以作記之人爲記之時, 深衣無復制度, 故稱"古者深衣, 蓋有制度". 言"蓋"者, 疑辭也.

번역 ●經文: "古宅深衣, 蓋有制度". ○『예기』를 기록한 자가 『예기』를 기록했을 때에는 심의(深衣)에 대해 일정한 제도가 없었기 때문에, "고대의 심의에는 아마도 일정한 제도가 있었을 것이다."라고 말한 것이다. '개(蓋)' 자를 언급한 것은 의문의 뜻을 드러낸 것이다.

孔疏 ●"以應規矩繩權衡"者, 此則制度之事, 所應者備在下文.

번역 ●經文: "以應規矩繩權衡". ○이것은 제도에 대한 구체적인 사안으로, 제도에 대한 것은 뒤의 문장에 모두 기록되어 있다.

孔疏 ●"短毋見膚"者, 深衣所取覆形體, 縱令稍短, 不得見其膚肉, 若見膚肉, 則褻也.

번역 ●經文: "短毋見膚". ○심의(深衣)는 몸을 덮어서 가리는 것인데, 조금 짧게 만들더라도 피부가 노출되게 할 수 없으니, 만약 피부가 노출된다면 무례하게 된다.

孔疏 ●"長毋被土"者, 其衣縱長, 無覆被於土, 爲汚辱也.

번역 ●經文: "長毋被土". ○옷을 길게 만들더라도 땅을 덮거나 닿게 하지 않으니, 더럽게 되기 때문이다.

孔疏 ●"續袵鉤邊"者, 袵, 謂深衣之裳, 以下闊上狹, 謂之爲"袵". 接續此袵而鉤其旁邊, 卽今之朝服有曲裾而在旁者是也.

번역 ●經文: "續袵鉤邊". ○'임(袵)'은 심의(深衣)의 하의를 뜻하는데, 하단부는 넓고 상단부는 좁아서 '임(袵)'이라고 부른다. 이러한 임(袵)을 붙이고 연결해서 측면을 접으니, 곧 오늘날 조복(朝服)을 만들 때 곡거(曲裾)라는 부분이 있고 그것이 측면에 있는데 바로 이것을 뜻한다.

孔疏 ◎注“續猶”至“裾也”. ○正義曰: “衽當旁”者, 凡深衣之裳十6)二幅, 皆寬頭在下, 狹頭在上, 皆似小要之衽, 是前後左右皆有衽也. 今云“衽當旁” 者, 謂所續之衽, 當身之一旁, 非爲餘衽悉當旁也. 云“屬連之, 不殊裳前後也”, 若其喪服, 其裳前三幅·後四幅各自爲之, 不相連也. 今深衣裳, 一旁則連之相 著, 一旁則有曲裾掩之, 與相連無異, 故云“屬, 連之, 不殊裳前後也”. 云“鉤, 讀如鳥喙必鉤之鉤”者, 按援神契云: “象鼻必卷, 長鳥喙必鉤”, 鄭據此讀之也. 云“若今曲裾也”, 鄭以後漢之時, 裳有曲裾, 故以“續衽鉤邊”似漢時曲裾. 今 時朱衣朝服, 從後漢明帝所爲, 則鄭云今曲裾者, 是今朝服之曲裾也. 其深衣 之衽, 已於玉藻釋之, 故今不得言也.

번역 ◎鄭注: “續猶”~“裾也”. ○“연결 부분을 꿰맨 것은 양쪽 측면으로 오도록 한다.”라고 했는데, 심의(深衣)의 하의는 12폭으로 되어 있고, 넓은 부분은 하단부에 있고 좁은 부분은 상단부에 있는데, 이 모두는 관(棺)을 결합시킬 때 사용하는 나무인 소요(小要)의 임(衽)과 유사하니, 전면·후면· 좌측·우측에 모두 임(衽)이 있는 것이다. 현재 “연결 부분을 꿰맨 것은 양쪽 측면으로 오도록 한다.”라고 한 것은 연결된 부분의 임(衽)으로, 몸의 한쪽 측면에 오도록 하는 것이며, 나머지 임(衽)마저 모두 측면으로 오도록 한다 는 말은 아니다. 정현이 “연결해 붙여서 하의의 전면과 후면에 차이가 생기 지 않게끔 하는 것이다.”라고 했는데, 상복의 경우라면 하의의 전면은 3폭 으로 만들고 후면은 4폭으로 만들어서 각각 떨어트려 만들며 서로 연결하 지 않는다. 여기에서 말한 심의의 하의는 한쪽 측면이 연결되어 서로 붙어 있고, 또 다른 측면은 곡거(曲裾)라는 부분을 두어서 가리고 있으니, 서로 연결된 것과 차이가 없게 된다. 그렇기 때문에 “연결해 붙여서 하의의 전면 과 후면에 차이가 생기지 않게끔 하는 것이다.”라고 말한 것이다. 정현이 “‘구(鉤)’자는 ‘새의 부리는 반드시 굽어 있다.’라고 할 때의 ‘구(鉤)’자처럼 풀이한다.”라고 했는데, 『원신계』를 살펴보면, “코끼리의 코는 반드시 말려

---

6) ‘십(十)’자에 대하여. 『십삼경주소(十三經注疏)』 북경대 출판본에서는 “‘십’ 자는 본래 ‘상(上)’자로 기록되어 있었는데, 문맥과 『예기훈찬(禮記訓纂)』의 기록에 따라 글자를 수정하였다.”라고 했다.

있고, 큰 새의 부리는 반드시 굽어 있다."라고 했는데, 정현은 이러한 문장에 근거해서 이처럼 풀이한 것이다. 정현이 "오늘날의 곡거(曲裾)라는 것과 같다."라고 했는데, 정현이 생존했던 후한 때에는 하의에 곡거라는 것을 두었다. 그렇기 때문에 '속임구변(續衽鉤邊)'을 한나라 때의 복식제도에 나타난 곡거와 유사하다고 한 것이다. 오늘날 주색의 옷으로 조복(朝服)을 만드는 것은 후한의 명제(明帝)가 시행했던 것을 따른 것이니, 정현이 말한 오늘날의 곡거라는 것은 바로 지금의 조복에 있는 곡거에 해당한다. 심의의 임(衽)에 대해서는 이미 『예기』「옥조(玉藻)」편에서 풀이를 했으므로, 여기에서는 자세히 설명하지 않는다.

孔疏 ●"要縫半下", 要縫, 謂要中之縫, 尺寸闊狹, 半下畔之闊, 下畔一丈四尺四寸, 則要縫半之, 七尺二寸.

번역 ●經文: "要縫半下". ○'요봉(要縫)'은 허리부분을 봉합한 것으로, 그 폭은 하단부의 폭에 절반이 되며, 하단부의 폭이 1장(丈) 4척(尺) 4촌(寸)이므로, 허리부분의 봉합은 그 절반이 되어 7척 2촌이 된다.

孔疏 ◎注"三分"至"寬也". ○正義曰: 此據裳之一幅, 分爲二幅. 凡布廣二尺二寸, 四寸爲縫. 一尺八寸在三分之一, 分爲六寸, 減此六寸, 以益於下, 是下二幅有二尺四寸, 上二幅有一尺二寸, 故云"三分要中, 減一以益下". 下容擧足而行, 故宜寬也.

번역 ◎鄭注: "三分"~"寬也". ○이것은 하의의 1폭을 나눠서 2폭으로 만든 것을 기준으로 한 말이다. 포(布)의 너비는 2척(尺) 2촌(寸)이며, 4촌만큼을 봉합부분으로 삼는다. 1척 8촌을 3분의 1로 하면 한 등분은 6촌이 되며, 이러한 6촌만큼을 줄여서 하단부를 넓히는 것이다. 즉 하단부의 2폭은 2척 4촌이고 상단부의 2폭은 1척 2촌이 된다. 그렇기 때문에 "세 등분하여 그 중 하나 만큼을 줄여서 하단부가 넓어지도록 한다."라고 말한 것이다. 하단부는 발을 들어서 움직일 수 있도록 만들어야 하기 때문에 마땅히 넓게 만들어야만 한다.

訓纂 江氏永曰: 疏分續衽鉤邊在兩旁最是. 一旁連之相著者, 左旁也. 一旁有曲裾揜之者, 右旁也. 鉤邊, 似漢時曲裾, 當別用一幅爲之, 上狹下闊, 綴於右後內衽, 使其鉤曲而前, 以揜裳際.

번역 강영[7]이 말하길, 공영달[8]의 소에서는 속임(續衽)과 구변(鉤邊)을 양쪽 측면으로 나눠서 설명했는데, 그 설명은 매우 옳다. 한쪽 측면은 서로 연결하여 붙게 만드는데 이것은 좌측 측면을 뜻한다. 다른 측면은 곡거(曲裾)를 두어서 가리는데 이것은 우측 측면을 뜻한다. '구변(鉤邊)'은 한나라 때의 곡거(曲裾)와 유사하니, 마땅히 별도의 1폭을 사용해서 만들고 상단부는 좁게 하고 하단부는 넓게 하여 우측 뒷면에 있는 안쪽의 임(衽)에 연결하여, 접어서 앞으로 오도록 해서 하의의 벌어진 틈을 가리게 한다.

集解 愚謂: 此爲一篇之綱, 其說在下.

번역 경문의 "古者深"~"繩權衡"에 대하여. 내가 생각하기에, 이 문장은 「심의」편의 강령이며 이에 대한 설명은 그 뒤에 기술되어 있다.

集解 愚謂: 此總言衣裳長短之制也. 人身雖有長短, 而深衣皆以及踝爲度也.

번역 경문의 "短毋見膚, 長毋被土"에 대하여. 내가 생각하기에, 이 문장은 상의와 하의의 길이에 대한 제도를 총괄적으로 나타낸 말이다. 사람의 신장에는 비록 크고 작은 차이가 있는데, 심의(深衣)는 모든 경우 복사뼈까지 오는 것을 제도로 정한 것이다.

集解 此言裳之制也.

---

7) 강영(江永, A.D.1681~A.D.1762) : 청(淸)나라 때의 경학자이다. 자(字)는 신수(愼修)이다. 『십삼경주소(十三經注疏)』에 대한 연구를 했으며, 특히 삼례(三禮)에 대해 해박했다.
8) 공영달(孔穎達, A.D.574~A.D.648) : =공씨(孔氏). 당대(唐代)의 경학자이다. 자(字)는 중달(仲達)이고, 시호(諡號)는 헌공(憲公)이다. 『오경정의(五經正義)』를 찬정(撰定)하는데 중심적인 역할을 했다.

번역 경문의 "續衽, 鉤邊, 要縫半"에 대하여. 이 문장은 하의의 제도를 설명한 말이다.

集解 愚謂: 深衣之裳, 用布六幅, 而斜裁爲十二幅, 前六幅, 後六幅. 於前幅左右之兩旁, 用布續之, 以掩其前後際謂之衽. 衽之在左者, 續於前幅, 而縫著於後幅; 其在右者, 但續於前幅而不縫著, 至衣之, 則掩於後幅也. 鉤, 曲也. 邊, 卽衽之交掩處也. 深衣之裳, 幅上狹而下廣, 其衽之掩於後幅者則上廣而下狹, 二者相交, 上下皆廣, 而中央獨狹, 則其形鉤曲矣. 勉齋黃氏與朱子論深衣之制云"曲裾, 以一幅布交解之爲兩條, 上闊下狹, 綴之兩旁, 如燕尾然", 是也. 禮衣之衽, 垂於裳之兩旁, 而不屬於裳. 其裳用正幅而襞積之, 與衽相値之處亦無鉤邊之象, 故續衽鉤邊惟深衣之制爲然. 要縫, 謂要中所縫紩之度也. 下, 謂齊也. 深衣之裳, 用布六幅, 斜裁爲十二幅. 布廣二尺二寸, 除四寸爲縫, 餘布一尺八寸, 三分之, 狹頭得一分, 爲六寸, 合十二幅, 則爲七尺二寸也; 闊頭得二分, 爲一尺二寸, 合十二幅, 則爲一丈四尺四寸也. 以七尺二寸爲要, 以一丈四尺四寸爲齊, 是要縫之度, 半於齊縫之度也.

번역 내가 생각하기에, 심의(深衣)의 하의는 6폭의 포(布)를 사용해서 만드는데, 비스듬하게 잘라 12폭을 만드니 전면은 6폭이 되고 후면은 6폭이 된다. 전면의 폭 좌우 양쪽 측면은 포를 이용해서 연결하는데, 전면과 후면의 갈라진 틈을 가리기 때문에 '임(衽)'이라고 부른다. 임(衽) 중 좌측에 있는 것은 전면의 폭에 연결하고 후면의 폭과 봉합하여 붙이며, 우측에 있는 것은 단지 전면의 폭에만 연결하고 봉합하여 붙이지 않으니, 옷을 착용하게 되면 후면의 폭을 가리게 된다. '구(鉤)'자는 "굽히다[曲]."는 뜻이다. '변(邊)'은 임(衽)이 교차되어 가려진 곳을 뜻한다. 심의의 하의는 폭에 있어서 상단부는 좁고 하단부는 넓은데, 임(衽) 중 후면의 폭을 가리는 것은 상단부가 넓고 하단부가 좁아서, 둘을 서로 교차하면 상단부와 하단부가 모두 넓게 되고 중앙만 유독 좁아지니, 그 모습이 굴곡진 것처럼 보이게 된다. 면재황씨[9]와 주자가 심의의 제도를 논의하며, "곡거(曲裾)는 1폭의

---

9) 황간(黃幹, A.D.1152~A.D.1221) : =면재황씨(勉齋黃氏)·삼산황씨(三山黃氏)·

포를 교차시켜 두 가닥으로 나누는데 상단부는 넓고 하단부는 좁으며 양쪽 측면에 연결하니, 마치 제비의 꼬리처럼 생겼다."라고 한 말이 이러한 사실을 나타낸다. 예복에 달려 있는 임(衽)은 하의의 양쪽 측면에 늘어트리게 되고, 하의에 연결하지 않는다. 하의는 정폭의 천을 사용하며 주름을 접어서 만드는데, 임(衽)이 달려 있는 곳에도 굴곡진 모습이 없게 된다. 그렇기 때문에 속임(續衽)과 구변(鉤邊)이라는 것은 오직 심의의 제도에서만 이처럼 하는 것이다. '요봉(要縫)'은 허리부분을 꿰매는 치수를 뜻한다. '하(下)' 자는 하단부의 끝부분을 뜻한다. 심의의 하의는 6폭의 포를 사용해서 비스듬하게 잘라 12폭을 만든다. 포의 너비는 2척(尺) 2촌(寸)이고 4촌의 봉합하는 부분을 제외하면 나머지 포의 너비는 1척 8촌이 되고, 그것을 세 등분하면 좁은 부분은 한 등분으로 삼아 6촌으로 만들고, 12폭의 길이를 합하면 7척 2촌이 되며, 넓은 부분은 두 등분으로 삼아 1척 2촌으로 만들고, 12폭의 길이를 합하면 1장(丈) 4척 4촌이 된다. 7척 2촌의 길이를 허리부분으로 삼고 1장 4척 4촌을 하단부의 끝부분으로 삼으니, 이것은 허리부분을 봉합하는 치수가 하단부를 봉합하는 치수의 반이 됨을 뜻한다.

참고 『예기』「옥조(玉藻)」 기록

경문-380a~b 深衣三袪, 縫齊倍要, 衽當旁, 袂可以回肘.

번역 심의(深衣)를 만들 때에는 그 허리부분의 둘레를 소매의 끝단 너비의 3배로 만들며, 끝부분을 재봉한 것은 허리부분의 너비보다 2배로 하고, 연결 부분을 꿰맨 것은 양쪽 측면으로 오도록 하며, 상의와 연결시키는 소매부분은 팔을 그 안에서 돌릴 수 있도록 넓게 만든다.

鄭注 三袪者, 謂要中之數也. 袪尺二寸; 圍之爲二尺四寸; 三之, 七尺二寸.

장락황씨(長樂黃氏)·황면재(黃勉齋)·황직경(黃直卿). 남송(南宋) 때의 학자이다. 자(字)는 직경(直卿)이고, 호(號)는 면재(勉齋)이다. 주자(朱子)에게서 수학하였으며, 주자의 사위였다. 저서로는 『오경통의(五經通義)』 등이 있다.

縫, 袟也. 袟下齊倍要中. 齊, 丈四尺四寸. 縫, 或爲逢, 或爲豐. 衽, 謂裳幅所交
裂也. 凡衽者, 或殺而下, 或殺而上, 是以小要取名焉. 衽屬衣則垂而放之, 屬
裳則縫之, 以合前後, 上下相變. 二尺二寸之節.

번역 '삼거(三袪)'라는 말은 허리둘레의 수치를 뜻한다. 거(袪)는 1척(尺)
2촌(寸)의 길이니, 두르게 되면 2척 4촌이 되며, 3배를 하게 되면 7척 2촌이
된다. '봉(縫)'자는 "꿰매다[袟]."는 뜻이다. 하단부의 끝부분을 꿰맬 때에는
허리둘레의 2배가 되도록 한다. '제(齊)'는 1장(丈) 4척 4촌의 너비가 된다.
'봉(縫)'자를 다른 판본에서는 '봉(逢)'자로도 기록하며, '풍(豐)'자로도 기록
한다. '임(衽)'은 하의의 폭이 서로 교차하며 벌어지는 부분이다. 무릇 임
(衽) 중에는 밑으로 줄어드는 것도 있고, 위로 줄어드는 것도 있으니, 이러
한 까닭으로 소요(小要)로 임(衽)의 명칭을 따르는 것이다. 임(衽)을 상의
와 연결시키면, 늘어트려서 퍼지게 하며, 하의에 연결시키면, 꿰매어 앞뒤
를 합치게 하고, 상하에 따라 서로 변화하게 된다. 메(袟)는 2척 2촌으로
재단한다.

孔疏 ●"深衣三袪"者, 袪謂袟末, 言深衣之廣, 三倍於袟末.

번역 ●經文: "深衣三袪". ○'거(袪)'는 소매의 끝단을 뜻하니, 심의(深
衣)의 너비는 소매의 끝단보다 3배로 한다는 의미이다.

孔疏 ●"縫齊, 倍要"者, 齊, 謂裳之下畔. 要, 謂裳之上畔. 言縫下畔之廣,
倍於要中之廣, 謂齊廣一丈四尺四寸, 要廣七尺二寸.

번역 ●經文: "縫齊, 倍要". ○'제(齊)'자는 하의 중 하단부의 끝부분을
뜻한다. '요(要)'자는 하의 중 상단부의 끝부분을 뜻한다. 즉 하단부의 끝
부분을 꿰맬 때의 폭은 허리부분의 너비보다 2배로 한다는 뜻이니, 제(齊)
의 너비는 1장 4척 4촌으로 하며, 허리의 너비는 7척 2촌으로 한다는 의미
이다.

孔疏 ●"衽當旁"者, 衽, 謂裳之交接之處, 當身之畔.

번역 ●經文: "衽當旁". ○'임(衽)'자는 하의가 서로 포개지는 부분을 뜻하니, 신체의 측면에 닿게 된다.

孔疏 ●"袂可以回肘"者, 袂上下之廣二尺二寸, 肘長尺二寸, 故可以回肘也.

번역 ●經文: "袂可以回肘". ○메(袂)의 상하 너비는 2척 2촌이며, 팔꿈치까지의 길이는 1척 2촌이다. 그렇기 때문에 그 안에서 팔을 돌릴 수 있는 것이다.

孔疏 ◎云"三之, 七尺二寸"者, 按深衣云"幅十有二"以計之, 幅廣二尺二寸, 一幅破爲二, 四邊各去一寸, 餘有一尺八寸, 每幅交解之, 闊頭廣尺二寸, 狹頭廣六寸, 比寬頭嚮下, 狹頭嚮上, 要中十二幅, 廣各六寸, 故爲七尺二寸. 下齊十二幅, 各廣尺二寸, 故爲一丈四尺四寸.

번역 ◎鄭注: "三之, 七尺二寸". ○『예기』「심의」편에서 "12폭(幅)으로 한다."라고 한 말을 통해 계산해보면, 폭(幅)의 너비는 2척 2촌이며, 1폭(幅)을 갈라서 둘로 만들면, 네 가장자리는 각각 1촌을 덜게 되니, 나머지는 1척 8촌이 남게 되고, 매 폭(幅)마다 교차하여 가르는데, 넓어지는 부분의 폭은 1척 2촌이며, 좁아지는 부분의 폭은 6촌이 되는데, 넓어지는 부분은 밑을 향하고 좁아지는 부분은 위를 향하며, 허리둘레에는 12폭(幅)이 되고, 그 너비는 각각 6촌이 된다. 그렇기 때문에 7척 2촌이 된다. 하제(下齊)는 12폭(幅)이며, 각각 그 너비는 1척 2촌이 된다. 그렇기 때문에 1장 4척 4촌이 된다.

孔疏 ◎注"衽謂"至"相變". ○正義曰: "衽, 謂裳幅所交裂也"者, 裳幅下廣尺二寸, 上闊六寸, 狹頭嚮上, 交裂一幅而爲之. 云"凡衽者, 或殺而下, 或殺而上"者, 皇氏云: "言'凡衽', 非一之辭, 非獨深衣也. '或殺而下', 謂喪服之衽, 廣頭在上, 狹頭在下. '或殺而上', 謂深衣之衽, 寬頭在下, 狹頭在上." 云"是以小要取名焉"者, 謂深衣與喪服, 相對爲小要, 兩旁皆有此衽. 熊氏大意與皇氏同, "或殺而下", 謂"朝祭之服"耳. 云"衽屬衣, 則垂而放之"者, 謂喪服及熊氏朝祭之衽. 云"屬裳則縫之, 以合前後"者, 謂深衣之衽. 云"上下相變"者, 上體是陽, 陽體舒散, 故垂而下. 下體是陰, 陰主收斂, 故縫而合之. 今刪定, 深衣之上獨 得衽名, 不應假他餘服相對爲衽. 何以知之? 深衣衣下屬幅而下, 裳上屬幅而 上, 相對爲衽. 鄭注深衣"鉤邊, 今之曲裾", 則宜兩邊而用也. 但此等無文言之, 且從先儒之義.

번역 ◎鄭注: "衽謂"~"相變". ○정현이 "'임(衽)'은 하의의 폭이 서로 교 차하며 벌어지는 부분이다."라고 했는데, 하의의 폭(幅) 중 밑의 너비는 1척 2촌이며, 위의 넓은 부분은 6촌이고, 좁은 부분은 위를 향하는데, 1폭(幅)을 교차하고 벌려서 만들게 된다. 정현이 "무릇 임(衽) 중에는 밑으로 줄어드 는 것도 있고, 위로 줄어드는 것도 있다."라고 했는데, 황간은 "'범임(凡衽)' 이라고 말한 것은 하나가 아니라는 말이니, 유독 심의(深衣)만을 가리키는 것이 아니다. '어떤 것은 밑으로 줄어든다.'라고 했는데, 이것은 상복에 있는 임(衽)을 뜻하니, 넓은 부분이 위에 있고, 좁은 부분이 밑에 있는 것이다. '어떤 것은 위로 줄어든다.'라고 했는데, 이것은 심의의 임(衽)을 뜻하니, 넓은 부분이 밑에 있고, 좁은 부분이 위에 있는 것이다."라고 했다. 정현이 "이러한 까닭으로 소요(小要)로 임(衽)의 명칭을 따르는 것이다."라고 했는 데, 심의와 상복은 서로 대비가 되어 소요가 되니, 양쪽 측면에 모두 이러한 임(衽)이 있다는 의미이다. 웅안생의 대체적인 주장은 황간과 동일한데, "어떤 것은 밑으로 줄어든다."라고 한 말에 대해서, 조복과 제복을 뜻한다 고 했을 따름이다. 정현이 "임(衽)을 상의와 연결시키면, 늘어트려서 퍼지 게 한다."라고 했는데, 상복 및 웅안생이 말한 조복과 제복의 임(衽)을 가리 킨다. 정현이 "하의에 연결시키면, 꿰매어 앞뒤를 합치게 한다."라고 했는 데, 이것은 심의의 임(衽)을 가리킨다. 정현이 "상하에 따라 서로 변화하게 된다."라고 했는데, 상체는 양(陽)에 해당하고, 양은 퍼지고 발산함을 본체 로 삼는다. 그렇기 때문에 늘어트려서 밑으로 내리는 것이다. 하체는 음 (陰)에 해당하고, 음은 수렴하는 것을 위주로 한다. 그렇기 때문에 봉합하 여 합하는 것이다. 현재 그 내용들을 산정해보면, 심의의 윗부분에 있는 것에 대해서, 유독 임(衽)이라는 명칭을 쓸 수 있고, 다른 복장과 서로 대비를 했을 때의 임(衽)이 될 수 없는데, 어떻게 이러한 사실을 알 수 있는가?
심의의 상의 밑부분은 폭(幅)과 연결되어 밑으로 내리고, 하의의 윗부분은
폭(幅)에 연결되어 위로 올리니, 서로 대비가 되어 임(衽)이 된다.『예기』「
심의」편에 대한 정현의 주에서는 "구변(鉤邊)은 오늘날의 곡거(曲裾)이
다."라고 했으니, 마땅히 양쪽 측면에 이것을 사용하는 것이다. 다만 이러한
등등의 사안에 대해서는 경문을 근거로 말을 할 수 없고, 선대 학자들의
주장에 따른 것이다.

訓纂 說文: 衽, 衣衿也.

번역 『설문해자』10)에서 말하길, '임(衽)'자는 옷의 옷깃을 뜻한다.

訓纂 方言: "襜謂之衽." 郭注: "衣襟也. 或曰裳際也."

번역 『방언』11)에서는 "'누(襜)'를 '임(衽)'이라고 부른다."라고 했고, 곽박12)
의 주에서는 "옷의 옷깃을 뜻한다. '상제(裳際)'라고도 부른다."라고 했다.

訓纂 釋名: 衽, 襜也. 在旁襜襜然也.

번역 『석명』13)에서 말하길, '임(衽)'자는 첨(襜)을 뜻한다. 측면에서 옷

---

10) 『설문해자(說文解字)』는 후한(後漢) 때의 학자인 허신(許愼)이 찬(撰)했다
고 전해지는 자서(字書)이다.『설문(說文)』이라고도 칭해진다. A.D.100년경
에 완성되었다고 전해진다. 글자의 형태, 뜻, 음운(音韻)을 수록하고 있다.
11) 『방언(方言)』은 『유헌사자절대어석별국방언(輶軒使者絕代語釋別國方言)』·
『별국방언(別國方言)』이라고도 부른다. 한(漢)나라 때의 학자인 양웅(揚雄)
이 편찬했다고 전해지는 서적이다. 총 13권으로 구성되어 있었으며, 각 지
방에서 온 사신들의 방언을 모았다는 뜻에서,『유헌사자절대어석별국방언』
이라는 제목으로 출간되었고, 또 이 말을 줄여서『별국방언』·『방언』이라고
부르게 되었다. 현존하는『방언』은 곽박(郭璞)의 주(注)가 붙어 있는 판본
이다. 그러나『한서(漢書)』등의 기록에는 양웅의 저술 목록에『방언』이
포함되어 있지 않으므로, 편찬자에 대한 의혹이 끊임없이 제기되었다.
12) 곽박(郭璞, A.D.276~A.D.324): =곽경순(郭景純). 진(晉)나라 때의 학자이다.
자(字)는 경순(景純)이다. 저서로는『이아주(爾雅注)』,『방언주(方言注)』,『산
해경주(山海經注)』등이 있다.

이 너울거린다는 뜻이다.

訓纂 江氏永曰: 深衣之裳, 用布六幅, 裁爲十二幅, 雖皆爲裳, 而當旁名衽, 餘幅不名衽也. 鄭注: "衽, 謂裳幅所交裂." 他幅則皆正裁. 孔疏不達鄭旨, 誤謂每幅交解之闊頭廣尺二寸向下, 狹頭廣六寸向上, 是十二幅皆得名衽. 何名 "衽當旁"乎? 且凡衽者, 皆以揜裳際得名. 喪服之衽, 殺而下, 左右各二尺五寸, 疊作燕尾之形, 屬於衣, 垂而放之. 朝祭服亦當然. 深衣長, 衣之衽殺, 而上屬於裳, 縫之以合前後. 縫者, 惟身之左旁, 深衣篇謂之"續衽". 右旁不可合, 別有鉤邊屬於衽, 漢世謂之"曲衽". 衽有殺上殺下之異, 故棺上合縫之木名爲小要者, 上半殺而下, 下半殺而上, 亦得衽之名. 皇氏謂殺而下者爲喪服, 熊氏謂殺而下者朝祭之服, 各指一隅, 相兼乃備, 皆得鄭注之意.

번역 강영이 말하길, 심의(深衣)의 하의는 6폭(幅)의 포(布)를 이용하며, 재단을 하여 12폭(幅)으로 만드는데, 비록 이 모두는 하의가 되지만, 측면에 해당하는 것은 임(衽)이라고 부르며, 나머지 폭(幅)에 대해서는 임(衽)이라고 부르지 않는다. 정현의 주에서는 "임(衽)은 하의의 폭(幅)이 서로 교차하며 벌어지는 부분이다."라고 했으니, 나머지 폭(幅)에 대해서는 모두 가지런하게 재단을 한다. 공영달의 소에서는 정현이 주장한 뜻을 깨닫지 못하고, 잘못하여 매 폭(幅)을 교차하여 갈라서, 넓은 부분의 너비는 1척 2촌으로 밑을 향하고, 좁아지는 부분의 너비는 6촌으로 위를 향한다고 했는데, 이것은 12폭(幅)에 대해서 모두 임(衽)으로 부를 수 있다는 뜻이 된다. 그렇다면 어떻게 "임(衽)은 측면에 닿는다."라고 할 수 있겠는가? 또한 모든 임(衽)은 하의의 가장자리를 가린다는 뜻으로써 부를 수 있는 것이다. 상복에 있는 임(衽)은 밑으로 줄어들게 되어, 좌우가 각각 2척 5촌이며, 포갠 부분은 제비의 꼬리모양처럼 만들어서, 상의에 연결을 시키고, 늘어트려서 풀어지도록 한다. 조복이나 제복에 대해서도 또한 이처럼 만들게 된다. 심의(深衣)의 길이에 있어서, 상의의 임(衽)은 줄어들게 되어, 하의에 연결

---

13) 『석명(釋名)』은 후한(後漢) 때의 학자인 유희(劉熙)가 지은 서적이다. 오래된 훈고학 서적의 하나로 꼽는다.

시키게 되고, 꿰매서 앞뒤를 결합한다. 봉합을 시킨 부분은 오직 몸의 좌측
측면에 해당하는데,『예기』「심의」편에서 '속임(續衽)'이라고 한 말에 해당
한다. 우측 측면은 결합을 시킬 수가 없어서, 별도로 구변(鉤邊)을 두어서
임(衽)에 연결시키니, 한나라 때에는 이것을 '곡임(曲衽)'이라고 불렀다. '임
(衽)'에는 위로 줄어들거나 밑으로 줄어드는 차이가 있다. 그렇기 때문에
관(棺)을 결합시킬 때 사용하는 나무를 '소요(小要)'라고 부르는데, 윗부분
은 밑으로 줄어들고, 밑부분은 위로 줄어들게 되니, 이 또한 '임(衽)'이라고
부를 수 있다. 황간은 밑으로 줄어드는 것은 상복이 된다고 했고, 웅안생은
밑으로 줄어드는 것은 조복과 제복이 된다고 했는데, 각각 한 측면만을 밝
힌 것이니, 두 주장을 종합해보면, 정현의 주에서 본래 의도했던 뜻을 깨달
을 수 있다.

集解 此詳深衣之制也. 袪, 袂口也. 三袪, 謂其要中之度也. 要, 謂裳之上畔
也. 深衣三袪者, 深衣袪尺二寸, 圍之爲二尺四寸, 而其要中七尺二寸, 三倍於
其袪之數也. 縫, 紩也. 齊, 裳之下畔也. 縫齊倍要者, 言裳之下畔縫紩之, 而其
度一丈四尺四寸, 又倍於要中之數也. 此二句, 言裳之制也. 衽, 衣襟也. 禮衣
之衽在中, 而深衣之衽掩於旁, 與禮衣異也. 袂可以回肘者, 袂廣二尺二寸, 肘
長尺二寸, 故可以回肘. 此二句, 言衣之制也.

번역 이 문장은 심의(深衣)를 만드는 제도에 대해서 상세히 기록하고
있다. '거(袪)'는 소매의 입구를 뜻한다. '삼메(三袪)'는 허리둘레의 치수를
뜻한다. '요(要)'는 하의의 상단부를 뜻한다. '심의삼거(深衣三袪)'라는 말은
심의의 소매는 그 길이가 1척 2촌이며, 둘러서 2척 4촌으로 만들고, 허리둘
레는 7척 2촌으로 만드니, 소매의 치수보다 3배가 된다는 뜻이다. '봉(縫)'
자는 "꿰매다[紩]."는 뜻이다. '제(齊)'는 하의의 하단부를 뜻한다. '봉제배요
(縫齊倍要)'라는 말은 하의의 하단부를 꿰매서, 그 길이를 1장 4척 4촌으로
만드니, 이것은 또한 허리둘레의 치수보다 2배가 된다는 뜻이다. 이 두 구
문은 하의를 만드는 제도에 대해서 설명한 것이다. '임(衽)'은 옷자락[衣襟]
을 뜻한다. 예복에 있는 임(衽)은 중간 부분에 있지만, 심의에 있는 임(衽)

은 측면에 가려져 있어서, 예복과 차이를 보인다. '몌가이회주(袂可以回肘)'라는 말은 몌(袂)의 너비를 2척 2촌으로 만들고, 팔꿈치까지의 길이는 1척 2촌이 된다. 그렇기 때문에 팔꿈치를 돌릴 수 있는 것이다. 이 두 구문은 상의를 만드는 제도에 대해서 설명한 것이다.

集解 凡衽者, 皆所以掩衣裳之交際者也. 然有禮衣之衽, 有深衣之衽, 有在衣之衽, 有在裳之衽. 鄭氏之註旣未晰, 而後之說者或混衣之衽於裳, 或混禮衣之衽於深衣, 或又卽指深衣之裳幅爲衽, 是以其說愈繁而愈亂也. 古之禮衣, 皆直領而對襟, 其衽在左襟之上. 若舒其衽以掩於右襟之內, 謂之襲; 摺其衽於左襟之內, 謂之裼. 此禮衣在衣之衽也. 禮衣之裳, 前三幅, 後四幅, 前後不屬. 而其衽二尺有五寸, 屬於衣而垂於裳之兩旁, 以掩其前後際, 此禮衣在裳之衽也. 深衣之衣, 爲曲領相交, 其衽亦在左襟之上, 而恒以掩於右襟之外, 此深衣在衣之衽也. 其裳則前六幅, 後六幅, 皆交裂之, 寬頭在下, 狹頭在上, 於前裳之左爲衽而縫合於後裳, 於前裳之右爲衽而不縫合, 至衣時則交於後裳, 此深衣在裳之衽也. 在裳之衽, 禮衣與深衣皆在兩旁, 唯在衣之衽, 則禮衣之衽狹而又掩於襟內, 其襲而見於外, 則當心而直下; 深衣之衽稍闊, 又緣其旁而掩於襟外, 以交於右腋之側. 此言"衽當旁", 以見其異於禮衣, 乃指在衣之衽, 而非指在裳之衽也. 至小要之取名於衽, 則當獨指深衣在裳之衽, 而其在衣之衽與禮服之衽皆無與焉. 喪服記云"衽二尺有五寸", 鄭註云: "上正一尺, 燕尾二尺有五寸, 凡用布三尺五寸." 賈疏云: "取布三尺五寸, 廣一幅, 留上一尺爲正. 一尺之下, 旁入六寸, 乃邪向下一畔一尺五寸, 去下畔亦六寸, 橫斷之, 留下一尺爲正, 則用布三尺五寸, 得兩衽, 衽各二尺五寸." 蓋禮衣在裳之衽, 其制若此. 深衣之衽, 在裳之左右者亦然. 闊頭在上, 狹頭在下, 其所交後裳之幅, 則闊頭在下, 狹頭在上. 如此則上下相交, 正如小要之形, 故深衣記謂之"鉤邊", 而鄭氏喩之以"曲裾"也.

번역 무릇 임(衽)이라는 것은 상의와 하의가 결합되는 부분을 가릴 수 있는 것이다. 그러나 예복에 있는 임(衽)이 있고, 심의에 있는 임(衽)이 있으며, 상의에 있는 임(衽)이 있고, 하의에 있는 임(衽)이 있다. 정현의 주자체가 분명하지 못하고, 후대의 학설들 중에는 간혹 상의의 임(衽)을 하의의 임(衽)으로 혼동하거나 예복의 임(衽)을 심의의 임(衽)으로 혼동하고, 또 심의 중 하의의 폭(幅)을 가리켜서 임(衽)으로 여기기도 한다. 이러한 까닭으로 그 주장들은 더욱 번잡해졌고, 내용도 더욱 혼란스러워졌다. 고대의 예복에 있어서는 모든 경우에 있어서 옷깃[領]을 곧게 만들어서 앞섶[襟]과 대비가 되도록 하였고, 임(衽)은 좌측 금(襟)에 달려 있었다. 만약 그 임(衽)을 풀어서 우측 금(襟) 안쪽으로 가리게 된다면, 그것을 습(襲)이라고 부르는 것이고, 임(衽)을 좌측 금(襟) 안쪽으로 접는다면, 그것을 석(裼)이라고 부르는 것이다. 이것은 예복 중 상의에 있는 임(衽)에 해당한다. 예복의 하의에 있어서, 전면은 3폭(幅)으로 만들고, 후면은 4폭(幅)으로 만드는데, 앞뒤를 연결시키지 않는다. 그리고 임(衽)은 2척(尺) 5촌(寸)으로, 상의에 연결시키고, 하의의 양쪽 측면으로 늘어트려서, 앞뒤의 가장자리를 가리게 하니, 이것은 예복 중 하의에 있는 임(衽)에 해당한다. 심의의 상의는 굽어 있는 옷깃이 서로 교차하게 되는데, 임(衽) 또한 좌측 금(襟)에 달려 있어서, 항상 우측 금(襟)의 겉을 가리게 되니, 이것은 심의 중 상의에 있는 임(衽)에 해당한다. 하의의 경우 전면은 6폭(幅)으로 만들고, 후면은 6폭(幅)으로 만드는데, 모두 교차하여 벌려놓으며, 넓은 부분은 밑에 있고, 좁은 부분은 위에 있으며, 하의의 앞면 좌측에 임(衽)을 두어서, 하의의 후면과 봉합을 하고, 하의의 전면 우측에 임(衽)을 두지만, 봉합을 하지 않으니, 의복을 착용할 때가 되면, 하의의 후면과 연결을 시키니, 이것은 심의 중 하의의 임(衽)에 해당한다. 하의에 있는 임(衽)은 예복과 심의에 있어서 모두 양쪽 측면에 있는데, 오직 상의에 있는 임(衽)의 경우에는 예복의 임(衽)은 좁게 만들고, 또한 금(襟)의 안쪽으로 가리며, 습(襲)을 하며 겉으로 드러낸다면, 심장이 있는 곳에서 밑부분으로 내려가게 된다. 심의에 있는 임(衽)은 좀 더 넓고, 또한 그 측면을 둘러서 금(襟)의 겉을 가려, 우측 겨드랑이 측면에서 교차를 시킨다. 이곳에서는 "임(衽)은 측면에 닿는다."라고 하여, 그 옷이 예복과는 다르다는 사실을 드러낸 것이니, 이것이 곧 상의에 있는 임(衽)을 뜻하는 것이지, 하의에 있는 임(衽)을 뜻하는 것이 아니다.

소요(小要)가 임(衽)에서 그 명칭의 의미를 가져왔다는 주장에 있어서는 오로지 심의 중 하의에 있는 임(衽)만을 가리키는 것이며, 상의에 있는 임(衽)과 예복에 있는 임(衽)은 모두 관련이 없다. 『의례』「상복(喪服)」편의 기문(記文)에서는 "임(衽)은 2척 5촌이다."14)라고 했고, 정현의 주에서는 "상정(上正)은 1척이고, 제비의 꼬리처럼 늘어진 부분은 2척 5촌이니, 모두 포(布) 3척 5촌을 사용해서 만든다."라고 했고, 가공언15)의 소에서는 "포(布) 3척 5촌을 사용하여, 너비는 1폭(幅)을 하고, 윗부분 1척을 남겨서 정(正)으로 삼는다. 1척 밑으로는 측면으로 들어간 부분은 6촌이니, 곧 비스듬하게 밑으로 향하여 한쪽은 1척 5촌이 되고, 밑부분으로부터의 길이 또한 6촌이 되며, 횡으로 재단을 하여, 밑의 1척을 남겨서 정(正)으로 삼으니, 포(布) 3척 5촌을 이용하면, 양쪽의 임(衽)을 둘 수 있는데, 임(衽)은 각각 2척 5촌이 된다."라고 했다. 무릇 예복 중 하의에 있는 임(衽)은 그 제도가 이와 같다. 심의의 임(衽) 중 하의의 좌우측에 있는 것 또한 이처럼 만든다. 넓어지는 부분은 위에 있고, 좁아지는 부분은 밑에 있는데, 후면의 하의에 있는 폭(幅)과 연결을 시키는 것이라면, 넓어지는 부분은 밑에 있고, 좁아지는 부분은 위에 있다. 이처럼 만든다면 상의와 하의가 서로 연결되니, 이것이 바로 소요(小要)의 모습과 같은 것이다. 그렇기 때문에 『예기』「심의」편에서는 '구변(鉤邊)'이라고 한 것이고, 정현은 '곡거(曲裾)'로 비유를 한 것이다.

---

14) 『의례』「상복(喪服)」: <u>衽二尺有五寸</u>. 袂屬幅. 衣二尺有二寸. 袪尺二寸.
15) 가공언(賈公彦, ?~?) : 당(唐)나라 때의 유학자이다. 정현(鄭玄)을 존숭하였다. 예학(禮學)에 조예가 깊었다. 『주례소(周禮疏)』, 『의례소(儀禮疏)』 등의 저서를 남겼으며, 이 저서들은 『십삼경주소(十三經注疏)』에 포함되었다.

• 제2절 •

심의의 각(袼) · 몌(袂) · 대(帶)

【672d】

袼之高下可以運肘, 袂之長短反詘之及肘. 帶, 下毋厭髀, 上
毋厭脅, 當無骨者.

직역 袼의 高下는 可히 肘를 運하며, 袂의 長短은 反詘하여 肘에 及이라. 帶는
下로 髀를 厭함이 毋하고, 上으로 脅을 厭함이 毋하니, 骨이 無한 者에 當이라.

의역 소매 중 겨드랑이와 닿는 부분은 그 폭이 팔꿈치를 돌릴 수 있을 정도여야
하며, 소매의 길이는 반대로 접어서 팔꿈치까지 와야 한다. 허리띠는 밑으로는 넓
적다리뼈에 닿을 수 없고 위로는 겨드랑이 뼈에 닿을 수 없으니, 뼈가 잡히지 않는
부분에 와야 한다.

集說 劉氏曰: 袼, 袖與衣接, 當腋下縫合處也. 運, 回轉也. 玉藻云, "袂可
以回肘", 是也. 肘, 臂中曲節. 袂, 袖也. 袼之高下與衣身齊二尺二寸, 古者布
幅亦二尺二寸. 而深衣裁身用布八尺八寸, 中屈而四疊之, 則正方. 袖本齊之,
而漸圓殺以至袪, 則廣一尺二寸, 故下文云袂圓應規也. 衣四幅而要縫七尺二
寸, 又除負繩之縫, 與領旁之屈積各寸, 則兩腋之餘, 前後各三寸許, 續以二尺
二寸幅之袖, 則二尺有五寸也. 然周尺二尺五寸, 不滿今舊尺二尺, 僅足齊手,
無餘可反屈也. 曰反及反肘, 則接袖初不以一幅爲拘矣. 凡經言短毋見膚, 長
毋被土, 及袼可運肘, 袂反及肘, 皆以人身爲度, 而不言尺寸者, 良以尺度布幅
有古今之異, 而人身亦有大小長短之殊故也. 朱子云, "度用指尺, 中指中節爲
寸, 則各自與身相稱矣." 玉藻, "朝祭服之帶, 三分帶下, 紳居二焉", 而紳長制,

士三尺, 則帶下四尺五寸矣. 深衣之帶, 下不可厭髀骨, 上不可當脅骨, 惟當其
間無骨之處, 則少近下也. 然此不言帶之制. 玉藻云, "士練帶率下辟"等, 皆言
朝祭服之帶也. 朱子深衣帶, 蓋亦彷彿玉藻之文, 但禪複異耳.

번역 유씨[1]가 말하길, '각(袼)'은 소매가 상의와 연결되는 부분으로, 겨
드랑이 밑의 봉합된 부분에 해당한다. '운(運)'자는 돌린다는 뜻이다. 『예기』
「옥조(玉藻)」편에서 "소매부분은 팔을 그 안에서 돌릴 수 있도록 넓게 만든
다."[2]라고 한 말이 이것을 가리킨다. '주(肘)'자는 팔 중 굽힐 수 있는 관절
을 뜻한다. '몌(袂)'자는 소매[袖]를 뜻한다. 각(袼)의 폭은 상의와 맞춰서
2척(尺) 2촌(寸)으로 하는데, 고대에 사용되었던 포(布)의 폭 또한 2척 2촌
이었다. 심의(深衣) 자체를 마름질할 때 8척 8촌의 포를 사용하는데, 가운
데를 접고 네 번 겹치면 정사각형이 된다. 소매는 본래 그것과 맞추는데
점진적으로 원형으로 만들며 좁게 해서 소매의 입구 쪽에 이르게 되면 그
너비는 1척 2촌이 된다. 그렇기 때문에 아래문장에서 "소매의 원형은 둥근
자에 맞는다."라고 했다. 상의는 4폭인데 허리의 봉합된 부분은 7척 2촌이
고, 또 등 쪽의 중심선을 봉합한 것을 제외하고, 옷깃 측면의 접은 부분과
각각 1촌이 되니, 양쪽 겨드랑이 부분에는 앞뒤로 각각 3촌 정도가 되며,
2척 2촌의 폭을 가진 소매를 연결한다면, 2척 5촌이 된다. 그러나 주나라
때의 척도로 2척 5촌은 오늘날 구척으로 사용하는 2척을 채우지 못하여,
겨우 손의 길이에만 맞출 수 있으며, 반대로 접을 수 있는 남은 부분이 없게
된다. "반대로 접어서 팔꿈치에 이른다."라고 했으니, 소매를 붙일 때 애초
부터 1폭을 접을 수 없다. 경문에서는 "옷의 길이가 짧더라도 피부를 드러
내는 일이 없었고 길더라도 땅에 닿는 일이 없었다."라고 했고, "각(袼)은
팔꿈치를 돌릴 수 있고, 몌(袂)는 반대로 접어서 팔꿈치에 이른다."라고 했

---

1) 장락유씨(長樂劉氏, A.D.1017~A.D.1086) : =유씨(劉氏)·유이(劉彝)·유집중
   (劉執中). 북송(北宋) 때의 성리학자이다. 자(字)는 집중(執中)이다. 복주(福
   州) 출신이며, 어려서 호원(胡瑗)에게서 학문을 배웠다. 『정속방(正俗方)』,
   『주역주(周易注)』를 지었으나 현존하지 않는다. 『칠경중의(七經中議)』, 『명
   선집(明善集)』, 『거이집(居易集)』 등이 남아 있다.
2) 『예기』「옥조(玉藻)」【380a~b】 : 深衣三袪, 縫齊倍要, 衽當旁, 袂可以回肘.

는데, 이 모두는 사람의 몸을 기준으로 치수를 정한 것이며, 구체적인 치수를 언급하지 않았다. 그 이유는 척도와 포의 폭에는 고금의 차이가 있고, 사람의 신체에도 크고 작음 또 길고 짧은 차이가 있기 때문이다. 주자는 "치수는 손가락을 기준으로 하니, 중지의 가운데 마디가 1촌(寸)이 되므로, 각각 그 몸과 서로 맞추게 된다."라고 했다. 「옥조」편에서는 "조복(朝服)과 제복(祭服)의 허리띠는 그 아래의 길이를 3등분하면, 신(紳)은 그 중에서도 2만큼의 길이를 차지한다."[3]라고 했는데, 허리띠의 늘어트리는 부분인 신(紳)의 길이에 대한 제도는 사는 3척이니, 허리띠의 아래 길이는 4척 5촌이 된다. 심의에 차는 허리띠는 아래로 넓적다리뼈에 닿을 수 없고 위로는 겨드랑이의 뼈에 닿을 수 없으니, 오직 뼈가 만져지지 않는 그 사이에 와야 해서, 조금 밑으로 내려가게 된다. 그러나 이것은 대(帶)의 제도를 언급한 것이 아니다. 「옥조」편에서 "사의 허리띠는 명주를 이용해서 만드는데, 홑겹으로 만들어서 양쪽 끝부분을 꿰매며, 늘어뜨리는 끈에만 가선을 두른다."[4]라고 한 말 등은 모두 조복과 제복에 차는 허리띠를 뜻한다. 주자는 심의에 착용하는 대(帶)가 「옥조」편의 기록과 같았을 것이며, 단지 홑겹이냐 겹으로 하느냐의 차이가 있을 따름이라고 했다.

大全 嚴陵方氏曰: 袂長短詘之及肘, 玉藻所謂袂尺二寸是矣. 袼也, 袪也, 皆衣之名也. 在胳者, 則謂之袼, 在肱者, 則謂之袪, 在末者, 則謂之袂. 帶下毋厭髀, 上毋厭脅, 若是則是當腹間矣. 深衣, 燕服也, 故欲緩急之適如此.

번역 엄릉방씨가 말하길, "소매의 길이는 반대로 접어서 팔꿈치까지 와야 한다."라고 했는데, 『예기』「옥조(玉藻)」편에서 "소매의 통은 1척(尺) 2촌(寸)으로 한다."[5]라고 한 말에 해당한다. '겹(袼)'이라는 것과 '거(袪)'라는 것은 모두 옷의 한 부분을 뜻하는 명칭이다. 겨드랑이 위쪽에 해당하는 것은 '각(袼)'이라 부르고, 겨드랑이 쪽에 해당하는 것은 '거(袪)'라고 부르

---

3) 『예기』「옥조(玉藻)」【384d~385a】: 幷紐約用組三寸, 長齊于帶. 紳長制, 士三尺, 有司二尺有五寸. 子游曰: "參分帶下, 紳居二焉." 紳·韠·結, 三齊.

4) 『예기』「옥조(玉藻)」【384c】: 士練帶, 率下辟.

5) 『예기』「옥조(玉藻)」【380b】: 長中繼掩尺, 袼二寸, 袪尺二寸, 緣廣寸半.

며, 끝부분에 있는 것은 '몌(袂)'라고 부른다. "허리띠는 밑으로 넓적다리뼈에 닿을 수 없고, 위로는 겨드랑이 뼈에 닿을 수 없다."라고 했는데, 이와 같다면 배의 중간 부분에 와야 한다. '심의(深衣)'는 연복(燕服)6)을 뜻한다. 그렇기 때문에 넓게 하거나 끼게 하는 것을 이처럼 적당하게 만들고자 한 것이다.

大全 藍田呂氏曰: 袼之高下, 可以運肘, 袂之長短, 反詘之及肘, 此袼袂寬急之中也. 袼當腋之縫也. 不二尺二寸, 則不能回肘矣. 袂屬幅於衣, 詘以至肘, 則上下各尺二寸矣. 帶下毋厭髀, 上毋厭脅, 當無骨者, 此衣帶上下之中也.

번역 남전여씨가 말하길, "소매 중 겨드랑이와 닿는 부분의 폭은 팔꿈치를 돌릴 수 있을 정도여야 하며, 소매의 길이는 반대로 접어서 팔꿈치까지 와야 한다."라고 했는데, 이것은 소매를 붙이는 부분과 소매의 길이에 있어서 길고 짧음의 중간 정도로 한다는 뜻이다. 소매를 붙이는 부분은 겨드랑이의 봉합하는 부분에 와야 한다. 2척(尺) 2촌(寸)으로 하지 않는다면, 팔꿈치를 돌릴 수 없다. 소매가 상의에 연결하여 반대로 접어서 팔꿈치까지 온다면, 상단부와 하단부는 각각 1척 2촌의 길이가 된다. "허리띠는 밑으로는 넓적다리뼈에 닿을 수 없고, 위로는 겨드랑이 뼈에 닿을 수 없으니, 뼈가 잡히지 않는 부분에 와야 한다."라고 했는데, 이것은 의복에 착용하는 허리띠가 상하의 중간에 해당한다는 뜻이다.

鄭注 肘不能不出入. 袼, 衣袂當掖之縫也. 袂屬幅於衣, 詘而至肘, 當臂中爲節, 臂骨上下各尺二寸, 則袂肘以前尺二寸. 肘, 或爲"腕". 當骨, 緩急難爲中也.

번역 팔꿈치가 밖으로 나오거나 안으로 들어가지 않게 할 수 없다. '각(袼)'은 옷의 소매 중 겨드랑이의 봉합된 부분에 해당하는 곳이다. 소매는

---

6) 연복(燕服)은 평상시 한가하게 거처할 때 착용하는 복장을 뜻한다. 또한 연회를 할 때 착용하는 복장을 뜻하기도 한다.

옷에 연결하여 반대로 접어서 팔꿈치까지 와야 하니, 팔의 중간에 있는 관절까지 와야 하며, 팔은 관절을 중심으로 위아래가 각각 1척(尺) 2촌(寸)이니, 소매 중 팔꿈치 이전까지의 길이는 1척 2촌이 된다. '주(肘)'자를 다른 판본에서는 '완(腕)'자로 기록하기도 한다. 뼈가 만져지는 부분에 허리띠를 찬다면 풀어놓거나 조이는 것을 중도에 맞추기가 어렵다.

釋文 袼, 本又作胳, 音各, 腋也. 肘, 竹九反, 又張柳反. 掖, 本又作腋, 音亦. 袂, 彌世反, 袪末曰袂. 詘, 丘勿反. 腕, 烏亂反. 厭, 於甲反, 徐於涉反, 下同. 髀, 畢婢反, 徐亡婢反, 一音步啓反. 脅, 許劫反. 當, 丁浪反, 注同, 又丁郎反. 中, 丁仲反, 又如字.

번역 '袼'자는 판본에 따라서 또한 '胳'자로도 기록하며, 그 음은 '各(각)'이고, 겨드랑이를 뜻한다. '肘'자는 '竹(죽)'자와 '九(구)'자의 반절음이며, 또한 '張(장)'자와 '柳(류)'자의 반절음도 된다. '掖'자는 판본에 따라 또한 '腋'자로도 기록하며, 그 음은 '亦(역)'이다. '袂'자는 '彌(미)'자와 '世(세)'자의 반절음이며, 소매의 끝을 '袂'라고 부른다. '詘'자는 '丘(구)'자와 '勿(물)'자의 반절음이다. '腕'자는 '烏(오)'자와 '亂(란)'자의 반절음이다. '厭'자는 '於(어)'자와 '甲(갑)'자의 반절음이며, 서음(徐音)은 '於(어)'자와 '涉(섭)'자의 반절음이고, 아래문장에 나오는 글자도 그 음이 이와 같다. '髀'자는 '畢(필)'자와 '婢(비)'자의 반절음이며, 서음은 '亡(망)'자와 '婢(비)'자의 반절음이고, 다른 음은 '步(보)'자와 '啓(계)'자의 반절음이다. '脅'자는 '許(허)'자와 '劫(겁)'자의 반절음이다. '當'자는 '丁(정)'자와 '浪(랑)'자의 반절음이며, 정현의 주에 나오는 글자도 그 음이 이와 같고, 또한 '丁(정)'자와 '郎(낭)'자의 반절음도 된다. '中'자는 '丁(정)'자와 '仲(중)'자의 반절음이며, 또한 글자대로 읽기도 한다.

孔疏 ●"袼之高下, 可以運肘", 袼, 謂當臂之處. 袂中高下宜稍寬大, 可以運動其肘. 袂二尺二寸, 肘尺二寸, 是容運肘也.

번역 ●經文: "袼之高下, 可以運肘". ○'각(袼)'자는 팔에 해당하는 부분

을 뜻한다. 소매의 중간 너비는 마땅히 좀 더 넓어야 하니, 팔꿈치를 돌릴수 있어야 한다. 소매는 2척(尺) 2촌(寸)의 길이인데, 팔꿈치까지는 1척 2촌의 길이이니, 이것은 팔꿈치를 돌릴 수 있게끔 하는 것이다.

孔疏 ●又7)“袂之長短, 反詘之及肘”者, 袂長二尺二寸, 幷緣寸半, 爲二尺三寸半. 除去其縫之所殺各一寸, 餘有二尺一寸半在, 從肩至手二尺四寸. 今二尺一寸半之袂, 得“反詘及肘”者, 以袂屬於衣, 幅闊二尺二寸, 身脊至肩但尺一寸也. 從肩覆臂, 又尺一寸, 是衣幅之畔覆臂將盡. 今又屬袂於衣又二尺二寸半, 故反詘其袂得及於肘也.

번역 ●經文: “袂之長短, 反詘之及肘”. ○소매의 길이는 2척 2촌이며, 가선인 1.5촌의 길이까지 합하면 2척 3.5촌이 된다. 봉합되어 줄이는 부분인 각각의 1촌을 제외하면 나머지는 2척 1.5촌이 남는데, 어깨로부터 손까지는 2척 4촌이 된다. 현재 2척 1.5촌의 소매로 만든다고 했는데, “반대로 접어서 팔꿈치까지 이른다.”라고 할 수 있는 것은 소매는 상의에 연결되어 있고, 폭의 너비는 2척 2촌이 되는데, 몸의 등뼈로부터 어깨까지는 단지 1척 1촌이 되기 때문이다. 어깨부터 팔을 덮게 되면 또한 1척 1촌이 되니, 이것은 상의의 폭 경계지점이 팔을 덮어서 모두 가리게 된다. 현재 재차 상의에 소매를 붙여서 또 2척 2.5촌으로 한다. 그렇기 때문에 반대로 소매를 접어서 팔꿈치까지 이를 수 있다.

孔疏 ●“當無骨”者, 帶若當骨, 則緩急難中, 故當無骨之處. 此深衣帶, 下於朝祭服之帶也. 朝祭之帶則近上. 故玉藻云: “三分帶下, 紳居二焉.” 是自帶以下, 四尺五寸也.

번역 ●經文: “當無骨”. ○허리띠가 만약 뼈가 잡히는 부분에 있게 된다

---

7) ‘우(又)’자에 대하여. 『십삼경주소(十三經注疏)』 북경대 출판본에서는 “‘우’자를 『민본(閩本)』·『감본(監本)』·『모본(毛本)』에서는 동일하게 기록하고 있는데, 혜동(惠棟)의 『교송본(校宋本)』과 위씨(衛氏)의 『집설(集說)』에는 ‘우’자가 없다.”라고 했다.

면 풀거나 조이는 것이 중도에 맞기 어렵다. 그렇기 때문에 뼈가 잡히지 않는 부분에 놓이게 된다. 이것은 심의(深衣)에 착용하는 허리띠이니 조복(朝服)과 제복(祭服)에 차는 허리띠보다 낮게 찬다. 조복과 제복에 차는 허리띠는 좀 더 위로 올라간다. 그렇기 때문에『예기』「옥조(玉藻)」편에서는 "허리띠로부터 그 아래의 길이를 3등분하면, 신(紳)은 그 중에서도 2만큼의 길이를 차지한다."8)라고 말한 것이니, 이것은 허리띠로부터 그 아래는 4척 5촌이 됨을 나타낸다.

集解 此言衣之制也. 袼之高下, 可以運肘, 言袂之寬隘之度也. 袂之長短, 反詘之及肘, 又言其長短之度也.

번역 경문의 "袼之高"~"之及肘"에 대하여. 이 문장은 상의의 제도를 나타내고 있다. 각(袼)의 폭은 팔꿈치를 돌릴 수 있어야만 한다고 했는데, 이것은 소매의 너비에 대한 치수를 뜻한다. 소매의 길이는 반대로 접어서 팔꿈치까지 와야 한다고 했는데, 이것은 또한 길이의 치수를 뜻한다.

集解 愚謂: 反屈及肘, 劉氏與鄭孔之說不同, 以人情言之, 劉氏爲近是.

번역 내가 생각하기에, 반대로 접어서 팔꿈치까지 온다는 것에 대해 유씨와 정현 및 공영달의 주장이 다른데, 상식적으로 따져본다면, 유씨의 주장이 정답에 가깝다.

集解 此言束帶之法也. 大夫以上有雜帶, 深衣之帶也. 士無雜帶, 則深衣亦用大帶矣. 髀與脅皆有骨, 脅之下, 髀之上, 無骨之處也.

번역 경문의 "帶下毋"~"無骨者"에 대하여. 이것은 또한 대(帶)를 묶는 법도를 뜻한다. 대부 이상의 계급은 잡대(雜帶)를 차게 되는데, 이것은 심의(深衣)에 차는 허리띠를 뜻한다. 사는 잡대가 없으니, 심의를 착용할 때에도 대대(大帶)를 사용한다. 넓적다리와 옆구리에는 모두 뼈가 있는데, 옆

---

8)『예기』「옥조(玉藻)」【384d~385a】: 幷紐約用組三寸, 長齊于帶. 紳長制, 士三尺, 有司二尺有五寸. 子游曰: "參分帶下, 紳居二焉." 紳·韠·結, 三齊.

구리 밑과 넓적다리 위는 뼈가 잡히지 않는 부분이다.

참고 『예기』「옥조(玉藻)」 기록

경문-384d~385a 幷紐約用組三寸, 長齊于帶. 紳長制, 士三尺, 有司二尺
有五寸. 子游曰: "參分帶下, 紳居二焉." 紳·韠·結, 三齊.

번역 허리띠를 결속할 때에는 모두 조(組)를 이용해서 묶으니, 조(組)의
폭은 3촌이며, 그 길이는 허리띠의 길이와 같다. 허리띠 중 늘어뜨리는 부
위인 신(紳)은 그 길이를 재단함에 있어서, 사로부터 그 이상의 계층은 모
두 3척의 길이로 만들고, 유사(有司)⁹⁾는 특별히 2척 5촌으로 만든다. 자유
는 "사람의 키는 8척인데, 허리로부터 발바닥까지는 4척 5촌이니, 허리띠로
부터 그 아래의 길이를 3등분하면, 신(紳)은 그 중에서도 2만큼의 길이를
차지한다."라고 했다. 따라서 신(紳)·슬갑·묶는 끈은 그 길이가 모두 3척으
로 동일하다.

鄭注 三寸, 謂約帶紐組之廣也. 長齊于帶, 與紳齊也. 紳, 帶之垂者也, 言其
屈而重也. 論語曰: "子張書諸紳." 有司, 府史之屬也. 三分帶下而三尺, 則帶
高於中也. 結, 約餘也. 此又亂脫在是, 宜承"約用組". 結, 或爲"衿".

번역 '삼촌(三寸)'은 허리띠와 끈을 결속할 때 사용되는 조(組)의 폭에
대한 것이다. '장제우대(長齊于帶)'라는 말은 그 길이가 신(紳)의 길이와 같
다는 뜻이다. '신(紳)'은 허리띠 중 늘어뜨리는 부분으로, 굽혀서 겹치게 함
을 의미한다. 『논어』에서는 "자장이 신(紳)에 적었다."¹⁰⁾라고 했다. '유사

---

9) 유사(有司)는 관리를 뜻하는 용어이다. '사(司)'자는 담당한다는 뜻이다. 관리
들은 각자 담당하고 있는 업무가 있었으므로, 관리를 '유사'라고 불렀던 것이
다. 일반적으로 하위관료들을 지칭하여, 실무자를 뜻하는 용어로 많이 사용
된다. 그러나 때로는 고위관료까지도 지칭하는 용어로 사용되기도 한다.
10)『논어』「위령공(衛靈公)」: 子張問行. 子曰, "言忠信, 行篤敬, 雖蠻貊之邦, 行
矣. 言不忠信, 行不篤敬, 雖州里, 行乎哉? 立則見其參於前也, 在輿則見其倚

(有司)’는 부사(府史)11) 등의 부류이다. 허리띠로부터 그 밑에까지를 3등분하고, 그 중 3척의 길이를 차지한다면, 허리띠는 몸 중앙보다 높이 차는 것이다. ‘결(結)’은 남은 끈을 뜻한다. 이 문장 또한 뒤섞이고 누락되어, 이곳에 기록된 것이니, 마땅히 ‘약용조(約用組)’라는 구문 뒤에 기록되어야 한다. ‘결(結)’자를 다른 판본에서는 ‘금(衿)’자로 기록하기도 한다.

孔疏 ●“幷紐約用組”者, 幷, 並也. 紐, 謂帶之交結之處, 以屬其紐. 約者, 謂以物穿紐·約結其帶. 謂天子以下, 至弟子之等, 其所紐約之物, 並用組爲之, 故云“幷紐約用組”.

번역 ●經文: “幷紐約用組”. ○‘병(幷)’자는 모두[並]라는 뜻이다. ‘뉴(紐)’라고 했는데, 대(帶)를 교차하여 결속시킨 부분은 뉴(紐)에 연결시킨다. ‘약(約)’은 다른 사물로 뉴(紐)에 구멍을 내어서, 대(帶)를 결속시키는 것을 뜻한다. 즉 천자로부터 그 이하의 계층으로 제자(弟子) 등에 이르기까지 뉴(紐)와 약(約)으로 사용하는 물건은 모두 조(組)를 이용해서 만든다. 그렇기 때문에 “모두 뉴(紐)와 약(約)은 조(組)를 이용한다.”라고 말한 것이다.

孔疏 ●“三寸”者, 謂紐約之組闊三寸也.

번역 ●經文: “三寸”. ○뉴(紐)와 약(約)에 사용하는 조(組)의 너비는 3촌이라는 뜻이다.

孔疏 ●“長齊于帶”者, 言約紐組餘長三尺, 與帶垂者齊, 故云“長齊於帶”.

번역 ●經文: “長齊于帶”. ○약(約)과 뉴(紐)의 조(組)에서 나머지 길이

於衡也, 夫然後行.” 子張書諸紳.

11) 부사(府史)는 재화와 문서를 관리하는 말단직 관리를 말한다. 부(府)는 본래 창고를 관리하는 자이고, 사(史)는 문서 기록을 담당했던 자이다. 이 둘을 합쳐서 하급 관리들을 범칭하는 용어로도 사용한다. 『주례(周禮)』「천관(天官)·서관(序官)」편에는 “府六人, 史十有二人.”라는 기록이 있는데, 이에 대한 정현 주에서는 “府, 治藏, 史, 掌書者. 凡府·史, 皆其官長所自辟除.”라고 풀이했다.

는 3척으로 만들어서, 대(帶)의 늘어뜨리는 부분과 그 길이를 맞춘다는 뜻
이다. 그렇기 때문에 "그 길이는 대(帶)에 맞춘다."라고 말한 것이다.

孔疏 ●"紳長制: 士三尺, 有司二尺有五寸"者, 紳, 謂帶之垂者. 紳, 重也,
謂重屈而舒申. 其制: 士長三尺, 有司長二尺五寸.

번역 ●經文: "紳長制: 士三尺, 有司二尺有五寸". ○'신(紳)'이라는 것은
대(帶)의 늘어뜨리는 부분을 뜻한다. '신(紳)'은 중(重)이니, 거듭 굽혀서 펼
치는 것이다. 그 제도는 사의 것은 그 길이가 3척이고, 유사(有司)의 것은
그 길이가 2척 5촌이다.

孔疏 ●"子游曰: 參分帶下, 紳居二焉", 記者引子游之言, 以證紳之長短.
人長八尺, 大帶之下, 四尺五寸, 分爲三分, 紳居二分焉, 紳長三尺也.

번역 ●經文: "子游曰: 參分帶下, 紳居二焉". ○『예기』를 기록한 자는 자
유의 말을 인용하여, 신(紳)의 길이에 대해서 증명한 것이다. 사람의 키는
8척이고, 대대(大帶) 밑으로는 4척 5촌이 되는데, 그것을 나눠서 3등분을
하면, 신(紳)은 그 중 2만큼을 차지하니, 신(紳)의 길이는 3척이 된다.

孔疏 ●"紳·韠·結三齊"者, 紳, 謂紳帶. 韠, 謂蔽膝. 結, 謂約紐餘紐. 三者俱
長三尺, 故云"三齊"也.

번역 ●經文: "紳·韠·結三齊". ○'신(紳)'은 신대(紳帶)를 뜻한다. '필(韠)'
은 무릎 가리개를 뜻한다. '결(結)'은 뉴(紐)를 약(約)하고 남은 뉴(紐)를 뜻
한다. 이 세 가지는 모두 그 길이가 3척이다. 그렇기 때문에 "3으로 가지런
히 하다."라고 말한 것이다.

孔疏 ◎注"三寸"至"爲衿". ○正義曰: 知"三寸, 約帶紐組之廣"者, 以帶廣
四寸, 此云"三寸, 長齊於帶", 承上"紐約用組"之下, 故知是紐廣也. 云"言其
屈而重也"者, 解垂帶名紳之意, 申, 重也. 云"宜承約用組"者, 以此經直云"三
寸, 長齊于帶", 非發語之端, 明知有所承次, 故以爲宜承"約用組"之下.

번역 ◎鄭注: "三寸"~"爲衿". ○정현이 "'삼촌(三寸)'은 허리띠와 끈을 결속할 때 사용되는 조(組)의 폭에 대한 것이다."라고 했는데, 이 말이 사실임을 알 수 있는 이유는 대(帶)의 너비는 4촌이고, 이곳에서는 "3촌이며, 그 길이는 허리띠와 동일하다."라고 했고, 이 문장은 본래 '뉴약용조(紐約用組)'라는 문장 뒤에 있는 것이기 때문에, 매듭을 묶는 끈의 너비가 됨을 알 수 있다. 정현이 "굽혀서 겹치게 함을 의미한다."라고 했는데, 이것은 허리띠의 늘어뜨리는 부분을 '신(紳)'이라고 부르는 뜻을 풀이한 말이며, '신(申)'은 "겹치다[重]."는 뜻이다. 정현이 "마땅히 '약용조(約用組)'라는 구문 뒤에 기록되어야 한다."라고 했는데, 이곳 경문에서는 단지 "3촌이며, 그 길이는 허리띠와 동일하다."라고 했으니, 문단을 시작하는 말이 아니므로, 어떤 문장 다음에 있었던 기록임을 나타낸다. 그렇기 때문에 마땅히 '약용조(約用組)'라는 구문 뒤에 기록되어야 한다고 여긴 것이다.

集說 方氏曰: 紐則帶之交結也. 合幷其紐, 用組以約, 則帶始束而不可解矣. 三寸, 其廣也. 長齊于帶者, 言組之垂適與紳齊也. 紳之長制士三尺者, 自要而下爲稱也. 士如此, 亦擧卑以見尊也. 有司欲便於趨走, 故特去五寸. 引子游之言, 言人長八尺, 自要而下四尺五寸, 分爲三分而紳居二, 故長三尺也. 鞸, 蔽膝也. 結, 卽組也. 紳鞸結三者, 皆長三尺, 故曰三齊.

번역 방씨가 말하길, '뉴(紐)'는 허리띠가 교차하며 매듭이 지어지는 부분이다. 그 매듭들을 합할 때에는 조(組)를 이용해서 묶으니, 허리띠는 비로소 결속이 되어 풀어질 수 없는 것이다. 3촌은 그 너비이다. 길이를 허리띠와 같게 한다는 말은 조(組)의 늘어뜨린 부분이 신(紳)과 길이가 같다는 뜻이다. 신(紳)의 길이를 재단할 때, 사의 것은 3척으로 하니, 허리로부터 밑으로 내려서, 신분에 따라 합당하게끔 한 것이다. 사의 제도가 이와 같다면, 또한 이 내용은 미천한 신분의 것을 제시하여, 존귀한 자에 대한 것까지도 나타낸 것이다. 유사(有司)는 종종걸음으로 빨리 걷기에 편리하고자 하기 때문에, 특별히 그 길이에서 5촌을 더 줄인 것이다. 자유의 말을 인용하였는데, 이 말은 사람의 키는 8척이고, 허리로부터 발바닥까지는 그 길이가

4척 5촌인데, 그 길이를 나눠서 3등분을 만들면, 신(紳)의 길이는 그 중에서
도 2만큼을 차지한다는 뜻이다. 그렇기 때문에 그 길이는 3척이 된다. '필
(韠)'은 무릎을 가리는 슬갑이다. '결(結)'은 곧 조(組)이다. 신(紳)·필(韠)·
결(結)이라는 세 기물은 모두 그 길이가 3척이다. 그렇기 때문에 "세 가지
를 같게 한다."라고 말한 것이다.

참고 『예기』「옥조(玉藻)」기록

경문-384b~c 天子素帶, 朱裏, 終辟. 而素帶, 終辟. 大夫素帶, 辟垂. 士練
帶, 率下辟. 居士錦帶, 弟子縞帶.

번역 천자의 허리띠는 흰 비단으로 만드는데, 안쪽에는 적색의 비단으로
안감을 대고, 끝부분에는 가선을 두른다. 그리고 제후의 경우에는 허리띠를
흰 비단으로 만들지만, 적색의 비단으로 안감을 대지 않고, 끝부분에는 가
선을 두른다. 대부의 허리띠는 흰 비단으로 만들게 되고, 양쪽 귀퉁이와
밑으로 늘어뜨리는 띠에 가선을 두른다. 사의 허리띠는 명주를 이용해서
만드는데, 홑겹으로 만들어서 양쪽 끝부분을 꿰매며, 늘어뜨리는 끈에만
가선을 두른다. 은둔해 있는 사들은 비단을 이용해서 허리띠를 만들고, 제
자들은 흰색의 생견을 이용해서 허리띠를 만든다.

鄭注 謂大帶也. "而素帶, 終辟", 謂諸侯也. 諸侯不朱裏, 合素爲之, 如今衣
帶爲之, 下天子也. 大夫亦如之. 率, 繂也. 士以下皆襌, 不合而繂積, 如今作幓
頭爲之也. 辟, 讀如"裨冕"之"裨". 裨, 謂以繒采飾其側. 人君充之, 大夫裨其
紐及末, 士裨其末而已. 居士, 道藝處士也. 此自"而素帶"亂脫在是耳, 宜承
"朱裏終辟".

번역 대대(大帶)에 대한 내용이다. "소(素)로 대(帶)를 만들고, 종벽(終
辟)을 한다."라는 말은 제후에게 해당하는 예법이다. 제후는 적색을 안감으
로 대지 않고, 안팎을 모두 소(素)로 만들게 되니, 오늘날의 의대(衣帶)처럼

만드는 것으로, 천자의 예법보다 낮추기 위해서이다. 대부 또한 이처럼 만든다. '율(率)'은 밧줄[繂]을 뜻한다. 사로부터 그 이하의 계층은 모두 홑겹으로 만들게 되며, 끈을 합하여 밧줄처럼 꼬지 않으니, 마치 오늘날의 조두(繰頭)처럼 만들어서 두르는 것과 같다. '벽(辟)'자는 '비면(裨冕)'이라고 할 때의 '비(裨)'자로 풀이한다. '비(裨)'자는 증(繒)을 이용하되 그 측면을 채색하여 장식한 것을 뜻한다. 군주의 경우에는 전체를 이처럼 하지만, 대부(大夫)는 그 매듭과 끝부분만을 비(裨)로 만들고, 사는 그 끝부분만을 비(裨)로 만들 따름이다. '거사(居士)'는 도덕과 재예를 갖추고 있으면서 은거해 있는 사를 뜻한다. 이 문장의 '이소대(而素帶)'로부터 그 이하의 문장은 뒤섞이고 누락되어, 이곳에 기록된 것일 뿐이니, 마땅히 '주리종벽(朱裏終辟)'이라는 문장에 뒤이어 기록되어야 한다.

孔疏 ●"天子素帶朱裏"者, 以素爲帶, 用朱爲裏. 終辟, 辟則裨也. 終竟帶身在要及垂皆裨, 故云"終辟".

번역 ●經文: "天子素帶朱裏". ○소(素)로 대(帶)를 만드는데, 적색을 이용해서 안감을 만든다. '종벽(終辟)'이라고 했는데, '벽(辟)'은 곧 비(裨)를 뜻한다. 대(帶) 몸체의 끝부분은 허리 쪽과 늘어뜨리는 부위에 있는데, 이것들을 모두 비(裨)로 만든다. 그렇기 때문에 '종벽(終辟)'이라고 말한 것이다.

孔疏 ●"而素帶, 終辟"者, 謂諸侯也, 以素爲帶, 不以朱爲裏, 亦用朱綠終裨.

번역 ●經文: "而素帶, 終辟". ○제후에 대한 경우를 뜻하니, 소(素)로 대(帶)를 만들지만, 적색으로 안감을 대지 않고, 또한 적색의 가선을 이용해서 끝부분을 비(裨)로 처리한다.

孔疏 ●"大夫素帶, 辟垂"者, 大夫亦用素爲帶, 不終裨, 但以玄華裨其身之兩旁及屈垂者.

번역 ●經文: "大夫素帶, 辟垂". ○대부 또한 소(素)를 이용해서 대(帶)를 만들지만, 끝부분을 비(裨)로 처리하지 않고, 단지 현황색으로 대(帶)의 양쪽 측면과 굽혀져서 밑으로 늘어지는 부분만 비(裨)로 처리한다.

孔疏 ●"士練帶, 率, 下辟"者, 士用孰帛練爲帶, 其帶用單帛, 兩邊縪而已. 縪, 謂緶緝也.

번역 ●經文: "士練帶, 率, 下辟". ○사는 누인 비단을 이용해서 대(帶)를 만드는데, 대(帶)를 만들 때에는 홑겹의 비단을 사용하며, 양쪽 측면을 율(縪)로 할 따름이다. '율(縪)'은 꿰맨 것을 뜻한다.

孔疏 ●"下裨"者, 但士帶垂者, 必反屈嚮上, 又垂而下, 大夫則總皆裨之. 士則用緇, 唯裨嚮下一垂者.

번역 ●經文: "下裨". ○단지 사의 대(帶) 중 늘어뜨린 부분은 반드시 반대로 굽혀서 위쪽을 향하도록 하고, 재차 늘어뜨려서 밑으로 내리는데, 대부의 경우라면 총괄적으로 모두 비(裨)로 처리한다. 사는 치(緇)를 이용하게 되는데, 단지 밑으로 내려뜨린 한 가닥의 끈에만 비(裨)로 처리한다.

孔疏 ●"居士錦帶"者, 用錦爲帶, 尚文也.

번역 ●經文: "居士錦帶". ○금(錦)을 이용해서 대(帶)를 만드니, 화려함을 숭상하기 때문이다.

孔疏 ●"弟子縞帶"者, 用生縞爲帶, 尚質也.

번역 ●經文: "弟子縞帶". ○생호(生縞)를 이용해서 대(帶)를 만드니, 질박함을 숭상하기 때문이다.

大全 長樂陳氏曰: 天子至士, 帶皆合帛爲之, 或以素, 或以練, 或終辟, 或辟垂, 或下辟, 其飾或朱綠, 或玄華, 蓋素得於自然, 練成於人功, 終辟則所積者備, 垂辟下辟則所積者少. 朱者正陽之色, 綠者少陽之雜, 玄與緇者, 陰之體,華者, 文之成, 天子體陽而兼乎下, 故朱裏而飾以朱綠. 諸侯雖體陽, 而不兼乎上, 故飾以朱綠, 而不朱裏. 大夫體陰而有文, 故飾以玄華. 士則體陰而已, 故飾以緇. 下文大夫言帶廣四寸, 則其上可知, 而士不必四寸也. 於士言紳三尺, 則其上可知, 而有司止於二尺五寸也. 凡帶有率無箴功, 則帶繂而已, 無刺繡之功也.

번역 장락진씨가 말하길, 천자로부터 사에 이르기까지, 그들이 차는 허리띠는 모두 비단을 합쳐서 만들게 되는데, 어떤 것은 소(素)를 이용해서 만들고, 또 어떤 것은 연(練)을 이용해서 만들며, 또 어떤 것은 끝부분에 가선을 두르고, 또 어떤 것은 양쪽 귀퉁이와 늘어뜨리는 부분에 가선을 대며, 또 어떤 것은 밑으로 늘어뜨리는 부분에만 가선을 두른다. 장식의 경우 어떤 것은 적색과 푸른색으로 만들고, 또 어떤 것은 검은색과 황색으로 만든다. 무릇 소(素)라는 것은 자연으로부터 나온 것이고, 연(練)은 사람의 공력으로 완성된 것이며, 종벽(終辟)의 경우에는 길쌈을 한 것이 제대로 갖춰진 것이고, 수벽(垂辟)과 하벽(下辟)은 길쌈을 한 부분이 적은 것이다. 주색은 정양(正陽)의 색깔에 해당하고, 푸른색은 소양(少陽)의 잡색이며, 현(玄)과 치(緇)라는 것은 음(陰)의 체(體)가 되며, 화(華)는 문채가 이루어진 것이니, 천자의 경우에는 양(陽)을 체득하며, 아래까지도 겸비하고 있다. 그렇기 때문에 주색의 비단으로 안감을 대며, 주색과 푸른색으로 장식을 하는 것이다. 제후는 비록 양(陽)을 체득하고 있지만, 위까지는 겸비하지 못하기 때문에, 주색과 푸른색으로 장식을 하되, 주색의 비단으로 안감을 대지 않는 것이다. 대부는 음(陰)을 체득하고 있으며, 문채를 갖추고 있다. 그렇기 때문에 현색과 황색으로 장식을 하는 것이다. 사의 경우에는 음(陰)만 체득하고 있을 따름이다. 그렇기 때문에 치(緇)로 장식을 하는 것이다. 아래문장에서 대부에 대해서는 그 띠의 폭을 4촌으로 만든다고 했으니,[12] 그 위의 계층에 대해서도 알 수 있고, 사는 4촌으로 만들 필요가 없는 것이다. 또 사에 대해서는 늘어뜨리는 끈이 3척이라고 했으니, 그 위의 계층에

---

12) 『예기』「옥조(玉藻)」【385b】: 大夫大帶四寸, 雜帶, 君朱綠, 大夫玄華, 士緇辟二寸, 再繚四寸.

대해서도 알 수 있고, 유사(有司)는 단지 2척 5촌의 길이에 그쳤던 것이다. 무릇 띠에 있어서 꼬는 것은 있어도, 바느질을 하지 않으니, 띠는 동아줄처럼 생겼을 따름이며, 자르거나 수를 놓는 공정이 없다.

集解 愚謂: 練, 白色熟絹也. 率, 義如左傳"藻率·鞞·琫"之率, 以采色飾物也. 雜記曰, "率帶, 諸侯大夫五采, 士二采." 辟在帶側, 則率在帶中也. 率下, 謂率之所不至者. 士以練帛爲帶, 而但裨其率下也. 大夫辟垂, 士辟率下, 則帶之率及其重屈者而止也. 士帶裨以緇, 大夫以上無文. 居士錦帶, 尙文也. 弟子縞帶, 尙質也. 二帶不言其裨者, 裨之度與士同也.

번역 '연(練)'은 백색의 정련시킨 생견을 뜻한다. '솔(率)'은 그 의미가 『좌전』에서 "조(藻)풀을 그린 수건·비(鞞)라는 칼집·봉(琫)이라는 칼집 장식을 찬다."[13]라고 했을 때의 '솔(率)'과 같으니, 채색으로 사물에 대한 장식을 한 것이다. 『예기』「잡기(雜記)」편에서는 "솔대(率帶)에 있어서, 제후에게 소속된 대부는 다섯 가지 채색을 사용하고, 사는 두 가지 채색을 사용한다."[14]라고 했다. '벽(辟)'이 대(帶)의 측면에 해당한다면, 솔(率)은 대(帶)의 중앙에 해당한다. '솔하(率下)'는 솔(率)이 미치지 못하는 부분을 뜻한다. 사는 연백(練帛)을 대(帶)로 만들지만, 솔하(率下)에 대해서만 비(裨)를 할 따름이다. 대부는 수(垂)를 벽(辟)하고, 사는 솔하(率下)를 벽(辟)하니, 대(帶)의 솔(率) 및 거듭 접혀진 부분에 대해서만 하고 끝낸다. 사의 대(帶)는 치(緇)로써 비(裨)를 하는데, 대부로부터 그 이상의 계층에 대해서는 남아 있는 기록이 없다. 은둔해 있는 사가 금대(錦帶)를 하는 것은 문채를 숭상하기 때문이다. 제자가 호대(縞帶)를 하는 것은 질박함을 숭상하기 때문이다. 두 대(帶)에 대해서 비(裨)를 언급하지 않은 것은 비(裨)를 하는 법칙이 사와 동일하기 때문이다.

---

13) 『춘추좌씨전』「환공(桓公) 2년」: 藻率·鞞·鞛, 鞶·厲·游·纓, 昭其數也.
14) 『예기』「잡기상(雜記上)」【501a】: 率帶, 諸侯大夫皆五采, 士二采.

심의와 규(規) · 구(矩) · 승(繩) · 권(權) · 형(衡)

【673c】

制十有二幅, 以應十有二月, 袂圜以應規, 曲袷如矩以應方,
負繩及踝以應直, 下齊如權衡以應平.

직역 十二幅을 制하여, 十二月에 應하고, 袂는 圜하여 規에 應하며, 曲袷은 矩
와 如하여 方에 應하고, 負繩은 踝에 及하여 直에 應하며, 下齊는 權衡과 如하여
平에 應한다.

의역 12폭의 천을 재단하여 12개월에 맞추고, 소매는 둥글게 하여 둥근 자에
맞추며, 굽어 있는 옷깃은 곱자처럼 되어 사각형에 맞추고, 등 쪽의 봉합된 부분은
발꿈치까지 직선으로 이어져 먹줄과 같은 직선에 맞추며, 하단부의 봉합된 부분은
저울추와 저울대처럼 하여 평형에 맞춘다.

集說 袷, 交領也. 衣領旣交, 自有如矩之象. 踝, 足跟也. 衣之背縫, 及裳之
中縫, 上下相接如繩之直, 故云負繩也. 下齊, 裳末緝處也, 欲其齊如衡之平.

번역 '겁(袷)'자는 교차하는 옷깃을 뜻한다. 상의의 옷깃이 이미 교차하
고 있으니, 그 자체에 곱자와 같은 형상이 있다. '과(踝)'자는 발꿈치를 뜻한
다. 상의의 등 쪽에 있는 봉합부분이 하의의 가운데 있는 봉합부분에 이르
기까지 위아래가 서로 붙어서 먹줄의 곧음과 같다. 그렇기 때문에 '부승(負
繩)'이라고 했다. '하자(下齊)'는 하의의 끝부분을 꿰맨 곳이니, 저울대가 평
형을 이루는 것처럼 가지런히 만들고자 한 것이다.

大全 長樂陳氏曰: 十二月者, 天數也. 袂圜以應規, 而圜者, 天之體. 曲袷如矩以應方, 而方者, 地之象也. 負繩及踝, 以應直, 下齊如權衡, 以應平, 而直與平者, 人之道. 何以知其然耶? 玉藻曰, 戴冕璪十有二旒, 則天數也. 蓋天之大數, 不過十二, 故月之至于十二而後, 成歲功, 猶之深衣也, 必十二幅而後, 可以爲衣之良也. 唯夫衣之數, 有以合乎天之數, 此所以爲十二月之應也. 著不息者天也, 而袂者動而不息也. 著不動者世也, 而袷者靜而不動也. 孟子曰, 規矩方圓之至也, 而文中子曰, 圓者動, 方者靜, 其見天地之心乎, 此其意也. 至於平則不傾也, 直則不屈也. 書曰平康正直, 語曰人之生也直, 此又足以見負繩下齊之義也.

번역 장락진씨[1]가 말하길, 12개월은 하늘의 수이다. 소매가 둥글어서 둥근 자에 맞추는데, 둥근 것은 하늘의 본체이다. 굽은 옷깃은 곱자와 같아서 사각형에 맞추는데, 사각형은 땅의 형상이다. 등 쪽의 봉합된 부분은 발꿈치까지 직선으로 이어져 먹줄과 같은 직선에 맞추며, 하단부의 봉합된 부분은 저울추와 저울대처럼 하여 평형에 맞추는데, 곧고 평평한 것은 사람의 도에 해당한다. 어떻게 이렇다는 사실을 알 수 있는가? 『예기』「옥조(玉藻)」편에서는 "면류관에 다는 옥 장식은 12줄로 한다."[2]고 했으니, 하늘의 수에 해당한다. 하늘의 큰 수는 12를 넘기지 않는다. 그렇기 때문에 달에 있어서도 12개월이 된 이후에야 세공(歲功)[3]을 이루니, 심의(深衣)에 있어서도 반드시 12폭으로 한 뒤에야 제대로 만든 옷이 될 수 있는 것과 같다. 옷에 적용되는 수치에 있어서 하늘의 수에 부합되는 것이 있으니, 이것이

1) 진상도(陳祥道, A.D.1159 ~ A.D.1223): =장락진씨(長樂陳氏)·진씨(陳氏)·진용지(陳用之). 북송대(北宋代)의 유학자이다. 자(字)는 용지(用之)이다. 장락(長樂) 지역 출신으로, 1067년에 과거에 급제하여 태상박사(太常博士) 등을 지냈다. 왕안석(王安石)의 제자로, 그의 학문을 전파하는데 공헌하였다. 저서에는 『예서(禮書)』,『논어전해(論語全解)』 등이 있다.
2) 『예기』「옥조(玉藻)」【371a】: 天子玉藻, 十有二旒, 前後邃延, 龍卷以祭.
3) 세공(歲功)은 한 해 동안 이룩한 공적(功績)을 지칭한다. 구체적으로는 한 해의 농사를 수확한다는 뜻이다. 『한서(漢書)』「예악지(禮樂志)」편에는 "陽出布施於上而主歲功, 陰入伏藏於下而時出佐陽. 陽不得陰之助, 亦不能獨成歲功."이라는 기록이 있다.

바로 12개월에 호응하는 이유이다. 뚜렷하게 쉬지 않음은 하늘에 해당하는데, 소매도 움직이며 그치지 않는다. 또 뚜렷하게 움직이지 않음은 땅에 해당하는데,4) 옷깃은 고요하며 움직이지 않는다.『맹자』에서는 "둥근 자와 곱자는 사각형과 원형의 지극함이다."5)라고 했고,『문중자』에서는 "원형은 움직이는 것이고 사각형은 고요한 것이니, 천지의 마음을 드러낸 것이구나."라고 했는데, 바로 이러한 의미를 나타낸다. 평형이 되면 기울지 않고 곧게 되면 굽어지지 않는다.『서』에서는 "평안하게 되면 바르고 곧게 한다."6)라고 했고,『논어』에서는 "사람이 살아가는 이치는 곧음이다."7)라고 했는데, 이 또한 부승(負繩)과 하자(下齊)의 의미를 드러내기에 충분하다.

大全 嚴陵方氏曰: 袂在前, 以動而致用, 故欲圜. 圜者, 動故也. 袷在中, 以靜而成禮, 故欲方. 方者, 靜故也. 及踝, 謂至足之跟也. 下齊, 謂在下之緝也.

번역 엄릉방씨가 말하길, 소매는 앞부분에 있고 움직이며 쓰임을 지극히 하기 때문에 둥글게 만들고자 한다. 둥근 것은 활동적이기 때문이다. 옷깃은 가운데 있고 가만히 있으며 예법을 완성하기 때문에 사각형으로 만들고자 한다. 사각형은 정적이기 때문이다. '급과(及踝)'는 발의 발꿈치까지 이른다는 뜻이다. '하자(下齊)'는 하단부의 봉합된 부분을 뜻한다.

鄭注 裳六幅, 幅分之, 以爲上下之殺. 謂胡下也. 袷, 交領也. 古者方領, 如今小兒衣領. 繩, 謂裻與後幅相當之縫也. 踝, 跟也. 齊, 緝.

번역 하의는 6폭으로 만드는데, 폭을 나눠서 상하의 줄임으로 삼는다. 소매가 둥글다는 것은 턱살처럼 늘어진 부분을 뜻한다. '겁(袷)'자는 교차하

---

4)『예기』「악기(樂記)」【467a】: 及夫禮樂之極乎天, 而蟠乎地, 行乎陰陽, 而通乎鬼神, 窮高極遠而測深厚. 樂著太始而禮居成物. <u>著不息者, 天也. 著不動者, 地也.</u> 一動一靜者, 天地之間也. 故聖人曰禮樂云.

5)『맹자』「이루상(離婁上)」: 孟子曰, "規矩, <u>方員之至也</u>, 聖人, 人倫之至也.

6)『서』「주서(周書)·홍범(洪範)」: 六, 三德, 一曰正直, 二曰剛克, 三曰柔克, <u>平康正直</u>, 彊弗友剛克, 燮友柔克, 沈潛剛克, 高明柔克. 惟辟作福, 惟辟作威, 惟辟玉食.

7)『논어』「옹야(雍也)」: 子曰, "<u>人之生也直</u>, 罔之生也幸而免."

는 옷깃을 뜻한다. 고대에 사용한 각진 옷깃은 오늘날의 어린아이들 옷에 하는 옷깃과 같다. '승(繩)'자는 등솔기가 후면의 폭과 서로 맞닿아 봉합한 부분을 뜻한다. '과(踝)'자는 발꿈치[跟]를 뜻한다. '자(齊)'자는 "꿰매다 [緝]."는 뜻이다.

釋文 應, 應對之應, 下同. 殺, 色界反, 徐所例反. 圜音圓. 胡下, 下垂曰胡. 袷音劫, 下注同. 踝, 胡瓦反. 裻音督. 跟音根. 齊音咨, 亦作齋, 下同. 緝, 古入反.

번역 '應'자는 '응대(應對)'의 '應'자이며, 아래문장에 나오는 글자도 그 음이 이와 같다. '殺'자는 '色(색)'자와 '界(계)'자의 반절음이며, 서음(徐音)은 '所(소)'자와 '例(례)'자의 반절음이다. '圜'자의 음은 '圓(원)'이다. '胡下'라고 했는데 아래로 늘어지는 것을 '호(胡)'라고 부른다. '袷'자의 음은 '劫(겁)'이며, 아래 정현의 주에 나오는 글자도 그 음이 이와 같다. '踝'자는 '胡(호)'자와 '瓦(와)'자의 반절음이다. '裻'자의 음은 '督(독)'이다. '跟'자의 음은 '根(근)'이다. '齊'자의 음은 '咨(자)'이며, 또한 '齋'자로도 기록하고, 아래문장에 나오는 글자도 이와 같다. '緝'자는 '古(고)'자와 '入(입)'자의 반절음이다.

孔疏 ●"制十有二幅, 以應十有二月"者, 深衣其幅有六, 每幅交解爲二, 是十二幅也.

번역 ●經文: "制十有二幅, 以應十有二月". ○심의(深衣)의 폭은 6인데, 매 폭마다 교차하여 갈라서 둘로 만드니 12폭이 된다.

孔疏 ◎注"古者方領". ○正義曰: 鄭以漢時領皆嚮下交垂, 故云"古者方領", 似今擁咽, 故云"若今小兒衣領", 但方折之也.

번역 ◎鄭注: "古者方領". ○정현은 한나라 때의 옷깃이 모두 아래를 향하여 교차하여 늘어져 있기 때문에 '고대의 각진 옷깃'이라고 했으니, 이것은 오늘날의 옹열(擁咽)이라는 것과 같다. 그렇기 때문에 "오늘날의 어린아이들 옷에 하는 옷깃과 같다."라고 말한 것인데, 각이 지며 꺾인 것일 뿐이다.

孔疏 ●"負繩及踝以應直". ○正義曰: 衣之背縫及裳之背縫, 上下相當, 如繩之正, 故云"負繩", 非謂實負繩也.

번역 ●經文: "負繩及踝以應直". ○옷의 등 쪽에 있는 봉합된 부분과 하의의 뒤쪽 봉합된 부분은 위아래가 서로 맞으므로, 마치 먹줄처럼 올곧게 찍히는 것과 같다. 그렇기 때문에 '부승(負繩)'이라고 했으니, 실제로 먹줄을 짊어진다는 뜻이 아니다.

참고 『예기』「옥조(玉藻)」 기록

경문-371a 天子玉藻, 十有二旒, 前後邃延, 龍卷以祭.

번역 천자의 면류관에 다는 옥 장식은 12줄로 하고, 앞뒤로 각각 12개씩을 길게 늘어트리며, 그 위에는 겉감은 검은색이고 속감은 분홍색으로 된 상판을 얹고, 곤룡포를 착용하고서, 종묘에서 제사를 지낸다.

鄭注 祭先王之服也. 雜采曰藻. 天子以五采藻爲旒, 旒十有二. "前後邃延"者, 言皆出冕前後而垂也, 天子齊肩, 延冕上覆也, 玄表纁裏. 龍卷, 畫龍於衣, 字或作"袞".

번역 선왕에게 제사를 지낼 때 착용하는 복장이다. 여러 색깔이 섞여 있는 것을 '조(藻)'라고 부른다. 천자는 다섯 가지 채색으로 된 조(藻)를 이용해서 류(旒)를 만들고, 류(旒)는 12개를 단다. '전후수연(前後邃延)'이라고 했는데, 이 말은 류(旒)는 모두 면류관 앞뒤를 돌출시켜서, 류(旒)를 늘어트리게 한다는 뜻인데, 천자의 경우에는 어깨까지 내려오고, '연(延)'은 면류관 위에 달린 덮개이니, 겉은 검은색으로 하고, 안은 분홍색으로 한다. '용권(龍卷)'은 옷에 용을 그린 것이고, '권(卷)'이라는 글자는 '곤(袞)'이라고도 기록한다.

孔疏 ●“天子玉藻”者, 藻, 謂雜采之絲繩以貫於玉, 以玉飾藻, 故云“玉藻”也.

번역 ●經文: “天子玉藻”. ○‘조(藻)’는 여러 가지 채색을 섞은 끈을 이용해서, 옥을 꿴 것으로, 옥을 통해 조(藻)를 장식한다. 그렇기 때문에 ‘옥조(玉藻)’라고 부르는 것이다.

孔疏 ●“十有二旒”者, 天子前之與後, 各有十二旒.

번역 ●經文: “十有二旒”. ○천자의 면류관에는 앞뒤로 각각 12개의 류(旒)가 있다.

孔疏 ◎注“祭先”至“齊肩”. ○正義曰: 知“祭先王之服”者, 以司服云“享先王則袞冕” 故也. 云“天子齊肩”者, 以天子之旒十有二就, 每一就貫以玉. 就間相去一寸, 則旒長尺二寸, 故垂而齊肩也. 言“天子齊肩”, 則諸侯以下各有差降, 則九玉者九寸, 七玉者七寸, 以下皆依旒數垂而長短爲差. 旒垂五采玉, 依飾射侯之次, 從上而下, 初以朱, 次白, 次蒼, 次黃, 次玄. 五采玉旣質徧, 周而復始. 其三采者先朱, 次白, 次蒼. 二色者, 先朱, 後綠. 皇氏·沈氏並爲此說, 今依用焉. 後至漢明帝時, 用曹襃之說, 皆用白旒珠, 與古異也.

번역 ◎鄭注: “祭先”~“齊肩”. ○정현이 “선왕에게 제사를 지낼 때 착용하는 복장이다.”라고 했는데, 이 말이 사실임을 알 수 있는 이유는 『주례』「사복(司服)」편에서 “선왕에게 제사를 지내게 되면, 곤면(袞冕)[8]을 착용한다.”[9]라고 했기 때문이다. 정현이 “천자의 경우에는 어깨까지 내려온다.”라고

---

8) 곤면(袞冕)은 곤룡포와 면류관을 뜻한다. 본래 천자의 제사복장으로, 비교적 중요한 제사 때 입는다. 윗옷과 아랫도리에 새겨진 무늬 등은 9가지이다. 『주례』「춘관(春官)·사복(司服)」편에는 “享先王則袞冕.”이라는 기록이 있다. 이에 대한 정현의 주에서는 “袞服九章, 登龍於山, 登火於宗彝, 尊其神明也. 九章, 初一曰龍, 次二曰山, 次三曰華蟲, 次四曰火, 次五曰宗彝, 皆畫以爲繢. 次六曰藻, 次七曰粉米, 次八曰黼, 次九曰黻, 皆希以爲繡. 則袞之衣五章, 裳四章, 凡九也.”라고 풀이했다. 즉 ‘곤면’의 윗옷에는 용(龍), 산(山), 화충(華蟲), 화(火), 종이(宗彝) 등 5가지 무늬를 그려놓고, 아랫도리에는 조(藻), 분미(粉米), 보(黼), 불(黻) 등 4가지 무늬를 수놓았다.

했는데, 천자가 달게 되는 류(旒)는 12취(就)[10]로 되어 있는데, 매 1취(就)마다 옥을 꿰게 된다. 취(就) 간의 간격은 1촌(寸)이니, 류(旒)의 길이는 1척 2촌이 된다. 그렇기 때문에 늘어트리게 되면, 어깨까지 내려오는 것이다. 정현이 "천자의 경우에는 어깨까지 내려온다."라고 말했다면, 제후로부터 그 이하의 계층에게는 각각 차등이 있으니, 9개의 옥을 꿰는 류(旒)의 길이는 9촌이 되고, 7개의 옥을 꿰는 류(旒)의 길이는 7촌이 되며, 그 이하의 경우에도 모두 류(旒)의 수에 따라서 늘어트렸을 때의 길이에 차등을 둔다. 류(旒)에 늘어뜨리는 다섯 가지 색깔의 옥은 활을 쏠 때 과녁의 순차에 따르게 되니, 위로부터 아래로 내려갈 때, 처음에는 주색의 옥을 끼우고, 그 다음에는 백색의 옥을 끼우며, 그 다음에는 푸른색의 옥을 끼우고, 그 다음에는 황색의 옥을 끼우며, 그 다음으로는 검은색의 옥을 끼우게 된다. 다섯 가지 색깔의 옥이 모두 끼워지게 되면, 다시 처음부터 되풀이해서 끼운다. 세 가지 색깔의 옥을 사용하는 경우에는 먼저 주색의 옥을 끼우고, 그 다음으로 백색의 옥을 끼우며, 그 다음으로 푸른색의 옥을 끼운다. 두 가지 색깔의 옥을 끼운다면, 먼저 주색의 옥을 끼우고, 이후에 푸른색의 옥을 끼운다. 황간과 심씨는 모두 이처럼 주장을 했고, 여기에서도 그에 따른다. 이후 한나라 명제(明帝) 때[11]에 이르게 되면, 조포[12]의 주장에 따라서, 모두 백색의 류(旒)와 붉은 색의 구슬을 사용하게 되어, 고대의 제도와 다르게 했다.

訓纂 獨斷曰: 周禮天子冕, 前後垂延, 朱綠藻, 十有二旒. 明帝永平二年, 詔有司採尙書及周官·禮記定而制焉. 廣七寸, 長尺二寸, 前圓後方, 朱綠裏而玄

---

9) 『주례』「춘관(春官)·사복(司服)」: 王之吉服, 祀昊天·上帝, 則服大裘而冕, 祀五帝亦如之. 享先王則袞冕, 享先公·饗·射則鷩冕, 祀四望·山川則毳冕, 祭社稷·五祀則希冕, 祭群小祀則玄冕.

10) 취(就)는 고대의 복식에 있어서, 다섯 가지 채색의 끈을 이용하여, 한 번 두르는 것을 뜻한다.

11) 명제(明帝)의 제위기간은 A.D.58년부터 A.D.75년까지이다.

12) 조포(曹褒, ?~A.D.102): 후한(後漢) 때의 학자이다. 자(字)는 숙통(叔通)이다. 조충(曹充)의 아들이다. 저서로는 『연경잡론(演經雜論)』·『통의(通義)』 등이 있다.

上, 前垂四寸, 後垂三寸, 繫白玉珠於其端, 是爲十二旒, 組纓如其綬之色. 三公及諸侯之祠者, 朱綠九旒, 靑玉珠, 卿大夫七旒, 黑玉珠, 皆有前無後, 組纓各視其綬之色. 旁垂黈纊當耳. 郊天地, 祠宗廟, 祀明堂, 則冠之.

번역 채옹[13]의 『독단(獨斷)』에서 말하길, 『주례』에서 천자의 면류관은 앞뒤로 늘어트리고 연(延)을 덮으며, 주색과 푸른색의 조(藻)에 12개의 류(旒)를 단다고 했다. 명제(明帝) 영평(永平) 2년[14]에는 유사(有司)에게 칙서를 내려서, 『상서』·『주례』·『예기』를 살펴 제도를 확정하라고 하였다. 그래서 너비 7촌 길이 1척 2촌, 전면은 원형으로 하고 후면은 네모지게 하며, 주색과 푸른색으로 안감을 만들고, 검은색이 위로 가도록 하며, 앞으로 4촌이 나오도록 하고, 뒤로는 3촌이 나오도록 해서, 백색의 옥구슬을 그 끝단에 매달았으니, 이것을 12류(旒)로 삼았고, 조(組)와 영(纓)은 수(綬)의 색깔과 동일하게 했다. 삼공(三公)[15] 및 제후의 제사에 있어서는 주색과 푸른색의 9류(旒)에, 청색의 옥구슬을 달았고, 경과 대부는 7류(旒)로 하고, 흑색의 옥구슬을 달았으며, 모두 전면만 있었고 후면은 없었고, 조(組)와 영(纓)은 수(綬)의 색깔에 견주어서 만들었다. 옆면에 늘어뜨리는 주광(黈纊)은 귀까지만 닿았다. 그리고 천지·종묘·명당에 대한 제사를 지내게 되면, 모두 이것을 썼다.

---

13) 채옹(蔡邕, A.D.131~A.D.192) : 후한(後漢) 때의 학자이다. 자(字)는 백개(伯喈)이다. A.D.189년 동탁(董卓)에게 발탁되어, 시어사(侍御史)와 좌중랑장(左中郞將) 등을 역임하였으나, 동탁이 죽은 후 투옥되어 옥중에서 죽었다. 박학하였으며 술수(術數), 천문(天文), 사장(辭章) 등에 조예가 깊었다.

14) 영평(永平) 2년은 A.D.59년이다.

15) 삼공(三公) : '삼공'은 중앙정부의 가장 높은 관직자 3명을 합쳐서 부르는 말이다. '삼공'에 속한 관직명에 대해서는 각 시대별로 차이가 있다. 『사기(史記)』「은본기(殷本紀)」편에는 "以西伯昌, 九侯, 鄂侯, 爲三公."이라는 기록이 있다. 즉 은나라 때에는 서백(西伯)인 창(昌), 구후(九侯), 악후(鄂侯)들을 '삼공'으로 삼았다. 또한 주(周)나라 때에는 태사(太師), 태부(太傅), 태보(太保)를 '삼공'으로 삼았다. 『서』「주서(周書)·주관(周官)」편에는 "立太師·太傅·太保, 茲惟三公, 論道經邦, 燮理陰陽."이라는 기록이 있다. 한편 『한서(漢書)』「백관공경표서(百官公卿表序)」에 따르면 사마(司馬), 사도(司徒), 사공(司空)을 '삼공'으로 삼았다는 기록이 있다.

訓纂 江氏永曰: 東方朔云: "冕而前旒, 所以蔽明." 若復後旒, 安所取義? 禮器·郊特牲及此文皆云十有二旒, 不云二十四旒. 鄭蓋因"前後邃延"而誤. 前後邃延, 謂自延端至冕武皆深邃, 不謂前後皆有旒也. 且一旒十二玉, 十二旒一百四十四玉, 若復加十二旒, 恐首不能勝. 此鄭說之不可不辨者.

번역 강영이 말하길, 동방삭[16]은 "면류관을 쓸 때에는 앞에만 류(旒)를 달았으니, 햇볕을 가리기 위해서이다."라고 했다. 만약 뒷면에도 류(旒)를 달았다면, 무슨 뜻에서 이처럼 한 것이겠는가? 『예기』「예기(禮器)」편과 「교특생(郊特牲)」편 및 이곳 문장에서는 모두 12류(旒)라고 했고, 24류(旒)라고는 하지 않았다. 정현은 아마도 '전후수연(前後邃延)'이라는 문장에 기인하여 잘못 이해했던 것 같다. '전후수연(前後邃延)'이라는 말은 연(延)의 끝단부터 면류관의 테[武]에 이르기까지 모두 깊숙이 만들어졌다는 뜻이지, 앞뒤에 모두 류(旒)가 있었다는 말이 아니다. 또한 1개의 류(旒)에는 12개의 옥을 꿰게 되는데, 12류(旒)라고 한다면 144개의 옥이 들어간다. 만약 뒷면에도 12류(旒)를 달았다면, 아마도 머리가 그 무게를 감당하지 못했을 것이다. 이것이 바로 정현의 주장을 변별하지 않을 수 없는 이유이다.

集解 愚謂: 司服王冕有六, 而大裘之冕爲最尊, 祭天之所服也. 凡冕之旒數, 與衣之章數相配, 大裘襲十二章之衣, 其冕亦十二旒, 則天數也. 袞冕九章則九旒, 鷩冕七章則七旒, 毳冕五章則五旒, 絺冕三章則三旒, 玄冕一章宜一旒, 而一旒不可以爲飾, 進而與絺冕同, 此弁師所以止言"五冕"也. 王祭天之冕, 其旒前後各十有二, 每旒之上, 以五采玉爲飾, 又以五采絲爲繩, 以繫玉, 謂之藻. 其玉之數與藻之就數, 亦皆十二, 故曰"天子玉藻, 十有二旒." 聘禮記: "繅六等, 朱·白·蒼." 圭藻之色, 以五行相克爲次, 冕藻亦然. 五采則次以黃, 又次以玄也. 五色玉之次, 亦當與藻同. 王之冕自袞服以下, 其旒數雖有差降, 而每

---

16) 동방삭(東方朔, B.C.161?~B.C.93) : 전한(前漢) 때의 문장가이다. 자(字)는 만천(曼倩)이다. 재치 있는 문장으로 명성이 높았으며, 한무제(漢武帝)의 총애를 받았다. 기이한 문장을 많이 썼기 때문에, 『신이경(神異經)』처럼 기이한 내용을 기록한 문헌들은 그의 이름을 가탁한 것이 많다.

旒皆五采玉十二, 皆五采藻十二就, 則與十二旒之冕同. 弁師云"王之五冕, 皆玄冕, 朱裏, 延·紐, 五采繅十有二就, 皆五采玉十有二", 是也. 自公以下, 其冕之旒數皆視服章爲差降, 然弁師"諸侯之繅斿皆九就, 瑉玉三采", 則五等諸侯之冕, 旒數雖異, 而其玉皆三采, 繅皆九就也. 以此差之, 則孤·卿二采而七就, 大夫一采而五就, 就間皆相去一寸也. 孔疏謂"旒之長短依旒數爲差", 則三旒者止三寸, 似太短矣. 又二采者當以朱·白, 一采者當以朱, 孔氏據周禮典瑞註, 謂"二采用朱·綠", 亦非是. 延者, 冕之上覆. 冕用三十升布, 則延之表裏亦皆以三十升布爲之. 前後邃延者, 延在冕上其前後皆長出於冕而深邃, 邃指延言, 不指旒言也. 龍卷以祭, 謂首服十二旒之冕, 又身服龍卷之衣而祭天也.

번역 　내가 생각하기에, 『주례』「사복(司服)」편에서는 천자의 면(冕)에는 여섯 종류가 있다고 했고, 대구(大裘)[17]에 쓰는 면(冕)이 가장 존귀하여, 하늘에 대한 제사 때 착용한다고 했다. 무릇 면(冕)에 다는 류(旒)의 수에 있어서는 의복에 새기는 무늬의 수와 서로 짝을 이루게 되니, 대구(大裘)[18]를 입을 때의 습의(襲衣)[19]는 12개의 무늬가 새겨진 옷이므로, 그때 착용하는 면류관에도 12개의 류(旒)가 들어가니, 이것은 하늘의 수에 따랐기 때문

---

17) 대구(大裘)는 천자가 제천(祭天) 의식을 시행할 때 입었던 복장이다. 『주례』「천관(天官)·사구(司裘)」편에는 "司裘掌爲<u>大裘</u>, 以共王祀天之服."이라는 기록이 있다. 즉 사구(司裘)는 '대구' 만드는 일을 담당하여, 천자가 하늘에 제사를 지낼 때 입는 의복으로 제공한다. 또한 이 기록에 대해 정현의 주에서는 정사농(鄭司農)의 주장을 인용하여, "大裘, 黑羔裘, 服以祀天, 示質."이라고 풀이했다. 즉 '대구'라는 의복은 검은 양의 가죽으로 만든 옷이며, 이것을 입고 하늘에 제사를 지내는 것은 질박함을 보이기 위함이다.

18) 대구(大裘)는 천자가 제천(祭天) 의식을 시행할 때 입었던 복장이다. 『주례』「천관(天官)·사구(司裘)」편에는 "司裘掌爲<u>大裘</u>, 以共王祀天之服."이라는 기록이 있다. 즉 사구(司裘)는 '대구' 만드는 일을 담당하여, 천자가 하늘에 제사를 지낼 때 입는 의복으로 제공한다. 또한 이 기록에 대해 정현의 주에서는 정사농(鄭司農)의 주장을 인용하여, "大裘, 黑羔裘, 服以祀天, 示質."이라고 풀이했다. 즉 '대구'라는 의복은 검은 양의 가죽으로 만든 옷이며, 이것을 입고 하늘에 제사를 지내는 것은 질박함을 보이기 위함이다.

19) 습의(襲衣)는 고대에 의례를 시행할 때 입는 옷이다. 석의(裼衣) 위에 걸쳤던 옷이다. 옷 위에 다시 한 겹을 껴입는다는 뜻에서 '습(襲)'자를 붙여서 부르는 것이다.

이다. 곤면(袞冕)에는 9개의 무늬를 새기므로, 9개의 류(旒)가 들어가고, 별면(鷩冕)20)에는 7개의 무늬가 들어가니, 7개의 류(旒)가 들어가며, 취면(毳冕)21)에는 5개의 무늬가 들어가니, 5개의 류(旒)가 들어가고, 치면(絺冕)에는 3개의 무늬가 들어가니, 3개의 류(旒)가 들어가며, 현면(玄冕)에는 1개의 무늬가 들어가므로, 마땅히 1개의 류(旒)가 들어가야 하지만, 1개의 류(旒)로는 장식으로 삼을 수 없으므로, 등급을 올려서 치면(絺冕)과 동일하게 한다. 이것이 바로 『주례』「변사(弁師)」편에서 단지 '오면(五冕)'22)이라고만 말하게 된 이유이다. 천자가 하늘에 대한 제사 때 착용하는 면류관은 그 류(旒)에 있어서, 앞뒤로 각각 12개가 들어가고, 매 류(旒)마다 다섯 가지 색깔의 옥으로 장식을 하며, 또한 다섯 가지 색깔의 실을 엮어서 끈을 만들고, 이것으로 옥을 꿰게 되니, 이것을 '조(藻)'라고 부른다. 옥의 수와 조(藻)의 취(就) 수 또한 모두 12개가 된다. 그렇기 때문에 "천자의 옥조(玉

---

20) 별면(鷩冕)은 별의(鷩衣)와 면류관을 뜻한다. 천자 및 제후가 입던 복장으로, 선공(先公)에 대한 제사 및 향사례(饗射禮)를 시행할 때 착용했다. '별의'에는 꿩의 무늬를 수놓게 되는데, 이 무늬를 화충(華蟲)이라고도 부른다. 상의에는 3종류의 무늬를 수놓고, 하의에는 4종류의 무늬를 수놓게 되어, 총 7가지의 무늬가 들어가게 된다. 『주례(周禮)』「춘관(春官)・사복(司服)」편에는 "享先公, 饗射則鷩冕."이라는 기록이 있고, 이에 대한 정현의 주에서는 "鷩, 畫以雉, 謂華蟲也. 其衣三章, 裳四章, 凡七也."라고 풀이했다.

21) 취면(毳冕)은 취의(毳衣)와 면류관을 뜻한다. 천자가 사망(四望) 등 산천(山川)에 대한 제사 때 착용했던 복장이다. '취의'에는 호랑이와 원숭이를 수놓게 되는데, 이 무늬를 종이(宗彝)이라고도 부른다. 상의에는 3종류의 무늬를 수놓고, 하의에는 2종류의 무늬를 수놓게 되어, 총 5가지 무늬가 들어가게 된다. 『주례(周禮)』「춘관(春官)・사복(司服)」편에는 "祀四望山川則毳冕."이라는 기록이 있고, 이에 대한 정현의 주에서는 "毳畫虎蜼, 謂宗彝也. 其衣三章, 裳二章, 凡五也."라고 풀이했다.

22) 오면(五冕)은 고대의 제왕이 제사를 지낼 때 착용하는 다섯 종류의 관(冠)을 뜻하니, 구면(裘冕)・곤면(袞冕)・별면(鷩冕)・취면(毳冕)・치면(絺冕)을 가리킨다. 본래 면복(冕服)에는 여섯 종류가 있지만, 대구(大裘)의 경우, 그 때 착용하는 면(冕)에는 류(旒)가 달려 있지 않기 때문에, '오면'에는 포함시키지 않는다. 『주례』「하관(下官)・변사(弁師)」편에는 "掌王之五冕, 皆玄冕朱裏延紐."라는 기록이 있고, 이에 대한 정현의 주에서는 "冕服有六, 而言五冕者, 大裘之冕蓋無旒, 不聯數也."라고 풀이했다.

藻)는 12류(旒)이다."라고 말한 것이다. 『의례』「빙례(聘禮)」편의 기문(記文)에서는 "소(繅)는 6등(等)으로, 주색·백색·푸른색이다."[23)라고 했다. 규(圭)에 다는 조(藻)의 색깔은 오행(五行)이 상극(相克)하는 것으로 순서를 삼게 되며, 면(冕)의 조(藻) 또한 그러하다. 다섯 가지 색깔을 이용하게 된다면, 황색을 그 다음으로 하고, 또 그 다음으로 검은색이 오게 된다. 다섯 가지 색깔의 옥을 꿰는 순서도 마땅히 조(藻)와 동일하다. 천자의 면복 중 곤복(袞服)으로부터 그 이하의 복장에 있어서, 류(旒)의 수에는 비록 차등이 있지만, 매 류(旒)마다 모두 다섯 가지 색깔의 옥이 12개 들어가고, 또 모두 다섯 가지 색깔의 조(藻)를 12취(就)로 한다면, 12류(旒)를 다는 면류관과 동일하게 된다. 「변사」편에서 "천자의 오면은 모두 현면(玄冕)으로 하고, 주색을 안감으로 하며, 연(延)과 매듭[紐]이 있고, 다섯 가지 채색의 소(繅)가 12취(就)이며, 모두 다섯 가지 색깔의 옥이 12개이다."[24)라고 한 말이 바로 이러한 사실을 나타낸다. 공(公)으로부터 그 이하의 계층에 있어서, 그들이 쓰는 면류관의 류(旒) 수는 모두 복장에 새기는 무늬에 견주어서 차등을 둔다. 그런데 「변사」편에서 "제후의 소(繅)에는 유(斿)가 모두 9취(就)이며, 옥돌은 3가지 색깔로 한다."[25)라고 했으니, 다섯 등급의 제후가 쓰는 면류관에서는 류(旒)의 수에 비록 차이가 있었지만, 옥에 있어서는 모두 세 가지 색깔을 사용했던 것이고, 소(繅)는 모두 9취(就)로 했던 것이다. 이를 통해 차등적으로 나눠보면, 고(孤)와 경(卿)은 두 가지 색깔로 하고, 7취(就)로 했던 것이며, 대부는 한 가지 색깔로 하고, 5취(就)로 했던 것인데, 취(就) 사이의 간격은 모두 1촌(寸)이 된다. 공영달의 소에서는 "류(旒)의 길이는 류(旒)의 수에 따라서 차등을 둔다."라고 했으니, 3개의 류(旒)를 다는 경우에는 단지 그 길이가 3촌에 그치게 되므로, 너무 짧게 된다. 또한 두 가지 색깔을 사용하는 경우에는 마땅히 주색과 백색을 사용하

---

23) 『의례』「빙례(聘禮)」: 繅三采六等, 朱白倉.
24) 『주례』「하관(夏官)·변사(弁師)」: 弁師掌王之五冕, 皆玄冕, 朱裏, 延, 紐, 五
　　采繅十有二, 就皆五采玉十有二, 玉笄, 朱紘.
25) 『주례』「하관(夏官)·변사(弁師)」: 諸侯之繅斿九就, 瑉玉三采, 其餘如王之事.
　　繅斿皆就, 玉瑱, 玉笄.

는 것이고, 한 가지 색깔을 사용하는 경우에는 마땅히 주색으로 해야 하는
데, 공영달은『주례』「전서(典瑞)」편에 대한 정현의 주에 근거해서, "두 가
지 채색을 사용할 때에는 주색과 푸른색을 쓴다."라고 했으니, 이 또한 잘못
된 주장이다. '연(延)'이라는 것은 면류관 윗면을 덮는 부위이다. 면류관을
만들 때에는 30승(升)의 포(布)를 이용하게 되니, 연(延)은 겉감과 속감 또
한 모두 30승의 포로 만들게 된다. '전후수연(前後邃延)'이라고 했는데, 연
(延)은 면류관 상부에 있으며, 그것의 앞뒤가 모두 면류관의 본체보다 길게
튀어나와 있어서, 깊숙하다는 뜻이니, '수(邃)'라는 것은 곧 연(延)을 가리켜
서 한 말이지, 류(旒)를 가리켜서 말한 것이 아니다. '용권이제(龍卷以祭)'라
는 말은 머리에 12류(旒)가 달린 면류관을 착용하고, 또 몸에는 용이 새겨
진 의복을 착용하고서, 하늘에 대한 제사를 지낸다는 뜻이다.

참고 『예기』「예기(禮器)」기록

경문-301b 禮有以文爲貴者, 天子龍袞, 諸侯黼, 大夫黻, 士玄衣纁裳. 天子
之冕朱綠藻, 十有二旒, 諸侯九, 上大夫七, 下大夫五, 士三. 此以文爲貴也.

번역 예에서는 화려하게 꾸민 것을 귀한 것으로 삼는 경우도 있으니,
천자는 곤룡포를 착용하고, 제후는 '보(黼)'가 수놓인 옷을 착용하며, 대부
는 '불(黻)'이 수놓인 옷을 착용하고, 사의 경우에는 상의는 검은색 옷을
입고, 하의는 적색 옷을 입는다. 또 예를 들자면, 천자가 쓰는 면류관의 경
우, 구슬을 꿰는 줄은 적색과 녹색의 끈을 엮어서 만드는데, 천자의 경우에
는 12줄이 들어가고, 제후는 9줄이 들어가며, 상대부(上大夫)[26]는 7줄이 들
어가고, 하대부(下大夫)는 5줄이 들어가며, 사는 3줄이 들어간다. 이러한
것들이 바로 화려하게 꾸민 것을 귀하게 여기는 경우이다.

---

26) 상대부(上大夫)는 대부(大夫)의 등급 중 하나이다. 대부는 상(上)·중(中)·하
(下)로 재차 분류되는데, '상대부'는 대부들 중에서도 가장 높은 작위이다.
한편 제후국에 있어서 '상대부'는 경(卿)으로 분류되기도 하였다.

鄭注 此祭冕服也. 朱綠, 似夏·殷禮也. 周禮, 天子五采藻.

번역 이 내용은 제사 때 착용하는 면류관과 복장에 대한 것이다. 적색과 녹색을 사용하는 것은 하나라나 은나라의 예에 해당하는 것 같다. 주나라 의 예에 따르면, 천자는 다섯 가지 색깔의 실로 끈을 만들게 된다.

孔疏 ●"天子之冕, 朱綠藻, 十有二旒"者, 亦是夏·殷也. 周藻五采也. 十二 謂旒數也.

번역 ●經文: "天子之冕, 朱綠藻, 十有二旒". ○이 내용 또한 하나라와 은나라 때의 예법에 해당한다. 주나라 때에는 조(藻)를 만들 때 다섯 가지 채색의 실을 사용하였다. '12'라는 것은 류(旒)의 수를 뜻한다.

참고 『예기』「교특생(郊特牲)」 기록

경문-329c 戴冕璪十有二旒, 則天數也. 乘素車, 貴其質也. 旂十有二旒, 龍章而設日月, 以象天也. 天垂象, 聖人則之, 郊所以明天道也.

번역 면류관을 씀에, 면류관에는 옥을 꿴 줄이 12개 들어가니, 이것은 하늘의 법칙을 본받기 위해서이다. 나무로 만든 수레인 소거(素車)를 타는 것은 그 질박함을 숭상하기 때문이다. 깃발에 12개의 깃술을 달며, 용의 무늬를 새기고, 해와 달의 모양을 새겨서, 하늘의 형상을 본뜨게 된다. 하늘 은 형상을 드리우고, 성인은 그것을 본받으니, 교(郊)제사[27]는 하늘의 도를

---

27) 교제(郊祭)는 '교사(郊祀)'라고도 부른다. 교외(郊外)에서 천지(天地)에 제사 를 지냈기 때문에 붙여진 명칭이다. 음양설(陰陽說)이 성행했던 한(漢)나라 때에는 하늘에 대한 제사는 양(陽)의 뜻을 따라 남교(南郊)에서 지냈고, 땅 에 대한 제사는 음(陰)의 뜻을 따라 북교(北郊)에서 지냈다. 『한서』「교사지 하(郊祀志下)」편에는 "帝王之事莫大乎承天之序, 承天之序莫重於郊祀. …… 祭天於南郊, 就陽之義也. 地於北郊, 卽陰之象也."라는 기록이 있다. 한편 '교 사'는 후대에 제사를 범칭하는 용어로도 사용되었다. '교사' 중의 '교(郊)'자 는 규모가 큰 제사를 뜻하며, '사(祀)'는 비교적 규모가 작은 제사들을 뜻

밝히는 방법이 된다.

鄭注 天之大數不過十二. 設日月, 畫於旂上. 素車, 殷路也. 魯公之郊, 用殷禮也. 明, 謂則之以示人也.

번역 하늘의 큰 수는 12를 넘지 않는다. "해와 달을 설치한다."는 말은 깃발 위에 해와 달의 그림을 그린다는 뜻이다. '소거(素車)'는 은나라 때 사용하던 수레이다. 노나라 군주는 교(郊)제사를 지낼 때, 은나라 때의 예법에 따랐다. '명(明)'이라는 말은 그 도리를 본받아서 사람들에게 보여준다는 뜻이다.

孔疏 ◎注"天之大數不過十二". ○正義曰: 此哀七年左氏傳文.

번역 ◎鄭注: "天之大數不過十二". ○이 문장은 애공(哀公) 7년에 대한 『좌씨전』의 문장이다.[28]

集解 被袞, 謂內服大裘, 而被十二章之衣於其上也. 在天成象, 莫大於日月, 十二章之衣, 有日·月·星辰之章, 故曰"象天". 日·月·星辰之衣, 不別爲之名, 而但謂之袞者, 蓋以龍之象爲最顯著而華盛, 故特以名其服, 猶大常有龍章·日·月, 而或亦但謂之旂也. 璪者, 用五采絲爲繩, 垂之以爲冕之旒也. 則天數者, 天之大數十二, 故王之服章及冕之旒, 旂之旒, 皆取數於是也.

번역 '피곤(被袞)'은 안에 대구(大裘)를 착용하고, 12장(章)이 새겨진 옷을 그 위에 입는다는 뜻이다. 하늘에서 형상을 이룬 것 중에 해와 달보다 큰 것이 없고, 12장을 새긴 옷에는 해·달·별의 무늬가 있다. 그렇기 때문에 "하늘을 형상화한다."라고 말한 것이다. 해·달·별이 새겨진 옷에 대해서, 별도의 명칭을 정하지 않고, 단지 곤(袞)이라고만 부른 이유는 아마도 용(龍)의 형상이 가장 현저하게 드러나고, 화려함이 극대화된 것이기 때문에, 특

한다.

[28] 『춘추좌씨전』「애공(哀公) 7년」: 周之王也, 制禮, 上物不過十二, 以爲天之大數也.

별히 '곤(袞)'이라는 명칭으로 그 복장을 부른 것이니, 이것은 마치 대상(大常)29)이라는 깃발에, 용의 무늬 및 해와 달이 새겨져 있지만, 간혹 그것을 '기(旂)'라고만 부르는 경우와 같다. '조(璪)'라는 것은 다섯 가지 채색의 실을 엮어서 끈을 만든 것으로, 그것을 드리워서 면류관의 류(旒)로 삼는다. '칙천수(則天數)'라는 말은 하늘의 대수(大數)는 12이기 때문에, 천자의 의복에 수놓는 무늬와 면류관에 다는 류(旒), 깃발에 다는 류(旒)에 대해, 모두 그 수를 여기에서 취한 것이다.

참고 『춘추좌씨전』「애공(哀公) 7년」 기록

경문 周之王也, 制禮, 上物不過十二, 以爲天之大數也.

번역 주나라 천자가 예법을 제정할 때 상물은 12를 넘지 않게 했으니, 하늘의 대수로 여겼기 때문이다.

杜注 上物, 天子之牢. 天有十二次, 故制禮象之.

번역 '상물(上物)'은 천자가 사용하는 희생물이다. 하늘에는 12차(次)가 있기 때문에 예법을 제정함에 그것을 본받았다.

孔疏 ◎注"上物天子之牢". ○正義曰: 周禮·掌客云: "王合諸侯而饗禮, 則具十有二牢." 鄭玄云: "饗諸侯而用王禮之數者, 以公侯伯子男盡在, 是兼饗之, 莫適用也." 以莫適用, 故用王禮. 是天子之禮十二牢也. 郊特牲云: "天子適諸侯, 諸侯膳用犢. 諸侯適天子, 天子賜之禮大牢, 貴誠之義也." 如彼記文, 諸侯共天子之膳唯一犢耳, 而得有十二牢者, 若是天子大禮, 必以十二爲數,

---

29) 대상(大常)은 상(常) 또는 태상(太常)이라고도 부른다. 군주가 사용하는 깃발 중 하나이다. 해[日]와 달[月]을 수놓았으며, 정폭으로 깃발을 만들고, 깃술을 달았다. 『주례』「춘관(春官)·건거(巾車)」편에는 "建大常, 十有二旂."라는 기록이 있고, 이에 대한 정현의 주에서는 "大常, 九旗之畫日月者, 正幅爲縿, 旆則屬焉."이라는 기록이 있다.

其餘共王之膳食, 自用犢爲食耳, 非謂獻大禮者唯一犢也.

번역 ◎杜注: "上物天子之牢". ○『주례』「장객(掌客)」편에서는 "천자가 제후들을 모아 연회를 시행하면 12뇌(牢)를 준비한다."30)라고 했고 정현은 "제후들에게 연회를 열어주며 천자에게 해당하는 예법의 수치를 따르는 것은 공작·후작·백작·자작·남작이 모두 모여 있고 그들 모두에게 연회를 열어주므로 특정 수치로 맞출 수 없기 때문이다."라고 했다. 즉 특정 수치로 맞출 수 없기 때문에 천자의 예법에 따르는 것이다. 이것은 천자의 예법에서는 12뇌를 사용한다는 사실을 나타낸다. 『예기』「교특생(郊特牲)」편에서는 "천자가 제후에게 찾아갔을 때, 제후는 음식을 올리며 송아지를 사용한다. 제후가 천자를 찾아뵐 때, 천자는 하사를 해주는 의례를 시행하며 태뢰를 사용한다. 이처럼 하는 것은 진실됨을 귀하게 여기는 뜻에 해당한다."31)라고 했다. 『예기』의 기록은 제후가 천자에게 음식을 올리며 단지 한 마리의 송아지만을 사용했는데, 12뇌를 사용할 수 있는 것은 만약 천자에게 적용되는 성대한 의례라면 반드시 12라는 것으로 수치를 맞추는데, 그 이외 천자에게 음식을 바치게 된다면 송아지를 이용해서 음식을 만들 따름이니, 성대한 의례를 시행하며 단지 한 마리의 송아지를 사용한다는 뜻이 아니다.

참고 『예기』「악기(樂記)」 기록

경문-467a 及夫禮樂之極乎天, 而蟠乎地, 行乎陰陽, 而通乎鬼神, 窮高極遠而測深厚. 樂著太始而禮居成物. 著不息者, 天也. 著不動者, 地也. 一動一靜者, 天地之間也. 故聖人曰禮樂云.

---

30) 『주례』「추관(秋官)·장객(掌客)」 : 王合諸侯而饗禮, 則具十有二牢, 庶具百物備, 諸侯長十有再獻.
31) 『예기』「교특생(郊特牲)」【317a】 : 郊特牲, 而社稷大牢. 天子適諸侯, 諸侯膳用犢. 諸侯適天子, 天子賜之禮大牢. 貴誠之義也. 故天子牲孕弗食也, 祭帝弗用也.

번역 무릇 예와 악이 하늘에 두루 미치고, 땅에 두루 퍼지며, 음양에 두루 시행되고, 귀신의 현묘한 작용에 두루 통함에 있어서, 높고 먼 곳까지 두루 통하고 깊고 두터운 것을 헤아린다. 악은 큰 시작에 있고, 예는 만물을 이루는데 있다. 뚜렷하게 쉬지 않음은 천에 해당한다. 뚜렷하게 움직이지 않음은 지에 해당한다. 한 번 움직이고 한 번 고요함은 천지 사이에 있는 만물에 해당한다. 그렇기 때문에 성인은 "예악을 뜻한다."라고 말한 것이다.

鄭注 著, 猶明白也. 息, 猶休止也. 易曰: "天行健, 君子以自强不息."

번역 '저(著)'자는 명백하게 드러난다는 뜻이다. '식(息)'자는 휴식하고 멈춘다는 뜻이다. 『역』에서는 "하늘의 운행이 굳건하니 군자가 그것을 본받아 스스로 힘쓰고 쉬지 않는다."[32]고 했다.

孔疏 ●"著不息者, 天也, 著不動者, 地也"者, "著"謂顯著. 言顯著明白, 運生不息者, 是天也. 按易·乾·象云: "天行健, 君子以自强不息也." 顯著養物不移動者, 地也, 故坤卦·象云: "安貞吉." 言樂法於天, 動而不息, 禮象於地, 靜而不動.

번역 ●經文: "著不息者, 天也, 著不動者, 地也". ○'저(著)'자는 현저하게 드러난다는 뜻이다. 즉 현저하고 명백하게 드러나서 운행하며 생성시킴을 그치지 않는 것은 하늘이라는 의미이다. 『역』「건괘(乾卦)·상전(象傳)」을 살펴보면, "하늘의 운행이 굳건하니 군자가 그것을 본받아 스스로 힘쓰고 쉬지 않는다."라고 했다. 현저하게 만물을 양육하며 움직이지 않는 것은 땅이다. 그렇기 때문에 『역』「곤괘(坤卦)·단전(彖傳)」에서는 '편안하고 곧음의 길함'[33]을 언급했으니, 이것은 악이 하늘에서 본받아 움직이며 그치지 않고, 예가 땅에서 본받아 고요하며 움직이지 않음을 뜻한다.

集說 應氏曰: 昭著不息者, 天之所以爲天; 昭著不動者, 地之所以爲地. 著

---

32) 『역』「건괘(乾卦)」: 象曰, 天行健, 君子以自强不息.
33) 『역』「곤괘(坤卦)·단전(彖傳)」: <u>安貞之吉</u>, 應地无疆.

不動者, 藏諸用也. 著不息者, 顯諸仁也.

번역 응씨[34)]가 말하길, 뚜렷하게 쉬지 않는 것은 하늘이 하늘이 되는 까닭이며, 뚜렷하게 움직이지 않는 것은 땅이 땅이 되는 까닭이다. "뚜렷하게 움직이지 않는다[著不動]."는 말은 쓰임을 감춘다는 뜻이다. "뚜렷하게 쉬지 않는다."는 말은 인(仁)을 드러낸다는 뜻이다.[35)]

大全 金華邵氏曰: 太始, 氣也. 成物, 形也. 太始, 本有是氣, 樂則著而明之, 成物本有是形, 禮則居而辨之, 故著而運行不息則爲天, 著而一定不易則爲地.

번역 금화소씨[36)]가 말하길, 큰 시작은 기(氣)에 해당한다. 만물을 이룸은 형체[形]에 해당한다. 큰 시작은 본래 이러한 기가 있었던 것이니, 악(樂)의 측면에서는 붙어서 드러내게 되고, 만물을 이룸은 본래 이러한 형체가 있었던 것이니, 예(禮)의 측면에서는 머물러 분별하게 된다. 그렇기 때문에 머물며 운행하되 쉬지 않는 것은 천(天)이 되고, 머물며 일정하여 바뀌지 않는 것은 지(地)가 된다.

集解 愚謂: 樂者陽之動, 故氣之方出而爲物之大始者, 樂之所著也. 禮者陰之靜, 故質之有定而爲物之已成者, 禮之所居也. 著不息者, 天之動也. 著不動者, 地之靜也.

번역 내가 생각하기에, 악(樂)은 양(陽)의 움직임에 해당하기 때문에, 기운이 방출되어 만물의 큰 시작이 되는 것은 악(樂)이 깃는 것에 해당한다. 예(禮)는 음(陰)의 고요함에 해당하기 때문에, 형질에 고정됨이 있고 만물 중 이미 이루어진 것이 됨은 예(禮)가 머문 것에 해당한다. "현저하게 쉬지

---

34) 금화응씨(金華應氏, ?~?) : =응용(應鏞)・응씨(應氏)・응자화(應子和). 이름은 용(鏞)이다. 자(字)는 자화(子和)이다. 『예기찬의(禮記纂義)』를 지었다.

35) 『역』「계사상(繫辭上)」: 顯諸仁, 藏諸用, 鼓萬物而不與聖人同憂.

36) 금화소씨(金華邵氏, ?~?) : =소연(邵淵)・소만종(邵萬宗). 남송(南宋) 때의 유학자이다. 이름은 연(淵)이고, 자(字)는 만종(萬宗)이다. 『주자문집(朱子文集)』에는 장사박사(長沙博士)로 기록되어 있다. 『예기』의 「곡례(曲禮)」, 「왕제(王制)」, 「악기(樂記)」, 「대학(大學)」, 「중용(中庸)」에 대해 해설하였다.

않는다."는 말은 하늘의 움직임을 뜻한다. "현저하게 움직이지 않는다."는 말은 땅의 고요함을 뜻한다.

참고 『맹자』「이루상(離婁上)」 기록

경문 孟子曰: 規矩, 方員之至也. 聖人, 人倫之至也.

번역 맹자가 말하길, 둥근 자와 곱자는 사각형과 원형의 지극함이다. 성인은 인륜의 지극함이다.

趙注 至, 極也. 人事之善者, 莫大取法於聖人, 猶方員須規矩也.

번역 '지(至)'자는 "지극하다[極]."는 뜻이다. 사람과 관련한 선한 일 중 성인을 본받는 것보다 큰 것이 없는데, 이것은 사각형과 원형이 곱자와 둥근 자에 맞춰야 함과 같다.

孫疏 ○正義曰: 此章指言法則堯舜, 以爲規矩, 鑒戒桀紂, 避遠危殆, 名諡一定, 千載而不可改也. "孟子曰: 規矩, 方員之至也. 聖人, 人倫之至也"者, 孟子言規矩之度, 其爲方員之至者也. 謂之至者, 以其至矣盡矣, 不可以有加矣. 聖人是爲人倫之至者亦然. 人倫: 君臣·父子·夫婦·兄弟·朋友是也.

번역 ○이 문장은 요순을 본받아 규범으로 삼고 걸주를 경계로 삼아 위태로움을 멀리해야 하니, 이름과 시호가 확정되어 천여 년이 흐르더라도 고칠 수 없음을 뜻한다. "맹자가 말하길, 둥근 자와 곱자는 사각형과 원형의 지극함이다. 성인은 인륜의 지극함이다."라고 했는데, 맹자는 둥근 자와 곱자의 규범은 사각형과 원형의 지극함이 된다고 말했다. 지극함이라고 말한 것은 지극하고 다하여 더 보탤 수 없기 때문이다. 성인이 인륜의 지극함이 되는 이유 또한 그러하다. 여기에서 말한 인륜이란 군신관계·부자관계·부부관계·형제관계·붕우관계에서 지켜야 하는 윤리를 뜻한다.

集註 至, 極也. 人倫, 說見前篇. 規矩, 盡所以爲方員之理, 猶聖人盡所以爲人之道

번역 '지(至)'자는 "지극하다[極]."는 뜻이다. 인륜(人倫)에 대한 설명은 앞 편에 나온다. 둥근 자와 곱자는 사각형과 원형을 만드는 이치를 다하니, 성인이 사람의 도리를 다하는 것과 같다.

참고 『서』「주서(周書)·홍범(洪範)」 기록

경문 六, 三德. 一曰正直①, 二曰剛克②, 三曰柔克③. 平康正直④, 彊弗友剛克⑤, 燮友柔克⑥, 沈潛剛克⑦, 高明柔克⑧.

번역 여섯 번째는 삼덕이다. 첫 번째는 정직이고, 두 번째는 강극이며, 세 번째는 유극이다. 평안하게 되면 바르고 곧게 하고, 거부하며 순종하지 않으면 굳셈으로 다스릴 수 있으며, 조화롭고 순종하면 부드러움으로 다스릴 수 있고, 땅은 굳셈으로 다스릴 수 있고 하늘은 부드러움으로 다스릴 수 있다.

孔傳-① 能正人之曲直.

번역 사람의 굽음과 곧음을 바르게 할 수 있다.

孔傳-② 剛能立事.

번역 굳셈은 일을 세울 수 있다.

孔傳-③ 和柔能治, 三者皆德.

번역 조화로움과 부드러움은 다스릴 수 있으니, 이 세 가지는 모두 덕에 해당한다.

孔傳-④ 世平安, 用正直治之.

번역 세상이 평안해지면 정직을 사용해서 다스릴 수 있다.

孔傳-⑤ 友, 順也. 世强禦不順, 以剛能治之.

번역 '우(友)'자는 "순하다[順]."는 뜻이다. 세상이 억지로 거부하며 순종하지 않으면 굳셈으로 다스릴 수 있다.

孔傳-⑥ 燮, 和也. 世和順, 以柔能治之.

번역 '섭(燮)'자는 "조화롭다[和]."는 뜻이다. 세상이 조화롭고 온순하면 부드러움으로 다스릴 수 있다.

孔傳-⑦ 沈潛, 謂地, 雖柔亦有剛, 能出金石.

번역 '침잠(沈潛)'은 땅을 가리키니 비록 부드럽지만 또한 굳셈도 있어서 금이나 돌을 산출할 수 있다.

孔傳-⑧ 高明謂天, 言天爲剛德, 亦有柔克, 不干四時, 喩臣當執剛以正君, 君亦當執柔以納臣.

번역 '고명(高明)'은 하늘을 가리키니 하늘은 굳센 덕이 되지만 또한 부드러움으로 다스릴 수 있어서 사계절을 간섭하지 않으니, 신하는 굳셈을 가지고 군주를 바르게 해야 하며 군주 또한 부드러움을 가지고 신하들을 포용해야 함을 비유한다.

孔疏 ○正義曰: 此三德者, 人君之德, 張弛有三也. 一曰正直, 言能正人之曲使直. 二曰剛克, 言剛强而能立事. 三曰柔克, 言和柔而能治. 旣言人主有三德, 又說隨時而用之. 平安之世, 用正直治之. 强禦不順之世, 用剛能治之. 和順之世, 用柔能治之. 旣言三德張弛, 隨時而用, 又擧天地之德, 以喩君臣之交. 地之德沉深而柔弱矣, 而有剛, 能出金石之物也. 天之德高明剛强矣, 而有柔, 能順陰陽之氣也. 以喩臣道雖柔, 當執剛以正君; 君道雖剛, 當執柔以納臣也.

번역 ○여기에서 말하는 세 가지 덕은 군주가 갖춰야 하는 덕에 단단히 조이거나 느슨하게 풀어주어야 할 것으로 이러한 세 가지가 있다는 뜻이다.

첫 번째는 정직(正直)으로 사람의 굽은 점을 바르게 하여 곧게 만들 수 있다는 뜻이다. 두 번째는 강극(剛克)으로 굳세어야만 일을 수립할 수 있다는 뜻이다. 세 번째는 유극(柔克)으로 조화롭고 부드럽지만 다스릴 수 있다는 뜻이다. 이미 군주가 갖춰야 할 것으로 세 가지 덕이 있다고 말했는데, 재차 시기에 따라 사용해야 할 것을 설명했다. 평안한 세상에서는 정직으로 다스린다. 억지로 거부하며 순종하지 않는 세상에서는 굳셈을 사용해서 다스릴 수 있다. 조화롭고 순종하는 세상에서는 부드러움으로 다스릴 수 있다. 이미 세 가지 덕을 단단히 조이거나 느슨하게 풀어줌에 있어 각 시기에 따라 사용해야 한다고 말했는데, 재차 천지의 덕을 거론하여 군주와 신하의 사귐을 비유하였다. 땅의 덕은 깊이 잠겨 있고 부드럽고 유약하지만 굳셈도 갖추고 있어서 금이나 돌과 같은 사물을 산출할 수 있다. 하늘의 덕은 높고 밝으며 굳세지만 부드러움도 갖추고 있어서 음양의 기운에 따를 수 있다. 이를 통해 신하의 도는 비록 부드러워야 하지만 굳셈을 가지고 군주를 바르게 해야 하며, 군주의 도는 굳세야하지만 부드러움을 가지고 신하를 포용해야 함을 비유하였다.

蔡傳 克, 治; 友, 順; 燮, 和也. 正直剛柔, 三德也. 正者, 無邪, 直者, 無曲. 剛克柔克者, 威福予奪抑揚進退之用也. 彊弗友者, 彊梗弗順者也. 燮友者, 和柔委順者也. 沉潛者, 沉深潛退, 不及中者也. 高明者, 高亢明爽, 過乎中者也. 蓋習俗之偏, 氣稟之過者也, 故平康正直, 無所事乎矯拂, 無爲而治是也. 彊弗友剛克, 以剛克剛也. 燮友柔克, 以柔克柔也. 沉潛剛克, 以剛克柔也. 高明柔克, 以柔克剛也. 正直之用一, 而剛柔之用四也. 聖人撫世酬物, 因時制宜, 三德乂用, 陽以舒之, 陰以斂之, 執其兩端, 用其中于民, 所以納天下民俗於皇極者, 蓋如此.

번역 '극(克)'자는 다스린다는 뜻이며, '우(友)'자는 순종한다는 뜻이고, '섭(燮)'자는 조화롭다는 뜻이다. 정직·강·유는 세 가지 덕이다. '정(正)'은 사사로움이 없는 것이며, '직(直)'은 굽음이 없는 것이다. '강극(剛克)'과 '유극(柔克)'은 위엄을 보이거나 복을 내려주고, 주거나 빼앗으며, 억누르거나

드날리고, 나아가거나 물러남의 쓰임을 뜻한다. '강불우(彊弗友)'는 강경하
게 저항하며 순종하지 않는 자를 뜻한다. '섭우(燮友)'는 조화롭고 부드러워
순종하는 자를 뜻한다. '침잠(沉潛)'은 깊이 침잠하여 알맞음에 미치지 못하
는 자이다. '고명(高明)'은 너무 높고 밝아 알맞음에 지나친 자이다. 즉 습속
에 치우치고 품수받은 기질이 지나친 자들이다. 그렇기 때문에 '평강정직
(平康正直)'은 바로잡을 것이 없으니 인위적인 일을 시행하지 않아도 다스
려지는 것이다. '강불우강극(彊弗友剛克)'은 굳셈으로 굳셈을 다스리는 것
이다. '섭우유극(燮友柔克)'은 부드러움으로 부드러움을 다스리는 것이다.
'침잠강극(沉潛剛克)'은 굳셈으로 부드러움을 다스리는 것이다. '고명유극
(高明柔克)'은 부드러움으로 굳셈을 다스리는 것이다. 정직의 쓰임은 하나
이지만 강과 유의 쓰임은 넷이다. 성인이 세상을 보살피고 사물을 대할 때
에는 시기에 따라 마땅하게 하니, 삼덕을 사용하여 양으로 펴주고 음으로
거두며, 양 끝단을 잡고 그 중 알맞은 것을 백성들에게 사용하니, 천하의
습속을 황극(皇極)37)으로 들이는 것도 아마 이와 같을 것이다.

참고 『논어』「옹야(雍也)」 기록

경문 子曰: 人之生也直①, 罔之生也幸而免②.

번역 공자가 말하길, 사람이 살아가는 이치는 곧음이니, 곧지 않게 살아
가는 것은 요행히 죽임을 모면한 것이다.

何注-① 馬曰: 言人所生於世而自終者, 以其正直也.

번역 마씨가 말하길, 사람이 세상에 태어나서 제대로 생을 마치는 것은

---

37) 황극(皇極)은 제왕이 천하를 다스리는 준칙으로, 크고도 알맞으며 지극히
올바른 도리를 뜻한다. '황(皇)'자는 크다는 뜻이고, '극(極)'자는 알맞다는
뜻이다. 정치와 교화를 펼쳐 백성들을 다스릴 때에는 큰 도리를 통해 알맞
음을 추구하여 치우치거나 사사로움이 없어야 한다는 의미이다.

정직함으로 살았기 때문이라는 뜻이다.

何注-② 包曰: 誣罔正直之道而亦生者, 是幸而免.

번역 포씨가 말하길, 정직의 도리가 없이도 살아가는 것은 요행히 죽임을 모면한 것이다.

邢疏 ●"子曰: 人之生也直, 罔之生也幸而免". ○正義曰: 此章明人以正直爲德, 言人之所以生於世而自壽終不橫夭者, 以其正直故也. 罔, 誣罔也. 言人有誣罔正直之道而亦生者, 是幸而獲免也.

번역 ●經文: "子曰: 人之生也直, 罔之生也幸而免". ○이 문장은 사람은 정직을 덕으로 삼아야 함을 나타내고 있으니, 사람이 세상에 태어나 죽을 때까지 횡사를 하지 않는 것은 정직함으로 살았기 때문이라는 뜻이다. '망(罔)'자는 속인다는 뜻이다. 사람들 중 정직의 도를 속이면서도 살아가는 자가 있는데, 이것은 요행히 죽임을 모면한 것이라는 뜻이다.

集註 程子曰: 生理本直, 罔, 不直也, 而亦生者, 幸而免耳.

번역 정자가 말하길, 사람이 살아가는 이치는 본래 곧은 것인데, '망(罔)'이란 곧지 않은 것이다. 그런데도 살아가는 것은 요행히 죽임을 모면한 것일 뿐이다.

그림 3-1 ▣ 규(規)·구(矩)·준(準)·승(繩)

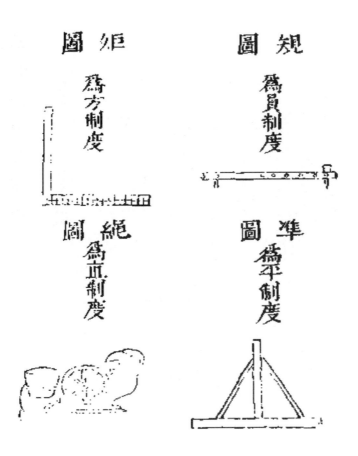

※ **출처:** 『삼재도회(三才圖會)』「기용(器用) 2권

그림 3-2 ▣ 면류관[冕]

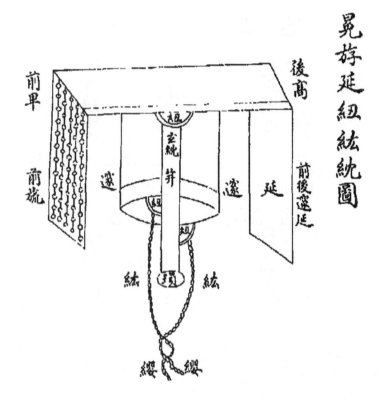

※ 출처: 『주례도설(周禮圖說)』 하권

그림 3-3 ▣ 대구(大裘)

※ **출처:**『삼례도집주(三禮圖集注)』1권

■ 그림 3-4 ▣ 곤면(袞冕)

※ 출처: 『삼례도집주(三禮圖集注)』 1권

그림 3-5 ▣ 별면(驚冕)

※ **출처:** 『삼례도집주(三禮圖集注)』1권

그림 3-6 ▣ 취면(毳冕)

※ 출처: 『삼례도집주(三禮圖集注)』 1권

● 그림 3-7 ▣ 대상(大常)

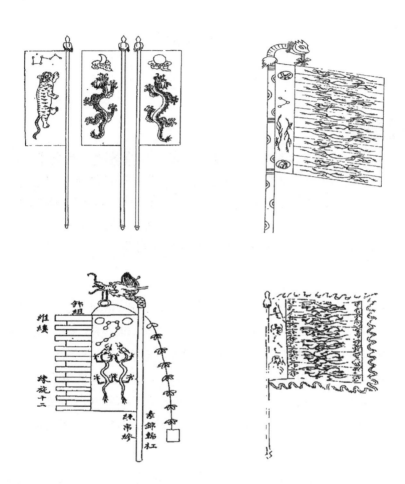

※ 출처:
 상좌-『주례도설(周禮圖說)』하권 ; 상우-『삼례도집주(三禮圖集注)』9권
 하좌-『삼례도(三禮圖)』2권 ; 하우-『육경도(六經圖)』7권

• 제4절 •

심의와 행동규범

【674a】

> 故規者, 行擧手以爲容. 負繩抱方者, 以直其政, 方其義也.
> 故易曰, "坤六二之動, 直以方也." 下齊如權衡者, 以安志
> 而平心也. 五法已施, 故聖人服之. 故規矩取其無私, 繩取其
> 直, 權衡取其平, 故先王貴之. 故可以爲文, 可以爲武, 可以
> 擯相, 可以治軍旅, 完且弗費, 善衣之次也.

직역 故로 規者는 行함에 手를 擧하여 容을 爲한다. 負繩과 方을 抱한 者는 이로써 그 政을 直하고, 그 義를 方한다. 故로 易에서 日, "坤의 六二가 動함은 直하여 方이라." 下齊가 權衡과 如한 者는 이로써 志를 安하고 心을 平한다. 五法이 已히 施라, 故로 聖人이 服이라. 故로 規矩는 그 私가 無함을 取하고, 繩은 그 直을 取하며, 權衡은 그 平을 取한다, 故로 先王이 貴라. 故로 可히 文이 爲하고며, 可히 武가 爲하여, 可히 擯相이 爲하고, 可히 軍旅를 治하니, 完하고 且히 費를 弗하니, 善衣의 次이다.

의역 그러므로 둥근 자에 맞춘 것은 행동을 할 때 손을 들어서 예법에 따른 행동거지를 나타내게끔 한 것이다. 부승(負繩)과 곱자에 맞춘 옷깃은 이를 통해 정치를 곧게 하고 의리를 반듯하게 하고자 해서이다. 그래서 『역』에서는 "곤괘 육이의 움직임은 곧아서 방정하다."[1]라고 했다. 하단의 봉합된 부분을 저울추와 저울대에 맞추는 것은 이를 통해 마음을 편안하게 하고 뜻을 고르게 하기 위해서이다. 다섯 가지 법도가 이미 적용되었기 때문에 성인이 이 복장을 착용하는 것이다. 그

---

1) 『역』「곤괘(坤卦)」 : 象曰, <u>六二之動, 直以方也</u>, "不習无不利", 地道光也.

래서 등근 자와 곱자에 맞추는 것은 삿됨이 없다는 뜻을 취한 것이고, 먹줄에 맞추는 것은 곧다는 뜻을 취한 것이며, 저울추와 저울대에 맞추는 것은 평평하다는 뜻을 취한 것이다. 그렇기 때문에 선왕이 이 복장을 귀하게 여겼다. 그러므로 이 복장은 문(文)이 될 수 있고 무(武)도 될 수 있어서, 예법의 진행을 도울 수 있고 군대를 다스릴 수 있으니, 완비되었으며 또 낭비를 하지 않아서, 조복(朝服)과 제복(祭服) 다음으로 중요한 복장으로 여겼다.

集說 疏曰: 所以袂圜中規者, 欲使行者舉手揖讓以爲容儀也. 抱方, 領之方也. 以直其政解負繩, 以方其義解抱方也.

번역 공영달의 소에서 말하길, 소매를 둥글게 하여 둥근 자에 맞추는 것은 행동함에 손을 들어 읍(揖)과 겸양을 해서 예법에 따른 행동거지를 시행하게끔 하고자 해서이다. "사각형을 품다."라는 말은 옷깃이 사각형인 것을 뜻한다. "이로써 정치를 곧게 한다."라는 말은 부승(負繩)을 풀이한 것이고, "이로써 의리를 반듯하게 한다."는 말은 포방(抱方)을 풀이한 것이다.

集說 呂氏曰: 深衣之用, 上下不嫌同名, 吉凶不嫌同制, 男女不嫌同服. 諸侯朝朝服, 夕深衣; 大夫士朝玄端, 夕深衣; 庶人吉服, 深衣而已. 此上下同也. 有虞氏深衣而養老, 將軍文子除喪受弔, 練冠深衣, 親迎女在途, 而壻之父母死, 深衣縞總以趨喪, 此吉凶男女之同也. 蓋簡便之服, 非朝祭皆可服之也.

번역 여씨가 말하길, 심의(深衣)를 활용함에 있어서, 상하계층이 같은 명칭을 사용한다는 것에 혐의를 두지 않고, 길례나 흉례에서도 같은 방법으로 만드는 것에 혐의를 두지 않으며, 남자와 여자가 사용할 때 복식을 같게 함에 혐의를 두지 않는다. 제후는 아침식사를 할 때 조복(朝服)을 착용하고 저녁식사를 할 때 심의를 착용하며,2) 대부와 사는 아침식사를 할 때 현단(玄端)을 착용하고 저녁식

---

2) 『예기』「옥조(玉藻)」【372d~373a】: 又<u>朝服以食</u>, 特牲三俎祭肺; <u>夕深衣</u>, 祭牢肉. 朔月少牢, 五俎四簋. 子卯稷食菜羹. 夫人與君同庖.

사를 할 때 심의를 착용하며,3) 서인의 길복은 심의만 착용할 따름
이다. 이것은 상하계층이 동일하게 심의를 착용함을 나타낸다. 유우
씨 때에는 심의를 착용하고서 노인을 봉양했고,4) 장군인 문자의 상
에 상복을 제거했는데 그 이후에 조문을 받게 되어, 연관(練冠)과
심의를 착용하였으며,5) 친영(親迎)6)을 하여 부인을 데리고 오는데
여정 중에 남편의 부모가 돌아가시게 되면 심의로 갈아입고, 하얀
명주실로 머리를 묶고서 상을 치르기 위해 분주히 달려간다고 했으
니,7) 이것은 길례와 흉례 및 남자와 여자 모두 동일하게 심의를 착
용한다는 사실을 나타낸다. 이것은 간편한 복장으로, 조례나 제사가
아니라면 모두 착용할 수 있다.

集說 方氏曰: 十二幅應十二月者, 仰觀於天也. 直其政方其義者, 俯
察於地也. 袼之高下可以運肘者, 近取諸身也. 應規矩繩權衡者, 遠取諸
物也. 其制度固已深矣, 然端冕則有敬色, 所以爲文. 介冑則有不可辱之
色, 所以爲武. 端冕不可以爲武, 介冑不可以爲文, 兼之者惟深衣而已.
玉藻曰, "夕深衣." 深衣, 燕居之服也. 端冕雖所以修禮容, 亦有時, 而
燕處則深衣, 可以爲文矣. 介冑雖所以臨戎事, 亦有時, 而燕處則深衣,
可以爲武矣. 雖可爲文, 非若端冕可以視朝臨祭, 特可贊禮而爲擯相而
已. 雖可爲武, 非若介冑可以臨衝, 特可運籌以治軍旅而已. 制有五法,
故曰完. 其質則布, 其色則白, 故曰弗費. 吉服, 以朝祭爲上, 燕衣則居
其次焉, 故曰善衣之次也.

번역 방씨가 말하길, 12폭으로 해서 12개월에 맞추는 것은 우러러 하늘

---

3) 『예기』「옥조(玉藻)」【380a】: 朝玄端, 夕深衣.

4) 『예기』「왕제(王制)」【179b】: 有虞氏, 皇而祭, 深衣而養老.

5) 『예기』「단궁상(檀弓上)」【89d~90a】: 將軍文子之喪, 旣除喪而後越人來弔,
主人深衣·練冠, 待於廟, 垂涕洟. 子游觀之, 曰: "將軍文氏之子, 其庶幾乎! 亡
於禮者之禮也. 其動也中."

6) 친영(親迎)은 혼례(婚禮)에서 시행하는 여섯 가지 예식(禮式) 중 하나이다.
사위될 자가 여자 집에 가서 혼례를 치르고, 자신의 집으로 데려오는 예식
을 뜻한다.

7) 『예기』「증자문(曾子問)」【232a】: 曾子問曰, "親迎, 女在塗, 而壻之父母死, 如
之何?" 孔子曰, "女改服, 布深衣, 縞總, 以趨喪. 女在塗, 而女之父母死, 則女反."

에서 관찰하는 것이다. 정치를 곧게 하고 의리를 반듯하게 하는 것은 굽어 땅에서 살피는 것이다. 소매 중 겨드랑이와 닿는 부분은 그 폭이 팔꿈치를 돌릴 수 있을 정도로 하는 것은 가까이 자신의 몸에서 법도를 취한 것이다. 둥근 자·곱자·먹줄·저울추·저울대 등의 도량형에 맞게 한다는 것은 멀리 여러 사물에게서 법도를 취한 것이다. 그 제도가 이미 이처럼 심오한데, 단면(端冕)8)을 착용하게 되면 공경스러운 기색이 나타나니 문(文)이 되는 이유이다. 갑옷을 착용하게 되면 감히 욕보일 수 없는 기색이 나타나니 무(武)가 되는 이유이다. 단면은 무(武)가 될 수 없고, 갑옷은 문(文)이 될 수 없는데, 둘을 겸할 수 있는 것은 오직 심의(深衣) 밖에 없다. 『예기』「옥조(玉藻)」편에서는 "저녁식사를 할 때에는 심의를 입는다."라고 했는데, 심의는 한가롭게 거처할 때 착용하는 복장이다. 단면은 비록 예법에 따른 용모를 꾸미는 복장이지만, 또한 정해진 때가 있고, 한가롭게 거처할 때라면 심의를 착용하니, 심의는 문(文)이 될 수 있는 있다. 갑옷은 비록 전쟁에 임하는 복장이지만 또한 정해진 때가 있고, 한가롭게 거처할 때라면 심의를 착용하니, 심의는 무(武)가 될 수 있다. 비록 문(文)이 될 수 있지만 단면처럼 조정에 참관하고 제사에 임할 수 있는 것만 못하며, 단지 예법의 시행을 도와서 보조만 할 수 있을 뿐이다. 또 비록 무(武)가 될 수 있지만 갑옷처럼 군대에 임할 수 있는 것만 못하며, 단지 계획을 세워서 군대를 다스릴 수만 있을 뿐이다. 제도에 다섯 가지 법도가 있다. 그렇기 때문에 "완비되었다[完]."라고 했다. 기본 재질은 포(布)가 되고 그 색깔은 백색이기 때문에 "낭비를 하지 않는다."라고 했다. 길복(吉服)에 있어서는 조복(朝服)과 제복(祭服)을 가장 상등으로 치는데, 연의(燕衣)는 그 다음 등급이 된다.

---

8) 단면(端冕)은 검은색의 옷과 면류관을 뜻한다. 즉 현면(玄冕)을 의미한다. '단(端)'자는 검은색의 옷을 뜻하는데, 면복(冕服)에 대해서, '단'자로 지칭하는 것은 면복 자체가 정폭(正幅)으로 제작되기 때문에, '단'자를 붙여서 부르는 것이다. 『예기』「악기(樂記)」편에서는 "吾端冕而聽古樂, 則唯恐臥; 聽鄭衛之音, 則不知倦."이라는 기록이 있는데, 이에 대한 정현의 주에서는 "端, 玄衣也."라고 풀이했고, 공영달(孔穎達)의 소(疏)에서는 "云'端, 玄衣也'者, 謂玄冕也. 凡冕服, 皆其制正幅, 袂二尺二寸, 袪尺二寸, 故稱端也."라고 풀이했다.

그렇기 때문에 "가장 좋은 옷 그 다음이다."라고 했다.

大全 長樂陳氏曰: 義所以行己也, 政所以正人也. 行己以義, 則貴於方, 故於義言方, 而正人以政, 則貴於直, 故於政言直. 易曰, 義以方外, 傳曰, 枉己者, 未有能直人者, 是也. 若夫志譬則權也, 心譬則衡也. 衡之低昂, 皆權之輕重, 則心之平傾, 由志之安危, 此所謂安其志而平其心焉.

번역 장락진씨가 말하길, 의리는 자신을 통해 실천하는 것이며, 정치는 남을 바르게 하는 것이다. 자신의 행실을 의리에 따르게 한다면 반듯한 것을 존귀하게 여긴다. 그렇기 때문에 의리에 대해서 '방(方)'이라고 했다. 또 남을 바르게 함에 정치로 한다면 곧음을 존귀하게 여긴다. 그렇기 때문에 정치에 대해서 '직(直)'이라고 했다. 『역』에서 "의로움으로써 외면을 방정하게 한다."[9]라고 했고, 전문에서 "자신을 굽히는 자 중에 남을 곧게 할 수 있는 자가 없었다."[10]라고 한 말이 바로 이러한 뜻을 나타낸다. 뜻의 경우 비유하자면 저울추와 같고 마음은 비유하자면 저울대와 같다. 저울대가 내려가고 올라가는 것은 모두 저울추의 무게에 따른 것이니, 마음이 편안하거나 기운 것은 뜻이 편안하거나 다급한 것에 따른다. 이것이 바로 뜻을 편안하게 하고 마음을 고르게 한다는 의미이다.

大全 馬氏曰: 五物者, 以其極至而可以爲法於天下也. 故聖人之作深衣, 必應規矩繩權衡者, 以謂被於一身之間, 而可以爲萬事之則, 故視其服者, 知其道, 觀其容者, 知其德. 輕重曲直方圓, 必來取法, 而不可欺矣. 此篇之制度, 所以爲詳者也.

번역 마씨[11]가 말하길, 다섯 가지 대상은 지극하여 천하의 법도로 삼을

---

9) 『역』「곤괘(坤卦)」: "直"其正也, "方"其義也. 君子敬以直內, 義以方外. 敬義立而德不孤. "直方大, 不習无不利", 則不疑其所行也.

10) 『맹자』「등문공하(滕文公下)」: 御者且羞與射者比, 比而得禽獸, 雖若丘陵, 弗爲也. 如枉道而從彼, 何也? 且子過矣, 枉己者, 未有能直人者也.

11) 마희맹(馬晞孟, ?~?): =마씨(馬氏)・마언순(馬彦醇). 자(字)는 언순(彦醇)이다. 『예기해(禮記解)』를 찬술했다.

수 있다. 그렇기 때문에 성인이 심의(深衣)를 만들 때 반드시 둥근 자·곱자·먹줄·저울추·저울대에 맞춘 것이니, 한 사람의 몸에 착용하여 모든 일의 법칙으로 삼을 수 있다고 말할 수 있다. 그렇기 때문에 그 복장을 살펴보면 그의 도를 알 수 있고, 그 행동거지를 살펴보면 그의 덕을 알 수 있다. 가벼움과 무거움 굽음과 곧음 사각형과 원형은 반드시 이러한 유래에 따라 법도로 삼은 것이니, 속임수를 부릴 수 없다. 이것이 바로 「심의」편의 제도가 상세하게 기술된 이유이다.

鄭注 行擧手, 謂揖讓. 言深衣之"直"·"方", 應易之文也. 政, 或爲"正". 心平志安, 行乃正. 或低或仰, 則心有異志者與. 言非法不服也. 貴此衣也. "完且弗費", 言可苦衣而易有也. 深衣者, 用十五升布, 鍛濯灰治, 純之以采. 善衣, 朝祭之服也. 自士以上, 深衣爲之次, 庶人吉服深衣而已.

번역 행동함에 손을 든다는 것은 읍(揖)을 하며 겸양함을 뜻한다. 심의(深衣)의 곧음과 각진 부분은 『역』의 기록과 호응한다. '정(政)'자를 다른 판본에서는 '정(正)'자로 기록하기도 한다. 마음이 고르고 뜻이 편안하면 행동하는 것들이 바르게 된다. 어떤 때는 낮아지고 어떤 때는 올라가면 마음에 다른 뜻이 생길 것이다. 즉 법도에 맞지 않으면 착용하지 않는다는 의미이다. 이 옷을 존귀하게 여긴 것이다. "튼튼하면서도 낭비하지 않는다."라는 말은 고된 일에 착용할 수 있고 쉽게 만들 수 있다는 뜻이다. '심의(深衣)'는 15승(升)의 포로 만드는데, 물에 불려서 잿물을 들이게 되며 채색된 천으로 가선을 댄다. '선의(善衣)'는 조복(朝服)과 제복(祭服)을 뜻한다. 사 이상의 계층은 심의를 그 다음 등급의 복장으로 여기는데, 서인의 경우 길복은 심의일 따름이다.

釋文 行, 下孟反, 又如字. 卬音仰, 本又作仰, 一音五郎反. 與音餘. 相, 息亮反. 完音丸. 費, 芳貴反, 又孚沸反, 注同. 苦衣, 於旣反. 易, 以豉反. 鍛, 丁亂反. 濯音濁. 純, 之允反, 又之閏反, 後皆同. 朝, 直遙反. 上, 時掌反.

번역 '行'자는 '下(하)'자와 '孟(맹)'자의 반절음이며, 또한 글자대로 읽기도 한다. '卬'자의 음은 '仰(앙)'이며, 판본에 따라서는 또한 '仰'자로도 기록하고, 다른 음은 '五(오)'자와 '郞(낭)'자의 반절음이다. '與'자의 음은 '餘(여)'이다. '相'자는 '息(식)'자와 '亮(량)'자의 반절음이다. '完'자의 음은 '丸(환)'이다. '費'자는 '芳(방)'자와 '貴(귀)'자의 반절음이며, 또한 '孚(부)'자와 '沸(비)'자의 반절음도 되고, 정현의 주에 나오는 글자도 그 음이 이와 같다. '苦衣'에서의 '衣'자는 '於(어)'자와 '旣(기)'자의 반절음이다. '易'자는 '以(이)'자와 '豉(시)'자의 반절음이다. '鍛'자는 '丁(정)'자와 '亂(란)'자의 반절음이다. '濯'자의 음은 '濁(탁)'이다. '純'자는 '之(지)'자와 '允(윤)'자의 반절음이며, 또한 '之(지)'자와 '閏(윤)'자의 반절음도 되고, 이후에 나오는 글자는 모두 그 음이 이와 같다. '朝'자는 '直(직)'자와 '遙(요)'자의 반절음이다. '上'자는 '時(시)'자와 '掌(장)'자의 반절음이다.

孔疏 ●"故規者, 行擧手以爲容"者, 所以袂圓中規者, 欲使行者擧手揖讓以爲容儀, 如規也.

번역 ●經文: "故規者, 行擧手以爲容". ○소매를 원형으로 만들어서 둥근 자에 맞추는 것은 행동을 할 때 손을 들어 올려서 읍(揖)을 하며 겸양을 표현해서 예법에 따른 행동거지를 차림에 둥근 자처럼 맞추고자 한 것이다.

孔疏 ●"負繩抱方"者, 以直其政·方其義也. 負繩, 背之縫也. 抱方, 領之方也. "以直其政", 解"負繩". "以方其義", 解"抱方"也. 言欲使人直其政教, 欲使政教直. 方其義, 欲使義事方正也.

번역 ●經文: "負繩抱方". ○정치를 곧게 하고 의리를 반듯하게 하기 위해서이다. '부승(負繩)'은 등 쪽에 있는 봉합된 부분이다. '포방(抱方)'은 옷깃 중 각진 것이다. "이로써 정치를 곧게 한다."는 말은 부승을 풀이한 것이다. "이로써 의리를 반듯하게 한다."는 말은 포방을 풀이한 것이다. 즉 사람들로 하여금 정치와 교화를 곧게 하고자 했다는 뜻으로, 정치와 교화를 곧게 시행토록 만들기 위해서이다. 의리를 반듯하게 하는 것은 의리와 그에 따른 사안을 반듯하고 바르게 만들고자 해서이다.

孔疏 ●“故易曰: 坤六二之動, 直以方也”, 記者旣明方直之義, 故引坤卦之六二直方以證之. 按鄭注坤之六二云: “直也, 方也, 地之性.” 此爻得中氣而在地上, 自然之性, 廣生萬物, 故生動直而且方.

번역 ●經文: “故易曰: 坤六二之動, 直以方也”. ○『예기』를 기록한 자는 이미 반듯하게 하고 곧게 한다는 뜻을 설명하였다. 그렇기 때문에 곤괘(坤卦) 육이에서 곧게 하고 반듯하게 한다는 말을 인용해서 증명한 것이다. 곤괘 육이에 대한 정현의 주를 살펴보면, “곧고 반듯한 것은 땅의 성질이다.”라고 했다. 이 효는 가운데의 기운을 얻었고, 땅 위에 있으니, 자연적인 그 성질은 만물을 널리 생장시킨다. 그렇기 때문에 생동하며 곧고 또 반듯하다.

孔疏 ●“下齊如權衡”者, 以安志而平心也者, 言裳下之齊, 如權之衡低仰平也, 欲以安其志意, 而平均其心也.

번역 ●經文: “下齊如權衡”. ○뜻을 편안하게 하고 마음을 고르게 한다는 것은 하의 밑의 봉합된 부분이 저울추와 저울대가 낮아지거나 올라가며 평평하게 되는 것과 같으니, 이를 통해 뜻을 편안하게 하고 마음을 고르게 하고자 한다는 뜻이다.

孔疏 ◎注“完且”至“而已”. ○正義曰: “可苦衣而易有也”, 以其完牢, 乃可於苦事衣著, 故庶人服之以完牢故也. “而易有”者, 以白布爲之, 不須黼黻錦繡之屬, 是“易有”也. 云“深衣者, 用十五升布, 鍛濯灰治”者, 按雜記云“朝服十五升”, 此深衣與朝服相類, 故用十五升布鍛濯, 謂打洗鍛濯, 用灰治理, 使和熟也. 然則喪服麻衣, 雖似深衣之制, 不必鍛濯灰治, 以其雜凶故也. 云“自士以上, 深衣爲之次”者, 按玉藻“諸侯夕深衣, 祭牢肉”, 又“大夫·士朝玄端·夕深衣”, 是深衣爲朝祭之次服也. 云“庶人吉服深衣”者, 深衣是諸侯之下, 自深衣以後更無餘服, 故知是庶人之吉服. 喪服者衰裳, 包貴賤上下無差, 亦明庶人吉服乃深衣也.

번역 ◎鄭注: "完且"~"而已". ○정현이 "고된 일에 착용할 수 있고 쉽게 만들 수 있다는 뜻이다."라고 했는데, 튼튼하고 편안하여 고된 일을 할 때에도 착용할 수 있다. 그렇기 때문에 서인들이 이 복장을 착용하는 것은 튼튼하고 편안하기 때문이다. 정현이 "쉽게 만들 수 있다."라고 했는데, 백색의 포(布)로 만들며, 보(黼)나 불(黻) 등의 무늬나 비단에 수를 새기는 것 등이 필요 없다. 이것이 "쉽게 만들 수 있다."는 뜻이다. 정현이 "'심의(深衣)'는 15승(升)의 포로 만드는데, 물에 불려서 잿물을 들인다."라고 했는데, 『예기』「잡기(雜記)」편에서는 "조복(朝服)은 15승의 포로 만든다."12)라고 했는데, 이것은 심의(深衣)가 조복과 비슷함을 나타낸다. 그렇기 때문에 15승의 포를 물에 불리게 되니, 세척하여 천을 불리고 잿물로 물들여서 부드럽게 만든다는 뜻이다. 그렇다면 상복에 착용하는 마의(麻衣)는 비록 심의를 만드는 제도와 유사하지만 물에 불려서 잿물을 들일 필요는 없으니, 흉사가 섞여 있기 때문이다. 정현이 "사 이상의 계층은 심의를 그 다음 등급의 복장으로 여긴다."라고 했는데, 『예기』「옥조(玉藻)」편을 살펴보면, "저녁식사 때에는 심의를 착용하고, 특생(特牲)13)으로 마련했던 고기로 제사를 지낸다."14)라고 했고, 또 "대부와 사는 아침식사 때에는 현단(玄端)을 착용하

---

12) 『예기』「잡기상(雜記上)」【499b】: <u>朝服十五升</u>, 去其半而緦加灰, 鍚也.

13) 특생(特牲)은 한 종류의 가축을 희생물로 사용한다는 뜻이다. '특(特)'자는 동일 종류의 희생물을 한 마리 사용한다는 뜻이며, 특히 소를 사용할 때 사용하는 용어이기도 하다. 『춘추좌씨전』「양공(襄公) 9년」편에는 "祈以幣更, 賓以<u>特牲</u>."이라는 기록이 있고, 이에 대한 양백준(楊伯峻)의 주에서는 "款待貴賓, 只用一種牲畜. 一牲曰特."이라고 풀이했다. 그런데 어떠한 가축을 사용했는가에 대해서는 주석들마다 차이가 있다. 『국어(國語)』「초어하(楚語下)」편에는 "大夫擧以<u>特牲</u>, 祀以少牢."라는 기록이 있고, 이에 대한 위소(韋昭)의 주에서는 "特牲, 豕也."라고 풀이했다. 또한 『예기』「교특생(郊特牲)」편에 대한 육덕명(陸德明)의 제해(題解)에서는 "郊者, 祭天之名, 用一牛, 故曰特牲."이라고 풀이했다. 즉 '특생'으로 사용되는 가축은 '시(豕: 돼지)'도 될 수 있으며, 소도 될 수 있다.

14) 『예기』「옥조(玉藻)」【372d~373a】: 又朝服以食, 特牲三俎祭肺; <u>夕深衣, 祭牢肉</u>. 朔月少牢, 五俎四簋. 子卯稷食菜羹. 夫人與君同庖.

고 저녁식사 때에는 심의를 착용한다."[15]라고 했는데, 이것은 심의가 조복이나 제복 다음의 복장이 됨을 나타낸다. 정현이 "서인의 경우 길복은 심의이다."라고 했는데, 심의는 제후 이하의 계층은 심의 이후로 다른 복장이 없다. 그렇기 때문에 서인의 길복이 됨을 알 수 있다. 상복에 있어서 상의와 하의는 귀천이나 상하의 등급에 차이가 없으니, 이 또한 서인의 길복은 심의가 됨을 나타낸다.

集解 此總言深衣制度, 以釋首節之義也.

번역 경문의 "制十有"~"王貴之"에 대하여. 이 문장은 심의(深衣)의 제도를 총괄적으로 기술하여 첫 문장에 나타난 뜻을 풀이하였다.

集解 愚謂: 五法, 謂規矩繩權衡也. 言聖人服之, 則天子或亦服之與.

번역 내가 생각하기에, '오법(五法)'은 둥근 자·곱자·먹줄·저울추·저울대를 뜻한다. "성인이 이 복장을 착용한다."라고 말했으니, 천자 또한 이 복장을 착용했을 것이다.

集解 此又言深衣之所用也. 治軍旅, 謂若卿大夫以下作民師田行役之事也. 擯相, 謂大夫士相見, 而爲之接賓相禮也. 擯相, 文事; 軍旅, 武事. 言深衣不獨施於燕私也.

번역 경문의 "故可以"~"之次也"에 대하여. 이 문장은 심의의 용도에 대해서 언급한 것이다. 군대를 다스린다는 말은 경과 대부 이하의 계층이 백성들을 동원하여 정벌이나 사냥을 하고 부역을 시행하는 일들과 같다. '빈상(擯相)'은 대부와 사가 서로 만나볼 때 그를 위해 빈객을 접대하고 의례의 진행을 돕는 것을 뜻한다. 빈상은 문(文)에 해당하는 일이며, 군대는 무(武)에 해당하는 일이다. 즉 심의는 한가롭게 거처할 때에만 착용하는 것이

---

15) 『예기』「옥조(玉藻)」【380a】: 朝玄端, 夕深衣.

아니라는 뜻이다.

참고 『역』「곤괘(坤卦)·육이(六二)」

효사 六二, 直方大, 不習无不利.

번역 육이는 곧고 방정하며 크니, 익히지 않아도 이롭지 않음이 없다.

王注 居中得正, 極於地質, 任其自然而物自生, 不假修營而功自成, 故"不習"焉而"无不利".

번역 가운데 자리에 있어 올바름을 얻었고, 땅의 바탕에 지극하며, 자연의 임무를 떠맡아 만물이 저절로 생겨나니, 닦고 경영하지 않아도 공이 저절로 완성된다. 그렇기 때문에 "익히지 않는다."라고 하면서도 "이롭지 않음이 없다."라고 한 것이다.

孔疏 ●"六二"至"无不利". ○正義曰: 文言云: "直其正也". 二得其位, 極地之質, 故亦同地也. 俱包三德, 生物不邪, 謂之直也. 地體安靜, 是其方也. 無物不載, 是其大也. 旣有三德極地之美, 自然而生, 不假修營, 故云"不習无不利". 物皆自成, 無所不利, 以此爻居中得位, 極於地體, 故盡極地之義. 此因自然之性, 以明人事, 居在此位, 亦當如地之所爲.

번역 ●爻辭: "六二"~"无不利". ○「문언전」에서는 "직(直)은 올바름이다."라고 했다. 육이는 제자리를 얻었으니, 땅의 바탕을 지극히 한 것이다. 그렇기 때문에 이 또한 땅과 동일하다. 세 가지 덕을 모두 갖추고 있어서 만물을 태어나게 하면서도 치우치지 않으니, 이것을 곧음이라고 부른다. 땅의 본체는 편안하고 고요하니, 이것은 방정함을 뜻한다. 실어주지 않는 사물이 없으니 이것은 큼에 해당한다. 이미 세 가지 덕을 갖추고 있어서 땅의 아름다움을 지극히 하였는데, 자연히 생겨나고 닦고 경영할 필요가 없다. 그렇기 때문에 "익히지 않아도 이롭지 않음이 없다."라고 했다. 사물은 모두 저절로 완성되며 이롭지 않음이 없으니, 이 효가 가운데 자리에 있어 제자리를 얻었고 땅의 본체를 지극히 하기 때문에 땅의 뜻을 극진히 하는 것이다. 이것은 자연의 성질을 통해서 사람의 일을 드러냈으니, 이러한 자리에 머물게 된다면 마땅히 땅의 행동처럼 해야 한다.

孔疏 ◎注"居中得正". ○正義曰: "居中得正, 極於地質"者, 質謂形質, 地之形質直方又大, 此六二"居中得正", 是盡極地之體質也. 所以"直"者, 言氣至卽生物, 由是體正直之性. 其運動生物之時, 又能任其質性, 直而且方, 故象云: "六二之動, 直以方也".

번역 ◎王注: "居中得正". ○"가운데 자리에 있어 올바름을 얻었고, 땅의 바탕에 지극하다."라고 했는데, 질(質)자는 형체와 바탕이니, 땅의 형질은 곧고 방정하면서도 크다. 육이에 대해 "가운데 자리에 있어 올바름을 얻었다."라고 했는데, 이것은 땅의 본체와 바탕을 극진히 한 것이다. 직(直)이 될 수 있다는 것은 기가 도달하면 사물이 생겨나는데, 본체가 바르고 곧은 성질에 연유하게 된다는 뜻이다. 운행하며 만물을 낳을 때 또한 그 바탕과 성질을 떠맡을 수 있어 곧고도 방정하다. 그렇기 때문에 「상전」에서는 "육이의 움직임은 곧아서 방정하다."라고 했다.

程傳 二, 陰位在下, 故爲坤之主. 統言坤道, 中正在下, 地之道也. 以直方大三者, 形容其德用, 盡地之道矣. 由直方大, 故不習而无所不利, 不習, 謂其自然, 在坤道則莫之爲而爲也, 在聖人則從容中道也. 直方大, 孟子所謂至大至剛以直也. 在坤體, 故以方易剛, 猶貞加牝馬也. 言氣則先大, 大, 氣之體也, 於坤則先直方, 由直方而大也. 直方大, 足以盡地道, 在人識之耳. 乾坤, 純體, 以位相應, 二, 坤之主, 故不取五應, 不以君道處五也, 乾則二五相應.

번역 이효는 음의 자리로 아래에 있으므로 곤괘의 주인이 된다. 곤괘의 도를 총괄적으로 말했는데, 중정하면서도 아래에 있는 것은 땅의 도가 된다. 곧음·방정함·큼이라는 세 가지는 곤괘의 덕과 그 쓰임을 형용한 것으로 땅의 도를 다하는 것이다. 곧고 방정하며 큼으로 말미암기 때문에 익히지 않아도 이롭지 않은 것이 없으니, 익히지 않는다는 것은 자연스러움을 뜻하며, 곤괘의 도에 있어서는 하지 않아도 저절로 그처럼 되는 것이며, 성인에게 있어서는 중도에 맞추는 것이다. 곧고 방정하며 크다는 것은 맹자가 "지극히 크고 지극히 강하여 곧다."[16]고 한 말에 해당한다. 곤괘의 몸체에 있기 때문에 방(方)자로 강(剛)자를 바꾼 것이니, 정(貞)에 대해 빈마(牝馬)라는 말을 더한 것과 같다.[17] 맹자가 호연지기를 설명할 때에는 대(大)를 먼저 말했는데, '대(大)'라는 것은 기운의 본체에 해당하며, 곤괘에 있어서는 직(直)과 방(方)을 먼저 말했는데 곧음과 방정함을 통해 커지기 때문이다. 곧고 방정하며 크다는 것은 땅의 도를 다하기에 충분하니, 사람이 이와 같은 사실을 알아차리는데 달려 있을 따름이다. 건괘와 곤괘는 순체이며, 자리로 서로 호응하는데, 이효는 곤괘의 주인이 된다. 그렇기 때문에 오효와 호응을 취하지 않았으니, 군주의 도로 오효를 대하지 않은 것이며, 건괘의 경우 이효와 오효는 서로 호응한다.

本義 柔順正固, 坤之直也, 賦形有定, 坤之方也, 德合无疆, 坤之大也. 六二柔順而中正, 又得坤道之純者, 故其德內直外方而又盛大, 不待學習而无不利, 占者有其德, 則其占如是也.

번역 유순하고 바르고 곧음은 곤괘의 곧음이며, 형체를 부여함에 일정함이 있는 것은 곤괘의 방정함이고, 덕이 무강함에 합하는 것은 곤괘의 큼이다. 육이는 유순하면서도 중정하고 또 곤괘의 순수한 도를 얻었다. 그렇기 때문에 그 덕이 내적으로는 곧고 외적으로는 방정하면서도 성대하니, 익히지 않아도 이롭지 않은 것이 없고, 점치는 자가 이러한 덕이 있으면 그 점이 이와 같게 된다.

상사 象曰, 六二之動, 直以方也.

번역 「상전」에서 말하였다. 육이의 움직임은 곧아서 방정하다.

---

16) 『맹자』「공손추상(公孫丑上)」: 其爲氣也, <u>至大至剛, 以直</u>養而無害, 則塞於天地之間.
17) 『역』「곤괘(坤卦)」: 坤, 元, 亨, 利<u>牝馬</u>之貞. 君子有攸往, 先迷, 後得主, 利. 西南得朋, 東北喪朋. 安貞吉.

王注 動而直方, 任其質也.

번역 움직이는데 곧고 방정하게 되는 것은 그 바탕을 떠맡은 것이다.

孔疏 ●"象曰"至"直以方也". ○正義曰: 言六二之體, 所有興動, 任其自然之性, 故云"直以方"也.

번역 ●象辭: "象曰"~"直以方也". ○육이의 본체에는 흥기하여 움직이는 것이 있고, 자연적인 성질을 떠맡았기 때문에 "곧아서 방정하다."라고 했다.

孔疏 ◎注"動而直方". ○正義曰: 是質以直方, 動又直方, 是質之與行, 內外相副. 物有內外不相副者, 故略例云"形躁好靜, 質柔愛剛", 此之類是也.

번역 ◎王注: "動而直方". ○곧음과 방정함을 바탕으로 삼아서 움직이면서도 곧고 방정하니, 바탕과 행동함에 있어서 내외가 서로 돕는다는 사실을 나타낸다. 사물에게 있어서 내외가 서로 돕지 않는 경우가 있으니, 『약례』에서 "형체는 조급한데 고요한 것을 좋아하고 바탕은 유약한데 굳셈을 사랑한다."라고 한 부류가 여기에 해당한다.

程傳 承天而動, 直以方耳, 直方則大矣. 直方之義, 其大无窮, 地道光顯, 其功順成, 豈習而後利哉?

번역 하늘을 받들어 움직임에 곧아서 방정할 따름인데, 곧고 방정하다면 큼이 된다. 곧고 방정함의 뜻은 그 큼이 무궁하므로 땅의 도가 빛나고 드러나 그 공이 순순히 완성되는데, 어찌 익힌 이후에야 이롭게 되겠는가?

참고 『예기』「옥조(玉藻)」 기록

경문-372d~373a 又朝服以食, 特牲三俎祭肺; 夕深衣, 祭牢肉. 朔月少牢, 五俎四簋. 子卯稷食菜羹. 夫人與君同庖.

번역 또한 조복(朝服)을 착용하고서 아침식사를 하며, 식사를 할 때에는 특생(特牲)을 사용하여 3개의 도마를 차리고, 희생물의 폐(肺)로 음식에 대한 제사를 지내며, 저녁식사 때에는 심의(深衣)를 착용하고, 특생으로 마련했던 고기로 제사를 지낸다. 매월 초하루에는 소뢰(少牢)[18]를 사용하고, 5개의 도마와 4개의 궤(簋)를 마련한다. 갑자일(甲子日)이나 을묘일(乙卯日)에는 메기장 밥을 먹고 채소국만 먹는다. 부인(夫人)은 군주와 부엌을 함께 쓴다.

鄭注 食必復朝服, 所以敬養身也. 三俎: 豕·魚·腊. 祭牢肉, 異於始殺也. 天子言"日中", 諸侯言"夕"; 天子言"餕", 諸侯言"祭牢肉", 互相挾. 五俎, 加羊與其腸胃也. 朔月四簋, 則日食粱·稻, 各一簋而已. 忌日貶也. 不特殺也.

번역 식사를 할 때에는 반드시 조복(朝服)으로 다시 갈아입으니, 몸을 봉양하는 절차를 공경하기 때문이다. '삼조(三俎)'는 돼지고기·물고기·석(腊)을 올리는 것이다. 뇌육(牢肉)으로 제사를 지낸다는 것은 처음 도축을 했을 때와는 다르게 하기 때문이다. 천자에 대한 경우에서는 '점심식사'를 언급했고, 제후에 대한 경우에서는 '저녁식사'를 언급했으며, 천자에 대한 경우에서는 '남은 음식'을 언급했고, 제후에 대한 경우에서는 "뇌육(牢肉)으로 제사를 지낸다."라고 했는데, 상호 보완이 되는 기록이다. '오조(五俎)'에는 양고기 및 창자와 위장이 추가된다. 매월 초하루에 먹는 식사라면, 4개의 궤(簋)를 차리니, 날마다 먹는 식사에서는 조와 벼로 지은 밥을 각각 1개의 궤에 담을 따름이다. 기일(忌日)에는 낮추기 때문이다. 부인(夫人)에게는 특생(特牲)을 도축하지 않기 때문이다.

---

18) 소뢰(少牢)는 제사에서 양(羊)과 돼지[豕] 두 가지 희생물을 사용하는 것을 뜻한다. 『춘추좌씨전』「양공(襄公) 22년」편에는 "祭以特羊, 殷以少牢."라는 기록이 있는데, 이에 대한 두예(杜預)의 주에서는 "四時祀以一羊, 三年盛祭以羊豕. 殷, 盛也."라고 풀이하였다.

참고 『예기』「단궁상(檀弓上)」 기록

경문-89d~90a 將軍文子之喪, 既除喪而後越人來弔, 主人深衣・練冠, 待於廟, 垂涕洟. 子游觀之, 曰: "將軍文氏之子, 其庶幾乎! 亡於禮者之禮也. 其動也中."

번역 장군인 문자의 상에 그의 아들은 이미 상을 끝냈는데, 그 이후에 월나라 사람이 찾아와서 조문을 하였다. 그러자 문자의 아들은 심의(深衣)를 입고, 연관(練冠)을 착용하고서, 신주가 있는 묘에서 기다렸으며, 조문객이 오자 곡은 하지 않고 눈물만 흘렸다. 자유가 그 모습을 관찰하고 말하길, "장군인 문씨의 아들은 그 행동이 예법에 가깝구나! 본래 상을 끝낸 뒤에 조문을 받는 예의 규정이 없는데도, 이러한 상황에 처해서 적절한 예를 시행했으니, 그의 행동은 모두 절도에 맞는구나."라고 했다.

鄭注 主人, 文子之子簡子瑕也. 深衣練冠, 凶服變也. 待于廟, 受弔不迎賓也. 中禮之變.

번역 '주인(主人)'은 문자(文子)의 아들인 간자(簡子) 하(瑕)이다. 심의(深衣)와 연관(練冠)을 착용하는 것은 흉복(凶服)에 변화를 준 것이다. 묘에서 대기를 하며 조문을 받았지만, 조문객을 맞이하지는 않았다. 자유가 칭찬한 이유는 예 중의 변례에 맞았기 때문이다.

孔疏 ○將軍文子其身終亡, 既除喪, 大祥祭之後, 越人來弔, 謂遠國之人始弔其喪. 主人文子之子, 身著深衣, 是既祥之麻衣也. 首著練冠, 謂未祥之練冠也. 待賓於廟, 目垂於涕, 鼻垂於洟. "子游觀之曰: 將軍文氏之子, 其庶幾乎! 亡於禮者之禮也"者, 亡, 無也. 其始死至練祥來弔, 是有文之禮, 祥後來弔, 是無文之禮. 言文氏之子庶幾堪行乎無於禮文之禮也. 所以堪行者, 以其舉動也中, 當於禮之變節也.

번역 ○장군인 문자 본인이 죽었는데, 그에 대한 상이 이미 끝나서 대상(大祥)이 되어 제사를 지냈다. 그런데 그 이후에 월나라에서 사람이 찾아와서 조문을 한 것이니, 멀리 떨어져 있는 나라의 사람이 비로소 상에 대해 조문을 하게 된 것을 뜻한다. '주인(主人)'은 문자의 아들이고, 그는 몸에 심의(深衣)를 걸쳤는데, 이것은 대상을 치르고 나서 입었던 마의(麻衣)에 해당한다. 그리고 머리에는 연관(練冠)을 썼는데, 이것은 아직 대상을 끝내지 않았을 때 쓰는 연관을 뜻한다. 묘에서 빈객을 기다렸다가 대면을 하고, 눈에서는 눈물을 흘리고 코에서는 콧물을 흘렸다.

孔疏 ◎"深衣練冠, 凶服變也"者, 深衣卽間傳麻衣也, 但制如深衣. 緣之以布曰麻衣, 緣之以素曰長衣, 緣之以采曰深衣.

번역 ◎鄭注: "深衣練冠, 凶服變也". ○'심의(深衣)'는 『예기』「간전(間傳)」편에 기록된 '마의(麻衣)'라는 것이다.19) 다만 제작방법은 심의(深衣)와 같은데, 옷의 가선을 포(布)로 덧댄 것을 '마의(麻衣)'라고 부르고, 흰색의 천으로 덧댄 것을 '장의(長衣)'라고 부르며, 채색된 천으로 덧댄 것을 '심의(深衣)'라고 부를 따름이다.

集解 愚謂: 除喪, 蓋禫除吉祭之後, 新主已遷於廟, 故就廟而受弔也. 深衣, 十五升布, 連衣裳爲之, 其服在吉凶之間. 練冠, 小祥之冠也. 時文氏喪服已除, 吉服又不可以受弔. 聘禮, "遭喪, 大夫練冠長衣以受." 彼凶中受吉禮, 此吉中受凶禮, 故放其服而略變焉.

번역 내가 생각하기에, '제상(除喪)'이라는 것은 아마도 담제를 끝내서 길제(吉祭)를 치른 이후를 뜻하는 것 같다. 그래서 이 시기는 새롭게 만든 신주를 이미 묘(廟)로 옮겨둔 상황이기 때문에, 묘에 나아가서 조문을 받았던 것이다. '심의(深衣)'라는 것은 15승(升)의 포(布)로 만들며, 상의와 하의를 연결시켜서 만드는데, 그 복장은 길복(吉服)과 흉복(凶服) 중간에 놓인다. '연관(練冠)'은 소상(小祥)을 치르며 쓰는 관이다. 당시 문자의 아들은 상복을 이미 벗은 상태인데, 길복을 착용하고서는 또한 조문을 받을 수 없었다. 『의례』「빙례(聘禮)」편에서는 "상을 접하게 되면, 대부에 대해서는 연

---

19) 『예기』「간전(間傳)」【668a】: 又期而大祥素縞麻衣. 中月而禫禫而纖, 無所不佩.

관(練冠)과 장의(長衣)를 착용하고서 조문을 받는다."[20]라고 했다. 「빙례」
편에서 말한 내용은 흉례(凶禮)를 치르던 도중 길례(吉禮)를 받게 되는 상
황이고, 이곳에서 말한 내용은 길례를 치르던 도중 흉례를 받게 되는 상황
이다. 그렇기 때문에 그 복장을 모방하여 간략히 변화를 시킨 것이다.

참고 『예기』「증자문(曾子問)」 기록

경문-232a 曾子問曰, "親迎, 女在塗, 而壻之父母死, 如之何?" 孔子曰, "女
改服, 布深衣, 縞總, 以趨喪. 女在塗, 而女之父母死, 則女反."

번역 증자가 "친영(親迎)을 하여 여자가 남편의 집으로 오는 도중 남편
의 부모가 죽게 된다면, 어찌해야 합니까?"라고 묻자 공자는 "여자는 혼례
를 치르면서 입었던 화려한 복장을 바꿔 입으니, 거친 베로 만든 심의(深
衣)로 갈아입고, 하얀 명주실로 머리를 묶는다. 그리고 이 복장을 착용하고
서 상을 치르기 위해 분주히 달려간다. 만약 여자가 남편의 집으로 가는
도중, 여자의 부모가 죽게 된다면, 여자는 마찬가지로 복장을 바꿔 입고서,
자신의 집으로 되돌아간다."라고 대답했다.

鄭注 布深衣·縞總, 婦人始喪未成服之服.

번역 거친 베로 만든 심의(深衣)를 입고, 명주 끈으로 머리를 묶는 행위
는 부인이 처음 상을 당하게 되었는데, 아직 상복을 다 갖춰 입지 못했을
때의 복장 방식이다.

孔疏 ●"曾子"至"趨喪". ○正義曰: "女改服"者, 謂女在塗聞舅姑喪, 卽改
嫁時之衣服. 嫁服者, 士妻褖衣, 大夫妻展衣, 卿妻則鞠衣. 故士昏禮云, "女次
純衣." 純衣卽褖衣也. 奔喪服期.

번역 ●經文: "曾子"~"趨喪". ○경문에서 "여자는 복장을 바꿔 입는다."

20) 『의례』「빙례(聘禮)」: 遭喪, 將命于大夫, 主人長衣·練冠以受.

라는 하였는데, 이 말은 여자가 시집으로 가는 도중에, 시부모상에 대한 소식을 듣게 된다면, 곧바로 시집갈 때 입고 있었던 의복을 바꿔 입는다는 뜻이다. 여자가 시집갈 때의 복장에 대해서 논의하자면, 사의 처는 단의(襐衣)[21]이고, 대부의 처는 전의(展衣)[22]이며, 경의 처는 국의(鞠衣)[23]이다. 그렇기 때문에『의례』「사혼례(士昏禮)」편에서 "여자는 뒤이어 순의(純衣)를 입는다."[24]라고 한 것이니, 이 문장에서 말하는 '순의'가 바로 '단의'에 해당한다. 여자가 시집으로 가는 도중 자신의 부모가 죽었다는 소식을 접하게 되면, 분상(奔喪)[25]하여 1년간 복상한다.

集解 愚謂: 深衣皆不言布, 此特言布者, 蓋婦人之服皆深衣之制也. 玄綃衣以上則用帛矣, 故特言布以別之.

번역 내가 생각해보니, 예제와 관련된 기록 중 심의(深衣)에 대한 기록에서는 모두 포(布)를 언급하지 않았는데, 이곳 문장에서 특별히 '포'자를 붙여

---

21) 단의(襐衣)는 흑색의 천으로 상의와 하의를 만들고, 붉은색으로 가장자리에 단을 맨 옷이다.『의례』「사상례(士喪禮)」편에는 '단의'가 기록되어 있는데, 이에 대한 정현의 주에서는 "黑衣裳赤緣謂之襐."이라고 풀이했다.

22) 전의(展衣)는 흰색 비단으로 만든 옷이다. 본래 왕후(王后)가 입던 육복(六服)의 하나를 가리키나 대부(大夫)의 부인에게는 가장 격식을 갖춘 예복(禮服)이 된다. 일설에는 흰색이 아닌 붉은색 비단으로 만든 옷이라고도 한다.『주례』「천관(天官)·내사복(內司服)」편에는 '전의'가 기록되어 있는데, 이에 대한 정현의 주에서는 "鄭司農云, 展衣, 白衣也."라고 풀이했다.

23) 국의(鞠衣)는 황색으로 만든 옷이다. 본래 '천자의 부인[王后]'이 입던 '여섯 가지 의복[六服]' 중 하나를 가리키나 구빈(九嬪) 및 세부(世婦)나 어처(御妻)들 또한 이 옷을 입었고, 경(卿)의 부인에게는 가장 격식을 갖춘 예복(禮服)이 된다. 그 색깔은 누런색을 내는데, 뽕나무 잎이 처음 소생할 때의 색깔과 같다.『주례』「천관(天官)·내사복(內司服)」편에는 "掌王后之六服. 褘衣, 揄狄, 闕狄, 鞠衣, 展衣, 緣衣."라는 기록이 있으며, 이에 대한 정현의 주에서는 "鄭司農云, 鞠衣, 黃衣也. 鞠衣, 黃桑服也. 色如鞠塵, 象桑葉始生."이라고 풀이하였다.

24)『의례』「사혼례(士昏禮)」: 女次, 純衣纁袡, 立于房中南面.

25) 분상(奔喪)은 타지에 있다가 상(喪)에 대한 소식을 듣고, 급히 되돌아오는 예법(禮法)을 말한다.『예기』「분상(奔喪)」편에 대해, 공영달(孔穎達)은 "案鄭目錄云, 名曰奔喪者, 以其居他國, 聞喪奔歸之禮."라고 풀이했다.

서 말한 이유는 아마도 부인들의 복장은 모두 심의를 제작하는 방식에 준하여 만들기 때문에, 구분을 두기 위해서 '포'자를 붙여서 언급했을 것이다. 의복의 단계 중 검은 생사로 만든 옷 이상의 복장인 경우라면, 비단을 사용해서 만든다. 그렇기 때문에 특별히 '포'자를 붙여서 구분을 지은 것이다.

참고 『역』「곤괘(坤卦)·문언전(文言傳)」

문언전 直其正也, 方其義也. 君子敬以直內, 義以方外, 敬義立而德不孤. "直方大, 不習无不利", 則不疑其所行也.

번역 곧음은 바름이고 방정함은 의로움이다. 군자는 공경으로 내면을 곧게 하고 의로움으로 외면을 방정하게 하니, 공경과 의로움이 확립되면 덕이 있어 외롭지 않게 된다. "곧고 방정하고 크니 익히지 않아도 이롭지 않음이 없다."라고 했으니, 행동을 의심하지 않는다.

孔疏 ●"直其正也"至"所行也". ○正義曰: 此一節釋六二爻辭. "直其正"者, 經稱直是其正也. "方其義"者, 經稱方是其義也. 義者, 宜也, 于事得宜, 故曰義. "君子敬以直內"者, 覆釋"直其正"也. 言君子用敬以直內, 內謂心也, 用此恭敬以直內理. "義以方外"者, 用此義事, 以方正外物, 言君子法地正直而生萬物, 皆得所宜, 各以方正, 然卽前云"直其正也, 方其義也". 下云"義以方外", 卽此應云"正以直內". 改云"敬以直內"者, 欲見正則能敬, 故變"正"爲"敬"也. "敬義立而德不孤"者, 身有敬義, 以接於人, 則人亦敬義以應之, 是德不孤也. 直則不邪, 正則謙恭, 義則與物無競, 方則凝重不躁, 旣"不習无不利", 則所行不須疑慮, 故曰"不疑其所行".

번역 ●傳文: "直其正也"~"所行也". ○이 문단은 육이의 효사를 풀이한 것이다. "곧음은 바름이다."라고 했는데, 경문에서 직(直)이라고 한 말은 바름[正]에 해당한다는 뜻이다. "방정함은 의로움이다."라고 했는데, 경문에서 방(方)이라고 한 말은 의로움[義]에 해당한다는 뜻이다. '의(義)'는 마땅함[宜]을 뜻하니, 어떤 사안에 있어 마땅하게 되었기 때문에 '의(義)'라고 부른다. "군자는 공경으로 내면을 곧게 한다."라고 했는데, "곧음은 바름이다."라고 한 말을 재차 풀이한 것이다. 즉 군자는 공경함을 통해 내면을 곧게 하는데, '내(內)'라는 것은 마음을 뜻하니, 이러한 공경의 도리에 따라서 내면의 이치를 곧게 한다는 의미이다. "의로움으로 외면을 방정하게 한다."라고 했는데, 이러한 의로운 사안에 따라서 외부 사물을 방정하고 바르게 하니, 군자가 땅의 정직함을 본받아 만물을 생겨나게 함에 모두 마땅함을 얻어 각각 방정하게 하니, 앞에서 "곧음은 바름이고 방정함은 의로움이다."라고 한 말에 해당한다. 뒤에서 "의로움으로 외면을 방정하게 한다."라고 했으니, 이곳에서도 "바름으로 내면을 곧게 한다."라고 말해야 한다. 그런데 문장을 고쳐서 "공경으로 내면을 곧게 한다."라고 말한 것은 바르게 되면 공경을 시행할 수 있음을 드러내고자 한 것이다. 그렇기 때문에 '정(正)'자를 바꿔서 '경(敬)'자로 기록했다. "공경과 의로움이 확립되면 덕이 있어 외롭지 않게 된다."라고 했는데, 자신에게 공경과 의로움이 있고 이를 통해 상대를 대하게 된다면 상대 또한 공경과 의로움으로 호응하게 되니, 이것이 덕이 있어 외롭지 않게 된다는 뜻이다. 곧으면 치우치지 않고, 바르면 겸손하고 공손하며, 의롭다면 다른 대상과 다투지 않고, 방정하면 진중하여 조급하지 않으니, 곧 "익히지 않아도 이롭지 않음이 없다."는 뜻에 해당하므로, 이처럼 한다면 행동한 것에 대해 의심할 필요가 없다. 그렇기 때문에 "행동을 의심하지 않는다."라고 했다.

程傳 直, 言其正也, 方, 言其義也. 君子主敬以直其內, 守義以方其外, 敬立而內直, 義形而外方, 義, 形於外, 非在外也. 敬義旣立, 其德盛矣, 不期大而大矣, 德不孤也. 无所用而不周, 无所施而不利, 孰爲疑乎?

번역 '직(直)'은 올바름을 뜻하고, '방(方)'은 의로움을 뜻한다. 군자는 공경을 위주로 하여 내면을 곧게 하고 의로움을 지켜 외면을 방정하게 하는데, 공경이 확립되면 내면이 곧게 되고 의로움이 나타나면 외면이 방정하게 되니, 의로움은 밖으로 드러나는 것이지 외면에 있는 것은 아니다. 공경과 의로움이 확립되면 그 덕은 융성해지니 커지기를 계획하지 않아도 커지고 그 덕은 외롭지 않게 된다. 사용되는 것마다 두루 시행되지 않는 것이 없고, 시행되는 것마다 이롭지 않은 것이 없으니, 누가 의심할 수 있겠는가?

本義 此以學而言之也. 正, 謂本體, 義, 謂裁制, 敬則本體之守也. 直內方外, 程傳備矣. 不孤, 言大也. 疑, 故習而後利, 不疑則何假於習?

번역 이것은 학문을 통해 말한 것이다. '정(正)'은 본체를 뜻하며, '의(義)'는 재단하여 제정한다는 뜻이니, 공경은 본체를 지키는 것이다. '직내방외(直內方外)'에 대한 설명은 『정전』에 상세히 기록되어 있다. 외롭지 않다는 것은 크다는 뜻이다. 의심하기 때문에 익힌 뒤에야 이롭게 되는데, 의심하지 않는다면 무엇을 익힐 필요가 있겠는가?

참고 『맹자』「등문공하(滕文公下)」

경문 枉己者, 未有能直人者也.

번역 자신을 굽히는 자 중에 남을 곧게 할 수 있는 자가 없었다.

趙注 人當以直矯枉耳, 己自枉曲, 何能正人?

번역 사람은 마땅히 곧음을 통해 굽은 것을 바로잡아야 할 따름이니, 본인이 굽어 있다면 어떻게 남을 바르게 할 수 있겠는가?

孫疏 ○如枉己之正道者, 未有能直其人者也, 必自正己之道, 然後可以直人矣. 是亦楊子所謂"詘道而伸身, 雖天下不可爲也"同意.

번역 ○자신의 바른 도를 굽힌 자 중에 남을 곧게 만들 수 있는 자가 없다면, 분명 자신의 도를 바르게 한 뒤에야 남을 바르게 할 수 있는 것이다. 이것은 또한 양자가 "도를 굽혀 자신의 뜻을 펼치는 것은 비록 천하를 소유할 수 있더라도 시행할 수 없다."라고 했는데, 이와 동일한 뜻이다.

集註 楊氏曰: 何其不自重也, 枉己其能直人乎? 古之人寧道之不行, 而不輕其去就; 是以孔孟雖在春秋戰國之時, 而進必以正, 以至終不得行而死也. 使不恤其去就而可以行道, 孔孟當先爲之矣. 孔孟豈不欲道之行哉?

번역 양씨가 말하길, 어찌 자중하지 않는가? 자신을 굽히고도 남을 곧게 할 수 있겠는가? 옛 사람들은 차라리 도가 시행되지 않을지언정 자신의 거취를 가벼이 여기지 않았다. 이러한 까닭으로 공자와 맹자는 비록 춘추시대와 전국시대에 생존하였지만, 나아갈 때에는 반드시 올바른 도리에 따라 끝내 도가 시행되지 못한 상태로 죽은 것이다. 거취를 따지지 않고 도를 시행할 수 있었다면 공자와 맹자도 분명 먼저 시행했을 것이다. 공자와 맹자가 어찌 도가 시행되기를 바라지 않았겠는가?

참고 『예기』「잡기상(雜記上)」 기록

경문-499b 朝服十五升, 去其半而緦加灰, 錫也.

번역 조복(朝服)은 15승(升)의 포로 만드는데, 그 중 절반을 제거한 포로는 시마복(緦麻服)26)을 만들고, 또 여기에 잿물에 담그는 공정을 가미하면, 석최(錫衰)27)가 된다.

鄭注 緦, 精麤與朝服同. 去其半, 則六百縷而疏也. 又無事其布, 不灰焉.

번역 시마복(緦麻服)을 만들 때 사용하는 천은 정밀하고 거친 정도가 조복(朝服)의 경우와 동일하다. 그 절반을 덜어내면 600가닥이 되어 성글

---

26) 시마복(緦麻服)은 상복(喪服) 중 하나로, 오복(五服)에 속한다. 가장 조밀한 삼베를 사용해서 만든다. 이 복장을 입게 되는 기간은 상황에 따라서 차이가 있지만, 일반적으로 3개월이 된다. 친족의 백숙부모(伯叔父母)나 친족의 형제(兄弟)들 및 혼인하지 않은 친족의 자매(姉妹) 등을 위해서 입는다.
27) 석최(錫衰)는 가는 베로 만든 옷으로, 일종의 상복(喪服)에 해당한다. 천자의 경우, 삼공(三公)이나 육경(六卿)의 상(喪)에 착용했던 복장이다.

다. 또 포(布)에 대해서는 가공함이 없으니, 잿물에 담그지 않는다.

孔疏 ●"朝服"至"錫也". ○正義曰: 朝服精細, 全用十五升布爲之.

번역 ●經文: "朝服"~"錫也". ○조복(朝服)을 만들 때 사용하는 천은 정밀하고 가늘어서 모두 15승(升)의 포(布)를 이용해서 만든다.

集解 愚謂: 喪服記曰, "有事其縷, 無事其布, 曰緦", "有事其布, 無事其縷, 曰錫." 喪服記言"有事", 此云"加灰", 一也. 蓋朝服用吉布十五升, 布·縷皆有事者也.

번역 내가 생각하기에,『의례』「상복(喪服)」편의 기문(記文)에서는 "그 실에 대해서는 가공함이 있지만 그 포(布)에 대해서 가공함이 없는 것을 '시(緦)'라고 부른다."라고 했고, "그 포(布)에 대해서 가공함이 있지만 그 실에 대해서 가공함이 없는 것을 '석(錫)'이라고 부른다."[28]라고 했다.「상복」편의 기문에서 "가공함이 있다."라고 하고, 이곳에서 "잿물을 더한다."라고 한 말은 동일한 뜻이다. 무릇 조복(朝服)에는 길복에 사용하는 15승(升)짜리 포(布)를 사용해서 만드는데, 포(布)와 실에 모두 가공함이 있는 것이다.

---

28)『의례』「상복(喪服)」: 錫者十五升抽其半, <u>無事其縷, 有事其布曰錫</u>.

● 그림 4-1 ▣ 궤(簋)

※ 출처
상좌-『삼례도집주(三禮圖集注)』13권 ; 상우-『삼례도(三禮圖)』4권
하좌-『육경도(六經圖)』6권 ; 하우-『삼재도회(三才圖會)』「기용(器用)」1권

● 그림 4-2 ◼ 쇄(縰)와 총(總)

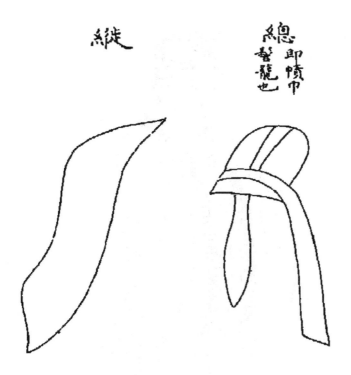

縰

總即幘巾
聱龍也

※ **출처:** 『삼례도(三禮圖)』 2권

그림 4-3　■ 단의(褖衣)

※ 출처: 『삼례도집주(三禮圖集注)』 2권

● 그림 4-4 ◼ 전의(展衣)

※ **출처:** 『삼례도집주(三禮圖集注)』 2권

◪ 국의(鞠衣)

※ 출처: 『삼례도집주(三禮圖集注)』2권

• 제5절 •

심의의 순(純)

【674d】

具父母·大父母衣純以繢. 具父母衣純以青. 如孤子, 衣純以素. 純袂緣·純邊, 廣各寸半.

직역 父母와 大父母가 具하면, 衣에는 純하길 繢로써 한다. 父母가 具하면 衣에는 純하길 青으로써 한다. 如히 孤子라면, 衣에는 純하길 素로써 한다. 袂緣에 純하고 邊에 純하며, 廣은 各히 寸半이라.

의역 부모와 조부모가 모두 생존해 계시다면 옷에 무늬를 그린 것으로 가선을 댄다. 부모만 생존해 계시다면 옷에 청색으로 가선을 댄다. 부친이 이미 돌아가신 자라면 옷에 흰색으로 가선을 댄다. 소매의 입구에 가선을 두르고 앞자락의 측면과 밑에 가선을 두르는데, 그 너비는 각각 1.5촌(寸)으로 한다.

集說 繢, 畫文也. 純, 衣之緣也. 袂緣, 緣袖口也, 純邊, 緣襟旁及下也, 各廣一寸半, 袷則廣二寸也.

번역 '궤(繢)'는 무늬를 그린 것이다. '순(純)'자는 옷의 가선을 뜻한다. '메연(袂緣)'은 소매의 입구에 가선을 댄 것이고, '순변(純邊)'은 앞자락의 측면과 밑에 가선을 댄 것인데, 각각 그 너비는 1.5촌(寸)으로 하며, 옷깃에 대는 가선이라면 그 너비는 2촌이다.

集說 呂氏曰: 三十以下無父者, 可以稱孤. 若三十之上有爲人父之道, 不言孤也. 純袂, 緣, 純邊, 三事也. 謂袂口裳下衣裳邊皆純也. 亦見旣夕禮.

번역 여씨가 말하길, 30세 이하의 사람 중 부친이 없는 자는 고아[孤]라고 부를 수 있다. 만약 30세 이상이라면 부친이 되는 도리를 포함하고 있으니, 고아라고 부를 수 없다. '순메(純袂)'·'연(緣)'·'순변(純邊)'은 세 가지 사안을 뜻한다. 즉 소매의 입구, 하의의 아래, 하의의 측면에는 모두 가선을 댄다. 이러한 사실은 『의례』「기석례(旣夕禮)」편에도 나온다.

大全 長樂陳氏曰: 具父母大父母, 純以繢, 備五采以爲樂也. 具父母, 純以青, 體少陽以致敬也. 孤子純以素, 存凶飾以致哀也. 小祥[1]純以縓, 則大祥緣以布, 吉時夕服, 緣以采.

번역 장락진씨가 말하길, 부모와 조부모가 모두 생존해 계실 때 무늬를 그린 것으로 가선을 대는 것은 다섯 가지 채색을 모두 갖춰서 즐거워하시도록 만들기 위해서이다. 부모만 생존해 계실 때 청색으로 가선을 대는 것은 소양(少陽)을 체현하여 공경의 뜻을 지극히 나타내기 위해서이다. 고아가 흰색으로 가선을 대는 것은 흉례에 따른 복식을 남겨두어서 애통함을 지극히 나타내기 위해서이다. 소상(小祥)에 분홍색 천으로 가선을 댄다면,[2] 대상(大祥)에는 포(布)로 가선을 대고, 길한 시기 저녁식사 때 착용하는 심의(深衣)는 채색된 천으로 가선을 댄다.

鄭注 尊者存, 以多飾爲孝. 繢, 畫文也. 三十以下無父稱孤. 純, 謂緣之也. 緣袂, 謂其口也. 緣, 緆也. 緣邊, 衣裳之側. 廣各寸半, 則表裏共三寸矣. 唯袷廣二寸.

번역 존귀한 자가 생존해 계실 때에는 장식을 많이 하는 것을 효로 여긴

---

1) '상(祥)'자에 대하여. '상'자는 본래 '공(功)'자로 기록되어 있었는데, 문맥에 따라 '상'자로 수정하였다.
2) 『예기』「단궁상(檀弓上)」【103d】: 練, 練衣, 黃裏, 縓緣. / 『예기』「간전(間傳)」【667b】: 斬衰三升, 旣虞卒哭, 受以成布六升, 冠七升. 爲母疏衰四升, 受以成布七升, 冠八升. 去麻服葛, 葛帶三重. 期而小祥, 練冠縓緣, 要絰不除.

다. '궤(繢)'는 무늬를 그린 것이다. 30세 이하 중 부친이 없는 자는 고아[孤]라고 부른다. '순(純)'자는 가선을 댄다는 뜻이다. 소매에 가선을 두른다는 말은 소매의 입구를 뜻한다. '연(緣)'자는 하의의 아랫단을 뜻한다. 변두리에 가선을 두른다는 것은 하의의 측면을 뜻한다. 그 너비가 각각 1.5촌(寸)이라면, 겉감과 안감을 합치면 3촌이 된다. 오직 옷깃에 대는 것만 그 너비가 2촌이다.

釋文 大父母音泰, 大父母, 祖父母也. 繢, 胡對反. 緣, 悅絹反, 注同. 廣, 古曠反, 注同. 緆, 徐音以豉反, 皇音錫. 按鄭注旣夕禮云: "飾衣領袂口曰純, 裳邊側曰綼, 下曰緆也."

번역 '大父母'에서의 '大'자는 그 음이 '泰(태)'이며, '大父母'는 조부모를 뜻한다. '繢'자는 '胡(호)'자와 '對(대)'자의 반절음이다. '緣'자는 '悅(열)'자와 '絹(견)'자의 반절음이며, 정현의 주에 나오는 글자도 그 음이 이와 같다. '廣'자는 '古(고)'자와 '曠(광)'자의 반절음이며, 정현의 주에 나오는 글자도 그 음이 이와 같다. '緆'자의 서음(徐音)은 '以(이)'자와 '豉(시)'자의 반절음이며, 황음(皇音)은 '錫(석)'이다. 『의례』「기석례(旣夕禮)」편에 대한 정현의 주를 살펴보면, "옷의 옷깃과 소매에 장식한 것을 '순(純)'이라고 부르고, 하의의 측면에 장식한 것을 '벽(綼)'이라고 부르며, 하단에 장식한 것을 '석(緆)'이라고 부른다."[3]라고 했다.

孔疏 ●"具父母·大父母, 衣純以繢"者, 所尊俱在, 故"衣純以繢". 言"具父母", 則父母俱在也, "大父母", 則亦然也. 若其不具, 一在一亡, 不必純以繢也.

번역 ●經文: "具父母·大父母, 衣純以繢". ○존귀하게 여기는 자가 모두 생존해 계시기 때문에 "옷에 무늬를 그린 것으로 가선을 댄다."라고 말한 것이다. "부모가 생존해 계시다."라고 했으니, 부모가 모두 생존해 계신 것

---

3) 이 문장은 『의례』「기석례(旣夕禮)」편의 "緣綼緆. 緇純."이라는 기록에 대한 정현의 주이다.

을 뜻하며, '대부모(大父母)'라고 했으니, 조부모 또한 모두 생존해 계신 것이다. 만약 모두 생존해 계시지 않아서, 부친이나 모친 중 어느 한쪽만 생존해 계시고 어느 한쪽이 이미 돌아가신 상태라면, 반드시 채색된 것으로 가선을 댈 필요는 없다.

孔疏 ●"具父母, 衣純以靑"者, 唯有父母, 而無祖父母者, 以爲吉不具, 故飾少, 而深衣領緣用靑純, 降於繢也. 若父母無, 唯祖父母在, 亦當純以靑.

번역 ●經文: "具父母, 衣純以靑". ○오직 부모만 생존해 계시고 조부모가 없는 자라면 길례의 복식을 모두 갖추지 않기 때문에 장식을 조금만 하며, 심의(深衣)의 옷깃과 가선에 대해서도 청색의 가선을 사용하니, 무늬를 그린 것보다 낮추기 때문이다. 만약 부모가 돌아가셨고 오직 조부모만 생존해 계신 경우라면, 또한 마땅히 청색으로 가선을 대야 한다.

孔疏 ●"純袂·緣·純邊, 廣各寸半"者, 純袂者, 純, 緣也, 謂純其袂. 緣則袂口也. 又云"緣, 讀爲緆", 謂深衣之下純也. 純邊者, 謂深衣之旁側也.

번역 ●經文: "純袂·緣·純邊, 廣各寸半". ○'순메(純袂)'라고 했는데, '순(純)'자는 "가선을 댄다[緣]."는 뜻이니, 소매에 가선을 대는 것이다. 가선을 두른다면 소매의 입구에 하는 것이다. 또 "'연(緣)'자는 '석(緆)'자로 풀이한다."라고 했으니, 심의(深衣)의 하단에 다는 가선을 뜻한다. '순변(純邊)'은 심의의 측면에 대는 가선을 뜻한다.

孔疏 ●"廣各寸半"者, 言純袂口及裳下之緆幷純旁邊, 其廣各寸半. 言表裏合爲三寸.

번역 ●經文: "廣各寸半". ○소매의 입구 및 하의의 아랫단에 가선을 두르고 측면에도 가선을 두르는데, 그 너비가 각각 1.5촌(寸)이라는 뜻이다. 즉 안감과 겉감을 합치면 총 3촌이 된다는 의미이다.

孔疏 ◎注"純謂"至"二寸". ○正義曰: "純謂緣之"者, 解經文二箇"純"字,

一是純袂, 二是純邊, 皆謂緣之也. 云"緣袂, 謂其口"也, 經言"純袂", 恐口外
更緣, 故云"純袂", 則是緣其袂口也, 非是口外更有緣也, 故分明言之. 云"緣,
緆也", 解經"緣"字讀爲"緆", 謂深衣下畔也. 故旣夕禮云: "明衣緣綼緆." 鄭注
云: "在幅曰綼, 在下曰緆." 今經云此緆, 則深衣之下緣也. 云"緣邊, 衣裳之
側", 解經"純邊"也. 深衣外衿之邊有緣也. 裳雖前後相連, 然外邊曲裾揜處,
其側亦有緣也.

번역 ◎鄭注: "純謂"~"二寸". ○정현이 "'순(純)'자는 가선을 댄다는 뜻
이다."라고 했는데, 경문에 나오는 2개의 '순(純)'자를 풀이한 것이니, 하나
는 소매에 가선을 두르는 것이고, 다른 하나는 하의의 측면에 가선을 두르
는 것으로, 이 모두는 가선을 댄다는 것을 뜻한다. 정현이 "소매에 가선을
두른다는 말은 소매의 입구를 뜻한다."라고 했는데, 경문에서 '순몌(純袂)'
라고 했는데 입구 외에 별도로 가선을 대는 것으로 오해할 수도 있기 때문
에 '순몌(純袂)'라고 했으니, 이것은 소매의 입구에 가선을 두른다는 뜻이
며, 입구 외에 별도로 다른 곳에 가선을 두른다는 뜻이 아니다. 그렇기 때문
에 분명하게 언급했다. 정현이 "'연(緣)'자는 하의의 아랫단을 뜻한다."라고
했는데, 이것은 경문에 나온 '연(緣)'자를 '석(緆)'자로 풀이해야 한다고 설
명한 것으로, 심의(深衣)의 아랫단을 뜻한다. 그렇기 때문에 『의례』 「기석례
(旣夕禮)」편에서는 "명의(明衣)[4]는 하의의 장식과 아랫단을 분홍색으로
한다."[5]라고 했고, 정현의 주에서는 "치마의 폭에 있는 장식을 '벽(綼)'이라
고 부르며, 아랫단을 '석(緆)'이라고 부른다."라고 한 것이다. 현재 이곳 경
문에서 '석(緆)'이라고 한 것은 심의의 아랫단에 달린 가선을 뜻한다. 정현
이 "변두리에 가선을 두른다는 것은 하의의 측면을 뜻한다."라고 했는데,
경문에 나온 '순변(純邊)'이라는 말을 풀이한 것이다. 심의 겉의 앞자락 측
면에는 가선을 두른다. 하의는 비록 전면과 후면이 서로 연결되어 있지만

---

4) 명의(明衣)는 가장 안쪽에 입는 내의를 뜻한다. 재계를 할 때 목욕을 한
   이후에 명의를 착용하며, 시신에 대한 염습(殮襲)을 할 때에도 시신을 닦
   은 이후 명의를 입혔다.
5) 『의례』 「기석례(旣夕禮)」 : 緣綼緆.

겉의 측면 중 곡거(曲裾)를 두어서 가리게 하는 부분에 대해서는 그 측면에
도 또한 가선을 두른다.

集解 此言純緣之法也.

번역 이것은 가선을 두르는 법도를 나타내고 있다.

集解 愚謂: 繢·青·素, 皆繒也. 朝祭之服, 其飾有一定, 深衣用於燕居, 故其
飾有是三者之異. 上云"具父母, 衣純以青", 下言"孤子, 衣純以素", 則是無父
者皆孤也. 鄭云"三十以下無父爲孤", 非也. 家無二尊, 父沒母存, 則純當以素;
母沒父存, 純猶以青也. 大父母亦然. 孔槪云"一在一亡, 不得純以繢", 亦非也.

번역 내가 생각하기에, 무늬를 그린 것, 청색, 흰색은 모두 비단을 뜻한
다. 조복(朝服)과 제복(祭服)은 장식에 있어서 일정한 제도가 있는데, 심의
(深衣)는 한가롭게 거처할 때 사용하는 것이기 때문에, 장식에 있어서도
이처럼 세 가지 차이가 생긴다. 앞에서는 "부모가 모두 생존해 계시다면
옷에는 청색으로 가선을 댄다."라고 했고, 뒤에서는 "고아라면 옷에는 흰색
으로 가선을 댄다."라고 했으니, 이것은 부친이 없는 자를 모두 고아라고
부른다는 사실을 뜻한다. 정현은 "30세 이하 중 부친이 없는 자는 고아라고
한다."라고 했는데, 잘못된 주장이다. 집안에는 존귀한 자가 2명이 있을 수
없으니, 부친이 돌아가시고 모친만 생존해 계시다면 가선은 마땅히 흰색으
로 대야 하며, 모친이 돌아가시고 부친이 생존해 계시다면 가선은 여전히
청색으로 대야 한다. 조부모에 대해서도 이처럼 한다. 공영달은 일괄적으로
"한쪽이 생존해 계시고 다른 한쪽이 돌아가신 경우라면, 무늬를 그린 것으
로 가선을 댈 수 없다."라고 했는데, 이 또한 잘못된 주장이다.

참고 『예기』「간전(間傳)」 기록

경문-667b 斬衰三升, 旣虞卒哭, 受以成布六升, 冠七升. 爲母疏衰四升,

受以成布七升, 冠八升. 去麻服葛, 葛帶三重. 期而小祥, 練冠縓緣, 要絰不除.

번역 참최복(斬衰服)6)은 3승(升)의 포(布)로 만드는데, 우제(虞祭)7)와 졸곡(卒哭)8)을 마치면 성포인 6승의 포로 만든 상복을 받으며, 관은 7승의 포로 만든다. 모친을 위해 소최(疏衰)9)를 착용할 때에는 4승의 포로 만든 것을 착용하는데, 우제와 졸곡을 마치면 성포인 7승의 포로 만든 상복을 받으며, 관은 8승의 포로 만든다. 장례를 치른 이후 마(麻)로 된 질(絰)을 제거하고 갈포로 만든 질(絰)을 착용하는데, 남자의 경우 갈포로 만든 대(帶)는 3중으로 만든다. 1년이 지나서 소상(小祥)을 치르면 연관(練冠)을 착용하고 중의(中衣)에는 옷깃과 가선을 분홍색으로 만들며, 요질(要絰)은 제거하지 않는다.

孔疏 ●"期而小祥, 練冠縓緣"者, 父沒爲母, 與父同也. 至小祥, 又以卒哭後冠受其衰, 而用練易其冠也. 又練爲中衣, 以縓爲領緣也.

번역 ●經文: "期而小祥, 練冠縓緣". ○부친이 이미 돌아가신 상태에서 모친의 상을 치르게 된다면 부친의 경우와 동일하게 치른다. 소상(小祥)에 이르면 또한 졸곡(卒哭)을 한 이후, 관에 따라 새로운 상복을 받고, 누인 천으로 만든 관으로 이전의 관을 바꾼다. 또 누인 천으로 중의(中衣)를 만드는데, 분홍색 천으로 옷깃과 가선을 댄다.

訓纂 葛洪曰: 小祥中衣, 黃爲裏. 緣, 爲領袖緣. 縓者, 紅之多黃者也.

---

6) 참최복(斬衰服)은 상복(喪服) 중 하나로, 오복(五服)에 속한다. 상복 중에서도 가장 수위가 높은 상복이다. 거친 삼베를 사용해서 만들며, 자른 부위를 꿰매지 않기 때문에 참최(斬衰)라고 부른다. 이 복장을 입게 되는 기간은 일반적으로 3년에 해당하며, 죽은 부모를 위해 입거나, 처 또는 첩이 죽은 남편을 위해 입는다.
7) 우제(虞祭)는 장례(葬禮)를 치르고 난 뒤에 지내는 제사를 뜻한다.
8) 졸곡(卒哭)은 우제(虞祭)를 지낸 뒤에 지내는 제사이다. 이 제사를 지내게 되면, 수시로 곡(哭)하던 것을 멈추고, 아침과 저녁때에만 한 번씩 곡을 하게 된다. 그렇기 때문에 '졸곡'이라고 부르게 된 것이다.
9) 소최(疏衰)는 자최복(齊衰服)이다.

번역 갈홍10)이 말하길, 소상(小祥)을 치르고 중의(中衣)를 착용하는데, 황색으로 안감을 만든다. '연(緣)'은 옷깃과 소매의 가선을 뜻한다. '전(綪)' 자는 홍색 중에서도 황색이 많이 섞인 색깔을 뜻한다.

참고 『의례』「기석례(旣夕禮)」기록

경문 綪綼緆.

번역 하의의 장식과 아랫단을 분홍색으로 한다.

鄭注 一染謂之綪, 今紅也. 飾裳在幅曰綼, 在下曰緆.

번역 한 차례 붉게 염색한 것을 '전(綪)'이라고 부르니, 지금의 홍색에 해당한다. 치마의 폭에 있는 장식을 '벽(綼)'이라고 부르며, 아랫단을 '석(緆)'이라고 부른다.

賈疏 ●"綪綼緆". ◎注"一染"至"曰緆". ○釋曰: 云"一染謂之綪"者, 爾雅文. 謂一入赤汁染之, 卽漢時紅, 故擧以爲況也. 云"飾裳在幅曰綼"者, 按深衣云: "純袂, 緣純邊." 注云: "純謂緣之也. 緣邊, 衣裳之側. 廣各寸半, 則表裏共三寸矣." 此在幅亦衣裳之側, 緣法如彼也.

번역 ●經文: "綪綼緆". ◎鄭注: "一染"~"曰緆". ○정현이 "한 차례 붉게 염색한 것을 '전(綪)'이라고 부른다."라고 했는데, 이것은 『이아』의 문장이 다.11) 즉 한 차례 붉은 액에 물들여 염색을 하는 것인데, 한나라 때의 홍색에 해당한다. 그렇기 때문에 이러한 말을 제시하여 비유한 것이다. 정현이 "치마의 폭에 있는 장식을 '벽(綼)'이라고 부른다."라고 했는데, 「심의」편을

---

10) 갈홍(葛洪, A.D.283~A.D.343?): 동진(東晉) 때의 학자이다. 자(字)는 아천(雅川)이고, 호(號)는 포박자(抱朴子)이다. 저서로는 『포박자(抱朴子)』 등이 있다.

11) 『이아』「석기(釋器)」: <u>一染謂之綪</u>, 再染謂之䞓, 三染謂之纁. 靑謂之葱. 黑謂之黝. 斧謂之黼.

살펴보면 "소매의 입구에 가선을 두르고 앞자락의 측면과 밑에 가선을 두른다."라고 했고, 정현의 주에서는 "'순(純)'자는 가선을 댄다는 뜻이다. 변두리에 가선을 두른다는 것은 하의의 측면을 뜻한다. 그 너비가 각각 1.5촌(寸)이라면, 겉감과 안감을 합치면 3촌이 된다."라고 했다. 이것은 폭 중하의의 측면에 있는 것을 뜻하는데, 가선을 대는 방법이 「심의」편의 기록과 같은 것이다.

● 제6절 ●

『예기』와 심의

참고 『예기』「곡례상(曲禮上)」기록

경문-16b 爲人子者, 父母存, 冠衣, 不純素.

번역 자식된 자들은 부모가 생존해 계신다면, 관의 경우 순백색으로 치장하지 않고, 의복의 경우 심의(深衣)에 순백색으로 가선을 대지 않는다.

鄭注 爲其有喪象也. 純, 緣也. 玉藻曰: "縞冠玄武, 子姓之冠也. 縞冠素紕, 旣祥之冠也." 深衣曰: "具父母, 衣純以靑."

번역 이러한 복장들에는 상사를 상징하는 점이 있기 때문이다. '순(純)'자는 가장자리를 꾸민다는 뜻이다. 『예기』「옥조(玉藻)」편에서는 "호관(縞冠)¹⁾에 현무(玄武)를 단 것은 손자가 쓰는 관이다. 호관에 소비(素紕)를 단 것은 상제(祥祭)를 치른 뒤에 쓰는 관이다."²⁾라고 했고, 「심의」편에서는 "부모가 생존해 계시면 옷에 청색으로 가선을 댄다."라고 했다.

集解 愚謂: 吉冠之純未聞, 以大祥縞冠素紕推之, 則冠純之色當與冠同, 而其物則精與. 此冠謂燕居之冠也, 衣謂深衣也. 以其用於燕私, 故或純采, 或純素. 若禮服之冠與其中衣, 飾有一定, 不因父母之存沒而異也.

번역 내가 생각하기에, 길한 시기에 쓰는 관의 가선에 대해서는 들어보지 못했다. 대상(大祥) 때 호관(縞冠)에 백색 띠를 두른다는 사실을 통해

---

1) 호관(縞冠)은 백색의 명주로 만든 관(冠)이다. 상제(祥祭)나 흉사(凶事) 때 착용했다.
2) 『예기』「옥조(玉藻)」【379a】: 縞冠玄武, 子姓之冠也. 縞冠素紕, 旣祥之冠也.

추측해보면, 관을 치장하는 색깔은 관의 바탕색과 동일한 것이고, 해당하는 기물 및 그 제도들이 정교한 것이었을 것이다. 따라서 여기에서 말하는 관(冠)은 평상시 거처할 때 쓰는 관을 뜻하고, 의(衣)는 심의(深衣)를 뜻한다. 이것들은 평상시 거처할 때 개인적인 용도로 사용하는 것이기 때문에, 어떤 것은 채색으로 가선을 대고 또 어떤 것은 흰색으로 가선을 댔던 것이다. 만약 위에서 언급하는 규정들이 예복(禮服)을 착용할 때 쓰는 관과 그것에 해당하는 중의(中衣)에 대한 내용이라면, 이것들과 관련해서는 이미 그 치장하는 방식에 일정한 규정이 있으므로, 부모가 생존해 계시거나 혹은 돌아가셨다는 상황에 따라서 달라지는 것이 아니다.

참고 『예기』「곡례상(曲禮上)」기록

경문-16b 孤子當室, 冠衣不純采.

번역 부모가 돌아가셔서 고아가 된 자들 중에 부친의 뒤를 이은 적장자는 관(冠)과 의복에 채색으로 가선을 대지 않는다.

鄭注 早喪親, 雖除喪, 不忘哀也. 謂年未三十[3]者. 三十壯, 有室, 有代親之端, 不爲孤也. 當室, 適子也. 深衣曰: "孤子衣純以素."

번역 어린 나이에 부모의 상을 당하게 되면, 비록 상이 끝났다 하더라도 애달픈 마음을 잊을 수가 없다. 따라서 이 문장의 내용은 아직 30세가 되지 못한 자에게 해당하는 규정이다. 30세가 되면 장성하게 되어 혼인을 하게 되고,[4] 또한 자식을 낳게 되므로, 부친의 대를 잇는 단서를 갖추게 되니, 이러한 자들은 부모를 여의게 되더라도, 그들을 고아[孤]라고 부르지 않는

---

3) '삼십(三十)'에 대하여. 손이양(孫詒讓)의 『교기(校記)』에서는 "'년미삼십(年未三十)'이라는 구문에서 '삼십'을 『무주본(撫州本)』에서는 '이십(二十)'이라고 기록하고 있는데, 아마도 잘못 기록한 것 같다."라고 했다.
4) 『예기』「곡례상」【12b】: 人生十年曰幼, 學. 二十曰弱, 冠. 三十曰壯, 有室.

것이다. '당실(當室)'은 적장자를 뜻한다. 「심의」편에서는 "고아는 흰색으로 가선을 댄다."5)라고 했다.

孔疏 ●"孤子"至"純采". ○正義曰: 上言有親而不素, 此言無親而素者也. 孤子謂二十九以下而無父者, 當室謂適子也. 既少孤, 故雖除服, 猶自素也. 然深衣云: "孤子衣純以素." 則嫡庶悉然. 今云"當室", 則似庶子不同, 所以爾者, 通者有二, 云凡子皆然, 豈唯當室, 但嫡子內理烝嘗, 外交宗族, 代親既備, 嫌或不同, 故特明之, 所以鄭引深衣爲注, 會證凡孤子悉同也. 崔靈恩云: "指謂當室, 不當室則純采, 所以然者, 當室之孤, 內理烝嘗, 外交宗族, 所履之事, 莫不傷心, 故特純素示哀也. 深衣不云當室者, 文略耳."

번역 ●經文: "孤子"~"純采". ○앞의 경문에서는 "부모가 생존해 계시다면, 의관(衣冠)에 흰색의 가선을 대지 않는다."라고 하였고, 이곳 경문에서는 "부친이 돌아가셔서 없는 경우에는 의관에 흰색의 가선을 댄다."라고 하였다. 고아[孤子]는 나이가 29세 이하인 자들 중에서 부모가 없는 자를 가리키고, '당실(當室)'은 적장자를 뜻한다. 어린 나이에 부모를 여의었기 때문에, 비록 상복을 벗게 되었더라도, 여전히 제 스스로 흰색의 가선을 대는 것이다. 한편 「심의」편에서는 "고자(孤子)인 경우 옷에 흰색으로 가선을 댄다."라고 하였으니, 적장자나 그 외의 아들들도 모두 그렇게 입는다는 뜻이 된다. 그런데 이곳 문장에서는 '당실(當室)'이라는 말을 명시하였으니, 적장자에 대한 규정은 서자들과는 달랐다는 뜻처럼 보인다. 이처럼 차이점을 보이는 이유에 대해서는 두 종류의 해석이 있는데, 첫 번째는 적장자나 서자의 구분 없이 모든 아들들이 이처럼 착용하는 것으로, 어찌 적장자만이 이러한 규정을 따르겠느냐는 주장이다. 다만 적장자는 내적으로는 증상(烝嘗)6)과 같은 제사를 지내야 하고, 외적으로는 종족(宗族)들과 교류를

---

5) 『예기』「심의(深衣)」【674d】: 具父母大父母, 衣純以繢. 具父母, 衣純以青. <u>如孤子, 衣純以素</u>. 純袂緣純邊, 廣各寸半.

6) 증상(烝嘗)은 종묘(宗廟)에서 지내는 가을 제사와 겨울 제사를 가리킨다. 또한 '증상'은 종묘에 대한 제사를 총칭하는 용어로도 사용된다. 사계절마다 큰 제사를 지내게 되는데, 계절별 제사 명칭이 다르며, 문헌마다 조금씩

하게 되어, 부친의 임무를 대신하는 일들을 모두 따르게 된다. 따라서 혹여 나머지 아들들과 복장방식을 다르게 하지는 않을까 염려되었기 때문에, 특별히 적장자라고 명시를 했던 것이니, 정현이 「심의」편의 문장을 인용하여, 주를 작성한 것 또한 모든 아들들이 이러한 복장방식을 동일하게 지킨다는 사실을 증명하기 위함이라는 해석이다. 한편 최영은[7]은 "이 문장은 적장자에 대한 내용으로, 적장자가 아닌 자들은 채색으로 가선을 댄 옷을 입는다. 그러한 까닭은 고아가 된 자들 중 적장자는 내적으로 '증상'과 같은 제사를 지내야 하고, 외적으로는 종족들과 교류를 하게 되어, 내외적으로 실행하는 모든 일들이 부모가 생전에 하던 일들이었으므로, 그의 마음을 아프게 하지 않는 것들이 없게 된다. 그렇기 때문에 적장자만이 특별히 흰색의 가선을 댄 의관을 착용하여, 애도의 뜻을 표시하는 것이다. 「심의」편에서 '당실'이라고 언급하지 않은 것은 단순히 문장을 생략한 것일 뿐이다."라고 주장한다.

孔疏 ◎注"早喪"至"以素". ○正義曰: 三十以外遭喪者, 除服後卽得純采. 今所言雖是除喪, 未三十不得純采. 若至三十, 則亦采也, 故云"當室, 適子也. 深衣曰: '孤子衣純以素也.'"然注前解適子, 後引深衣, 似崔解也. 深衣不言冠者, 從可知也.

번역 ◎鄭注: "早喪"~"以素". ○30세가 넘어서 부친상을 당하게 된 경우, 상복을 벗은 이후에는 채색으로 가선을 댈 수 있다. 이곳 문장에서 언급하

차이를 보인다. 예를 들어 『춘추번로(春秋繁露)』「사제(四祭)」편에는 "四祭者, 因四時之所生熟而祭其先祖父母也. 故春曰祠, 夏曰礿, 秋曰嘗, 冬曰烝."이라고 하여, 봄 제사를 사(祠), 여름 제사를 약(礿), 가을 제사를 상(嘗), 겨울 제사를 증(烝)이라고 설명했다. 한편 『예기』「왕제(王制)」편에는 "天子諸侯宗廟之祭, 春曰礿, 夏曰禘, 秋曰嘗, 冬曰烝."이라고 하여, 봄 제사를 약(礿), 여름 제사를 체(禘), 가을 제사를 상(嘗), 겨울 제사를 증(烝)이라고 설명했다.

7) 최영은(崔靈恩, ?~?) : =최씨(崔氏). 남북조(南北朝) 때의 학자이다. 오경(五經)에 능통하였고, 다른 경전에도 두루 해박하였다고 전해진다. 『모시(毛詩)』, 『주례(周禮)』 등에 주석을 달았고, 『삼례의종(三禮義宗)』, 『좌씨경전의(左氏經傳義)』 등을 지었다.

는 상황은 비록 상복을 벗었다 하더라도, 아직 30세가 안 된 상태이므로, 채색으로 가선을 댄 옷을 입을 수 없다. 만약 이곳 문장에서 설명하는 경우에 해당한다고 하더라도, 그 아들이 30세에 이르게 된다면 또한 채색으로 가선을 댄다. 그래서 정현은 "'당실(當室)'은 적장자를 뜻한다.「심의(深衣)」편에서 '고아는 흰색으로 가선을 댄다.'"라고 말한 것이다. 그런데 정현의 주에서는 먼저 적장자에 대한 풀이를 하고, 그 이후에「심의」편을 인용하고 있으니, 최영은의 해석과 일치하는 것 같다. 따라서「심의」편에서 의복에 대한 언급만 하고, 관(冠)에 대해서 언급하지 않은 것도 '당실'에 대한 경우처럼 문장을 생략해서 기록한 것임을 알 수 있다.

集解 呂氏大臨曰: 少而無父者, 雖人之窮, 然旣除喪矣, 冠衣猶不改素, 則無窮也. 先王制禮, 豈可獨遂其無窮之情哉? 故惟當室者行之, 非當室者則不然也. 深衣之言略矣.

번역 여대림이 말하길, 어린 나이에 부모를 잃은 자는 비록 세상에서 가장 불쌍한 자가 된다 하더라도,[8] 이미 상을 끝낸 상황인데, 그 의관(衣冠)을 여전히 순백색에서 고치지 않는다면, 애도함을 표하는 일에 끝이 없게 된다.[9] 선왕이 예법을 제정함에 어찌 유독 끝이 없는 애달픈 감정에만 따랐겠는가? 그러므로 오직 적장자만이 이러한 규정을 시행했을 뿐이며, 적장자가 아닌 나머지 아들들은 그렇게 하지 않았다.「심의」편의 문장은 적장자라는 문구를 생략한 것이다.

集解 愚謂: 深衣云, "具父母, 衣純以靑; 孤子, 衣純以素", 是非具父母卽爲孤子矣. 鄭云未三十無父者乃爲孤, 非也. 孔氏謂凡孤皆不純采, 崔氏謂惟當室者不純采, 呂氏說與崔氏同, 朱子則存孔氏之說. 然考問喪云, "童子不緦,

---

8) 『맹자』「양혜왕하(梁惠王下)」 : 老而無妻曰鰥, 老而無夫曰寡, 老而無子曰獨, <u>幼而無父曰孤</u>. 此四者, 天下之窮民而無告者.

9) 『예기』「삼년문(三年問)」【670d】: 將由夫修飾之君子與? 則三年之喪, 二十五月而畢, 若駟之過隙, 然而遂之, 則是<u>無窮</u>也. 故先王焉爲之立中制節, 壹使足以成文理, 則釋之矣.

唯當室緦. 緦者其免也, 當室則免而杖矣." 是童子當室者之服皆重於其不當
室者. 若此冠衣不純采, 凡孤皆然, 則不必嫌當室者之不然而特明之矣. 今特
言"孤子當室", 則是惟當室者有此禮, 而餘孤不然也. 蓋以適子傳重, 所感彌
深故也. 深衣不言當室, 乃文略爾.

번역 　내가 생각하기에, 「심의」편에서는 "부모가 생존해 계시면, 의복은
청색으로 가선을 대고, 고아가 된 자들은 흰색으로 가선을 댄다."라고 했으
니, 이 말은 곧 부모가 생존해 계시지 않다면, 곧 '고아[孤子]'에 해당된다는
뜻이다. 따라서 정현이 30세가 되지 않은 자들 중에서 부모가 없는 자가
'고자(孤子)'가 된다고 설명한 것은 잘못된 주장이다. 공영달은 무릇 고아들
은 모두 채색으로 가선을 대지 않는다고 하였고, 최영은은 오직 적장자만
이 채색으로 가선을 대지 않는다고 하였으며, 여대림의 주장도 최영은의
주장과 같고, 주자는 공영달의 주장에 동의하였다. 그러나 『예기』「문상(問
喪)」편을 살펴보면, "어린아이는 상복을 착용하지 않는데, 오직 당실(當
室)10)만이 상복을 착용한다. 상복을 착용하는 것은 문(免)11)을 하기 때문
이니, 당실의 경우라면 문(免)을 하고 지팡이를 잡는다."12)라고 했다. 즉
이 내용은 동자(童子)들 중에서도 적장자가 착용하는 상복은 모든 경우에
있어서 적장자가 아닌 자들이 착용하는 상복보다 그 수위가 더 무겁다는
뜻을 나타낸다. 만약 이곳 문장에서 언급한 "의관(衣冠)에 채색으로 가선을
대지 않는다."는 규정을 모든 아들들이 다 따랐다고 한다면, 적장자만이
이 규정을 따르지 않을까를 염려하여, 특별히 명시할 필요가 없게 된다.
따라서 이곳 문장에서 특별히 '고아이면서 적장자인 자[孤子當室]'라고 언
급하였다면, 이 말은 곧 오직 적장자에게만 이러한 규정들이 적용되었고,
나머지 아들들은 그렇게 하지 않았다는 사실을 뜻한다. 아마도 이러한 규

10) 당실(當室)은 부친을 대신하여, 가사(家事)일을 돌본다는 뜻이다. 고대에는
　대부분 장자(長子)가 이 일을 담당해서, 적장자(嫡長子)를 가리키기는 용어
　로도 사용하였다.
11) 문(免)은 '문(絻)'이라고도 부른다. 문포(免布)나 문복(免服)과 같은 뜻이다.
12) 『예기』「문상(問喪)」【659c】 : 或問曰, "免者以何爲也?" 曰, "不冠者之所服
　也. 禮曰, '童子不緦, 唯當室緦', 緦者其免也, 當室則免而杖矣."

정을 정했던 이유는 적장자는 부모로부터 중대한 임무를 전수받았으므로, 그가 느끼는 애달픈 감정은 더욱 깊었기 때문일 것이다. 「심의」편에서 '당실(當室)'이라는 말을 언급하지 않은 것은 단지 문장을 생략해서 기록했기 때문이다.

참고 『예기』「곡례하(曲禮下)」 기록

경문-47a 凡奉者當心, 提者當帶.

번역 무릇 물건들 중 받들어서 올리고 있어야 하는 것들은 손을 올려서 가슴 쪽에 대고 있어야 하고, 손에 들고 있어야 하는 물건들은 팔을 굽혀서 허리띠에 대고 있어야 한다.

鄭注 高下之節.

번역 물건을 높이 들고 낮게 드는 예절에 해당한다.

孔疏 ●"凡奉者當心, 提者當帶", 物有宜奉持之者, 有宜提挈之者, 各因其宜. 奉之者, 謂仰手當心, 奉持其物. 提之者, 謂屈臂當帶, 而提挈其物. 帶有二處, 朝服之屬, 其帶則高於心, 深衣之類, 其帶則下於脅. 何以知然? 玉藻說大帶云: "三分帶下, 紳居二焉." 紳長三尺, 而居帶之下三分之二, 則帶之下去地四尺五寸矣. 人長八尺爲限, 若帶下四尺五寸, 則帶上所餘正三尺五寸, 故知朝服等帶則高也. 而深衣云: "帶下毋厭髀, 上毋厭脅, 當無骨者." 故知深衣之帶則下也. 今云"提者當帶", 謂深衣之帶. 且古人恒著深衣, 此明平常提奉, 故益可知也.

번역 ●經文: "凡奉者當心, 提者當帶". ○물건들 중에는 마땅히 받들어서 지니고 있어야 할 것들이 있고, 또 마땅히 손에 들고 있어야 할 것들도 있으니, 각각의 경우에는 합당한 예절에 따르게 된다. "~을 받든다[奉之]."는 말은 손을 치켜들어 자기 가슴 쪽에 대고서, 물건을 받들어서 지니고 있다는 뜻이다. "~을 지닌다[提之]."는 말은 팔을 굽혀서 허리띠 쪽에 대고서, 물건을 들고 있다는 뜻이다. 허리띠를 차는 위치는 두 군데가 있는데, 조복(朝服) 등의 옷을 입을 때에는 허리띠가 자기 가슴보다 높은 위치에 있게 되고, 심의(深衣) 등의 옷을 입을 때에는 허리띠가 옆구리 밑으로 내려간다. 그런데 어떻게 이러한 사실을 알 수 있는가? 『예기』「옥조(玉藻)」편에서는 대대(大帶)[13]에 대해서 설명하며, "허리띠로부터 그 아래의 길이를 3등분하면, 신(紳)은 그 중에서도 2만큼의 길이를 차지한다."[14]라고 했으니, 띠끈의 길이는 3척이며, 그 지점이 허리띠가 지면으로부터 떨어진 길이의 ⅔ 지점이 된다면, 허리띠는 지면으로부터 4척 5촌만큼 떨어진 곳에 차게 된다. 사람의 키를 8척 정도로 가정하고, 띠를 지면으로부터 4척 5촌만큼 떨어진 곳에 찬다면, 허리띠 위에 남는 거리는 3척 5촌이 된다. 그러므로 조복을 입을 때에는 허리띠를 높은 지점에 차게 된다는 사실을 알 수 있다. 그리고 「심의」편에서는 "허리띠는 밑으로는 넓적다리뼈에 닿을 수 없고, 위로는 겨드랑이 뼈에 닿을 수 없으니, 뼈가 잡히지 않는 부분에 와야 한다."[15]라고 했다. 그러므로 심의에 차는 허리띠는 아래쪽에 댄다는 사실을 알 수 있다. 이곳 문장에서는 "손에 들고 있을 때 허리띠에 댄다."라고 하였는데, 이때의 허리띠는 곧 심의를 착용할 때 차게 되는 허리띠를 뜻한다. 또 고대인들은 평상시에 항상 심의를 착용하고 있었으며, 이곳 문장의 내용은 평상시에 물건을 받들거나 드는 예법에 대해서 언급한 것이다. 그렇기 때문에 더욱 이러한 사실을 알 수 있는 것이다.

---

13) 대대(大帶)는 예복(禮服)에 사용하는 허리띠이다. 허리띠에는 혁대(革帶)와 '대대'가 있는데, 혁대는 가죽으로 만들어서 패옥 등을 차는 것이며, '대대'는 혁대 위에 흰 비단이나 누인 명주 등으로 만든 띠를 뜻한다. 대부(大夫) 이상의 계급은 흰 비단으로 만들었으며, 폭을 4촌(寸)으로 만들었고, 사(士)는 누인 명주로 만들었으며, 폭은 2촌으로 만들었다. 『예기』「옥조(玉藻)」편에는 "大夫大帶四寸."이라는 기록이 있고, 이에 대한 정현의 주에서는 "大夫以上素, 皆廣四寸, 士以練, 廣二寸."이라고 풀이했다.

14) 『예기』「옥조(玉藻)」【384d~385a】 : 幷紐約用組三寸, 長齊于帶. 紳長制, 士三尺, 有司二尺有五寸. 子游曰: "參分帶下, 紳居二焉." 紳·韠·結, 三齊.

15) 『예기』「심의(深衣)」【672d】 : 袼之高下, 可以運肘. 袂之長短, 反詘之及肘. 帶下毋厭髀, 上毋厭脅, 當無骨者.

集解 愚謂: 疏以此爲尋常提奉之法, 是也. 而謂深衣之帶與朝服等之帶高下不同, 則未然. 人長八尺, 頭長一宣, 一尺三寸三分寸之一, 自肩以下六尺六寸三分寸之二, 帶下四尺五寸, 則肩之下二尺一寸三分寸之二, 帶之所在也. 衣之度二尺有二寸帶正當其下際, 則於束衣不固. 故喪服記云, “衣帶下尺.” 衣當帶下之處, 別以一尺續之, 然後可以束帶而固衣也. 由此言之, 朝祭之帶與深衣之帶, 其高下並同, 而不在心上亦明矣.

번역 내가 생각하기에, 공영달의 소에서는 이곳 문장의 내용이 평상시에 물건을 들고 받드는 예법에 해당한다고 여겼는데, 이 주장은 옳은 말이다. 그러나 심의(深衣)를 입을 때 차는 허리띠와 조복(朝服) 등을 입을 때 차는 허리띠는 차는 위치가 다르다고 하였는데, 실제로는 그렇지 않다. 사람의 키가 8척(尺)이라고 한다면, 머리의 크기는 1선(宣)[16]이니, 즉 1척과 3과 ⅓ 촌(寸)이 되며, 어깨로부터 발끝까지는 6척과 6과 ⅔촌이 되는데, 허리띠를 발끝에서 4척 5촌 떨어진 자리에 찬다면, 어깨로부터 밑으로 2척과 1과 ⅔촌이 떨어진 지점에 허리띠가 있게 된다. 상의[衣]의 치수 중 2척 2촌이 되는 자리에 허리띠를 댄다면, 밑단의 재봉선에 해당하게 되는데, 그렇게 되면 옷을 묶는데 견고하지 못하게 된다. 그러므로 『의례』 「상복(喪服)」편의 기문(記文)에서는 “상의의 대는 허리띠 밑으로 1척을 둔다.”[17]라고 하였는데, 상의에는 마땅히 허리띠 밑으로 별도로 1척 정도의 거리를 두어서 결속을 하니, 이처럼 한 연후에야 허리띠를 결속하여, 옷을 단단하게 고정시킬 수 있게 되는 것이다. 이러한 사실을 통해 말해보자면, 조회를 하거나 제사를 지낼 때 차는 허리띠 위치와 심의를 입을 때 차는 허리띠 위치는 모두 동일하니, 가슴 위쪽으로 허리띠를 대지 않았다는 사실이 또한 명백해진다.

---

16) 선(宣)은 길이를 재는 단위이다. 고대에는 1척(尺)과 3과 3분의 1촌(寸) 정도의 길이를 1'선'이라고 하였다. 1'선'은 사람의 머리 크기를 가리킨다. 『주례』 「동관고공기(冬官考工記)·거인(車人)」편에는 “半矩謂之宣.”이라는 기록이 있는데, 이에 대한 정현의 주에서는 “半矩, 尺三寸三分寸之一, 人頭之長也.”라고 풀이했다.

17) 『의례』 「상복(喪服)」: 若齊, 裳內衰外. 負廣出於適寸. 適博四寸, 出於衰. 衰長六寸, 博四寸. 衣帶下尺. 衽二尺有五寸. 袂屬幅. 衣二尺有二寸. 袪尺二寸.

참고 『예기』「단궁상(檀弓上)」 기록

경문-98d 夫子曰: "始死, 羔裘·玄冠者, 易之而已." 羔裘·玄冠, 夫子不以弔.

번역 공자는 "어떤 자가 이제 막 죽게 되면, 새끼양의 가죽으로 만든 갓옷과 현관(玄冠)의 복식은 바꿀 따름이다."라고 했다. 그리고 공자는 새끼양의 기죽으로 만든 갓옷과 현관의 차림을 하고서 조문을 하지 않았다.

鄭注 不以吉服弔喪.

번역 길복(吉服)을 착용하고서, 상사(喪事)에 조문을 할 수 없기 때문이다.

孔疏 ●"夫子"至"以弔". ○正義曰: 此一節論始死易服, 小斂後不得吉服弔之事. 但養疾者朝服, 羔裘·玄冠, 即朝服也. 始死則易去朝服, 著深衣, 故云 "易之而已". 記時有不易者, 又有小斂後羔裘弔者, 記人引論語·鄕黨孔子身自行事之禮, 以譏當時之事, 故曰"羔裘玄冠, 夫子不以弔". 時多失禮, 唯孔子獨能行之, 故言之也.

번역 ●經文: "夫子"~"以弔". ○이곳 문단에서는 어떤 자가 이제 막 죽었을 때, 복식을 바꾸게 되고, 소렴(小斂)을 한 이후에는 길복(吉服)을 착용하고서 조문을 할 수 없다는 사안을 논의하고 있다. 다만 질병에 걸린 자를 봉양할 때에는 조복(朝服)을 착용하는데, 새끼양의 가죽으로 만든 갓옷과 현관(玄冠)을 착용하는 것은 곧 조복의 복식에 해당한다. 이제 막 죽었을 때라면, 조복을 벗고 심의(深衣)를 착용한다. 그렇기 때문에 "바꿀 따름이다."라고 말한 것이다. 당시에는 또한 복식을 바꾸지 않았던 자가 있었고, 또한 소렴을 한 이후에 새끼양의 가죽으로 만든 옷을 착용하고서 조문을 하던 자도 있었음을 기록한 것이니, 『예기』를 기록한 자는 『논어』「향당(鄕黨)」편에 기록된 공자 본인이 직접 일에 따라 시행했던 예를 인용하여,[18] 당시의 일들을 기록했던 것이다. 그래서 "갓옷과 현관을 착용했을 때, 공자

---

18) 『논어』「향당(鄕黨)」 : <u>羔裘玄冠不以弔</u>. 吉月, 必朝服而朝. 齊必有明衣, 布.

는 이러한 복장으로 조문을 하지 않았다.”라고 말한 것이다. 당시에는 대부분 실례를 자행했고, 공자만이 유독 이러한 예의 규정들을 준수할 수 있었다. 그렇기 때문에 공자에 대한 일화를 언급한 것이다.

集解 喪大記“疾病”, “男女改服”, 謂改其養疾之玄端而深衣也. 問喪云“親始死”, “扱上衽”, 但言扱上衽, 而不言改衣, 則前此已深衣, 而至此特扱其衽明矣. 此始死乃有羔裘・玄冠者, 謂疏親不與於養, 至死而方以吉服至者也. 易之者, 改而素冠・深衣也. 羔裘・玄冠, 吉服也. 弔於未成服之前者皆吉服, 以主人尙未喪服也; 主人旣成服, 則不以吉服弔矣. 羔裘不以弔, 則弔衰皆襲覆裘也.

번역 『예기』「상대기(喪大記)」편에서는 “질병에 걸렸다.”라는 경우를 언급하며, “남녀가 복식을 바꾼다.”라고 했는데,[19] 이 말은 질병에 걸린 자를 봉양할 때 착용하는 현단복(玄端服)을 벗고서 심의(深衣)를 착용한다는 뜻이다. 『예기』「문상(問喪)」편에서는 “부모가 이제 막 죽었다.”라는 경우를 언급하며, “옷자락을 허리춤에 낀다.”라고 했는데,[20] 이 문장에서는 단지 옷자락을 허리춤에 낀다는 내용만 말했고, 복식을 바꾼다고는 언급하지 않았으니, 이보다 앞서 이미 심의를 착용하고 있어서, 이 시기에 이르러서는 단지 옷자락을 허리춤에 끼었던 것이 분명하다. 이곳 문장에서는 어떤 자가 이제 막 죽었는데, 그 상을 치르는 자들 중 새끼양의 가죽으로 만든 갓옷과 현관(玄冠)을 착용하는 자가 있었다고 하였으니, 이 말은 곧 친소관계가 먼 친척 중 봉양하는 일에 참여하지 않았던 자가 그 자가 죽음에 이르렀을 때, 이제 막 길복의 차림으로 당도했던 것을 뜻한다. 바꾼다는 말은 복식을 고쳐서, 흰색의 관과 심의를 착용한다는 뜻이다. 고구(羔裘)와 현관(玄冠)은 길복에 해당하는 복식이다. 상주가 아직 성복(成服)[21]을 하기 이전에

---

19) 『예기』「상대기(喪大記)」【526a】: <u>疾病</u>, 外內皆埽. 君大夫徹縣, 士去琴瑟. 寢東首於北牖下. 廢牀, 徹褻衣, 加新衣, 體一人. <u>男女改服</u>. 屬纊以俟絕氣. 男子不死於婦人之手, 婦人不死於男子之手.

20) 『예기』「문상(問喪)」【657d】: <u>親始死</u>, 雞斯, 徒跣, <u>扱上衽</u>, 交手哭. 惻怛之心, 痛疾之意, 復腎, 乾肝, 焦肺, 水漿不入口, 三日不擧火, 故鄰里爲之麋粥以飮食之. 夫悲哀在中, 故形變於外也. 痛疾在心, 故口不甘味, 身不安美也.

제6절 『예기』와 심의 185

조문을 하는 자들은 모두 길복을 착용하게 되니, 상주가 여전히 상복을 완전히 갖춘 것이 아니기 때문이다. 상주가 성복을 끝내게 되면, 길복을 착용하고서 조문을 할 수 없다. 고구(羔裘)를 입고서 조문을 할 수 없다면, 조문할 때의 복장은 모두 새끼 사슴의 가죽으로 만든 갓옷을 입고 습(襲)의 복식을 취하게 된다.

참고 『예기』「증자문(曾子問)」 기록

경문-232b "如壻親迎, 女未至, 而有齊衰·大功之喪, 則如之何?" 孔子曰, "男不入, 改服於外次, 女入, 改服於內次, 然後卽位而哭."

번역 증자가 "만일 사위될 사람이 친영(親迎)을 하기 위해 길을 떠났는데, 처가에서 여자를 데리고 오는 도중, 여자가 아직 시집에 도착하기도 전에 자최복(齊衰服)이나 대공복(大功服)[22]을 입어야 하는 상의 소식을 접하게 된다면, 어찌해야 합니까?"라고 묻자 공자는 "남자는 여자를 데리고 집으로 돌아오되, 남자는 집안에 들어가지 않고, 집밖의 임시거주지에서 옷을 갈아입게 되며, 여자는 집안으로 들어가서, 집안의 임시거주지에서 옷을 갈아입는다. 그런 뒤에야 자신의 자리에 나아가 곡을 하게 된다."라고 대답했다.

鄭注 不聞喪卽改服者, 昏禮重於齊衰以下.

번역 이 문장에서 언급하는 내용 중 상에 대한 소식을 듣고도, 부모상에

---

21) 성복(成服)은 상례(喪禮)에서 대렴(大斂) 이후, 죽은 자와의 관계에 따라, 각각 규정에 맞는 상복(喪服)을 갖춰 입는다는 뜻이다.

22) 대공복(大功服)은 상복(喪服) 중 하나로, 오복(五服)에 속한다. 조밀한 삼베를 사용해서 만들지만, 소공복(小功服)에 비해서는 삼베의 재질이 거칠기 때문에, '대공복'이라고 부른다. 이 복장을 입게 되는 기간은 상황에 따라 차이가 생기지만, 일반적으로 9개월이다. 당형제(堂兄弟) 및 미혼인 당자매(堂姊妹), 또는 혼인을 한 자매(姊妹) 등을 위해서 입는다.

대한 소식을 접했을 때와는 다르게 곧바로 복장을 갈아입지 않는 이유는 혼
례가 자최복(齊衰服) 이하의 상복을 입게 되는 상례보다 중요하기 때문이다.

孔疏 ●"孔子"至"而哭". ○正義曰: 女旣未至, 聞婿家有齊衰大功之喪, 則
廢其昏禮, 男女變服就位哭. 男謂婿也, 不入大門, 改其親迎之服, 服深衣於門
外之次. 女謂婦也, 入大門, 改其嫁服, 亦深衣於門內之次. 男女俱改服畢, 然
後就喪位而哭, 謂於婿家爲位也. 皇氏以爲就喪家爲位哭也. 然曾子唯問齊衰
大功, 不問小功者, 以小功輕, 不廢昏禮待昏禮畢乃哭耳, 故雜記云, "小功可
以冠子取婦", 明與大功及期異也. 此文據婿家齊衰大功之喪. 若女家齊衰大
功之喪, 皇氏云, "女不反歸, 其改服卽位, 與男家親同也." 此不見喪而改服,
奔喪禮注云, "不見喪, 不改服者" 崔氏云, "奔喪不見, 喪不改服, 謂不改素冠
而著免, 其改吉服著布深衣素冠, 聞喪卽改之."

번역 ●經文: "孔子"~"而哭". ○여자가 아직 시집에 도착하지 않은 상태
에서, 남편 집안에 자최복(齊衰服)이나 대공복(大功服)을 입어야 하는 상이
발생했다는 소식을 접하게 된다면, 혼례의 진행을 중지하고, 남자와 여자는
옷을 갈아입고서 자리에 나아가 곡을 한다. 남자는 사위를 뜻하니, 대문
안으로 들어가지 않고, 그가 친영(親迎)했을 때 입었던 예복을 갈아입게
되므로, 문밖의 임시거주지에서 심의(深衣)를 갈아입는 것이다. 여자는 며
느리를 뜻하니, 대문 안으로 들어와서, 시집올 때 입었던 예복을 갈아입게
되므로, 또한 문안의 임시거주지에서 심의를 입는 것이다. 남녀가 모두 옷
을 갈아입게 되면, 그런 뒤에야 상을 치르는 자리에 나아가 곡을 하는데,
여기에서 말하고 있는 곡을 하는 자리는 남자 집안에 설치된 장소를 뜻한
다. 황간은 상을 당한 집에 찾아가서 자리를 잡고 곡을 한다고 여겼다. 그런
데 증자는 단지 자최복과 대공복에 대해서만 질문하고, 소공복(小功服)[23]

---

23) 소공복(小功服)은 상복(喪服) 중 하나로, 오복(五服)에 속한다. 조밀한 삼베
를 사용해서 만들며, 대공복(大功服)에 비해서 삼베의 재질이 조밀하기 때
문에, '소공복'이라고 부른다. 이 복장을 입게 되는 기간은 상황에 따라 차
이가 생기지만, 일반적으로 5개월이 된다. 백숙(伯叔)의 조부모나 당백숙
(堂伯叔)의 조부모, 혼인하지 않은 당(堂)의 자매(姊妹), 형제(兄弟)의 처

에 대해 질문하지 않은 이유는 소공복 자체가 상복 중에서는 가벼운 것에 해당하기 때문에, 소공복을 입고 치르게 되는 상 때문에, 혼례를 도중에 그만두지 않으며, 혼례를 모두 끝마칠 때까지 기다렸다가 그 이후에야 곧 해당 상에 대해 곡을 할 뿐이기 때문이다. 그렇기 때문에『예기』「잡기(雜記)」편에서, "소공복을 입는 상이 끝날 때에는 아들에게 관례를 치러 줄 수 있고, 며느리를 맞아들일 수 있다."[24]라고 말한 것이니, 이 말은 대공복이나 자최복을 입게 되는 상과는 다르다는 점을 밝힌 것이다. 이 문장의 내용은 사위 집안에서 발생한 자최복이나 대공복을 입어야 하는 상에 기준을 둔 내용이다. 만약 여자 집안에 자최복이나 대공복을 입어야 하는 상이 발생한 경우를 설명하자면, 황간은 이 문제에 대해, "여자는 자신의 집으로 되돌아가지 않으며, 입고 있던 복장을 바꿔 입고서, 곡하는 자리로 나아가게 되니, 남자가 자신의 친족들에 대해서 시행하는 예법과 동일하다."라고 했다. 이 문장에서는 상을 직접 보지 않고도 복장을 갈아입는다고 하였는데,『예기』「분상(奔喪)」편에 대한 주에서는 "상을 직접 보지 않았다면, 복장을 바꿔 입지 않는다."라고 하였다. 이 문제에 대해서 최영은 "분상할 때 상을 직접 보지 않았다면, 상에 대해 복장을 고치지 않는다고 한 말은 소관(素冠)[25]을 고쳐서 문복(免服)[26]을 착용하지 않는다는 뜻이니, 그가 친영할 때 입었던 길복을 고쳐서, 포(布)로 된 심의와 소관을 착용하는 행위는 상의 소식을 들었을 때 곧바로 고치는 것이다."라고 했다.

참고 『예기』「증자문(曾子問)」 기록

경문-239d 曾子問曰, "君出疆, 以三年之戒, 以椑從, 君薨, 其入, 如之何?"

등을 위해서 입는다.
24) 『예기』「잡기하(雜記下)」【516a】: 父小功之末可以冠子, 可以嫁子, 可以取婦.
25) 소관(素冠)은 상사(喪事)나 흉사(凶事)의 일을 접했을 때 쓰게 되는 흰 색 관(冠)이다.
26) 면복(免服)은 상복(喪服)의 한 종류이다. 면(免)과 최질(衰絰)을 하는 것이며, 친상(親喪)을 처음 당했을 때 착용하는 복장이다.

孔子曰, "共殯服, 則子麻弁経, 疏衰, 菲杖, 入自闕, 升自西階, 如小斂, 則子免而從柩, 入自門, 升自阼階, 君・大夫・士, 一節也."

번역 증자가 "제후가 본국의 국경을 벗어나게 될 때에는 유사시를 대비하여 3년 동안 버틸 수 있는 준비들을 갖춰서 나가고, 자신이 죽게 될 경우를 대비하여 신하를 시켜 본인의 관을 가지고 뒤따르게 하는데, 만약 제후가 타지에 나가 있다가 죽게 된다면, 그 시신이 국경으로 들어올 때에는 어찌해야 합니까?"라고 묻자 공자는 "만약 대렴(大斂)을 이미 시행하여, 유사(有司)가 빈소를 차릴 때 착용하는 상복을 제공하게 되면, 제후의 아들은 아직 영구를 따라 도로에 있는 상태이므로, 빈복(殯服)을 모두 갖춰 입지 않고, 마변질(麻弁経)을 하고, 소최(疏衰)를 하며, 짚신을 신고, 지팡이를 들게 되며, 영구가 빈소로 들어올 때에는 영구와 영구를 뒤따르는 상주는 궐(闕)을 통해서 들어오고, 당으로 올라갈 때에는 서쪽 계단을 통해서 올라간다. 만일 소렴(小斂)인 경우라면, 제후의 아들은 문복(免服)을 하고 영구를 따라 들어오니, 빈소로 들어올 때에는 문을 통해서 들어오고, 당으로 올라갈 때에는 동쪽 계단을 통해서 올라간다. 이러한 예법은 제후・대부・사가 모두 동일하다."라고 대답했다.

鄭注 其出有喪備, 疑喪入必異也. 戒猶備也, 謂衣衾也. 親身棺曰椑, 其餘可死乃具也. 此謂君已大斂, 殯服, 謂布深衣・苴経・散帶垂, 殯時主人所服, 共之以待其來也. 其餘殯事, 亦皆具焉. 棺柩未安, 不忍成服於外也. 麻弁経者, 布弁而加環経也. 布弁, 如爵弁而用布. 杖者, 爲已病. 闕謂毀宗也. 柩毀宗而入, 異於生也. 升自西階, 亦異生也. 所毀宗, 殯宮門西也. 於此正棺, 而服殯服, 既塗而成服. 殷柩出毀宗, 周柩入毀宗, 禮相變也. 謂君已小斂也. 主人布深衣, 不括髮者, 行遠不可無飾. 親未在棺, 不忍異入, 使如生來反.

번역 증자는 제후가 국경을 벗어날 때 상에 대한 대비를 하지만, 상을 당하여 제후의 시신을 가지고 국경 안으로 들어올 때에는 반드시 일상적인 예법과는 다르게 하게 될 것이라는 의문이 들었다. '계(戒)'자는 대비한다는 뜻이니, 본인이 죽었을 경우 시신을 덮게 되는 의복이나 이불 등을 뜻한다.

'친신(親身)하는 관'을 비(椑)라고 부르니, 그 나머지 기물들은 외지에서도 구하기 쉽기 때문에, 미리 준비하는 것이 아니라 죽게 되는 상황에 이르러서야 곧 갖추게 된다. 이곳에서 설명하고 있는 상황은 죽은 군주에 대해서 이미 대렴(大斂)을 한 경우를 뜻하며, 빈복(殯服)은 포(布)로 된 심의(深衣), 저질(苴絰), 띠의 끝을 꼬지 않고 흩뜨려 늘어놓는 복식을 뜻한다. 그리고 이 복장은 빈소를 차릴 때 상주가 착용하는 옷이므로, 유사(有司)가 그것들을 공급하여 영구가 본국으로 돌아오는 사안에 대비하는 것이다. 유사는 나머지 빈소를 차릴 때의 일들에 대해서도 모두 대비해둔다. 제후의 아들이 이러한 복장을 하는 이유는 영구가 아직 빈소에 안치되지 않았으므로, 차마 외지에서 상복을 다 갖춰 입지 못하기 때문이다. '마변질(麻弁絰)'이라는 것은 포(布)로 된 변(弁)에 환질(環絰)을 두르는 복식이다. '포변(布弁)'은 작변(爵弁)과 비슷하지만 포(布)를 재료로 사용한다. 지팡이를 잡는 이유는 상주가 부친의 사망 소식을 듣고서, 통곡을 하여 이미 몸이 초췌해졌기 때문이다. '궐(闕)'은 '종묘(宗廟)의 담장 중 헐어버리는 곳[毁宗]'을 뜻한다. 영구가 들어올 때에 종묘의 담장을 허물고 그곳을 통해서 들어오는데, 이처럼 시행하는 이유는 부친이 생존해 계실 때와는 다르게 하기 위해서이다. 당상에 올라갈 때 서쪽 계단을 통하여 올라가는 이유 또한 생존해 계실 때와는 다르게 하기 위해서이다. 훼종(毁宗)하는 곳은 빈궁(殯宮)의 문 서쪽에 해당한다. 이곳에서 정관(正棺)[27]을 하고 빈복을 착용하는데, 나무들을 쌓아서 시신을 곽(椁)처럼 두르고서야 상복을 모두 갖춰 입게 된다. 은나라 때에는 영구가 훼종을 통하여 나갔고, 주나라 때에는 영구가 훼종을 통하여 들어왔으니, 예법이 변화된 것이다. '여소렴(如小斂)'이라는 말은 죽은 군주에 대해, 이미 소렴(小斂)을 했다는 뜻이다. 이때에 주인은 포(布)로 된 심의를 입지만, 괄발(括髮)을 하지 않는다. 그 이유는 부친의 영구를 모셔오기 위해 먼 길을 가게 되므로, 용모를 꾸미지 않을 수가 없기 때문이다. 부친의 시신이 아직 관에 안치되지 않은 상황이므로, 차마 다른 곳을 통하

---

27) 정관(正棺)은 죽은 자의 시신에 대해 소렴(小斂)을 한 이후 당상(堂上)으로 옮기는 것을 뜻한다.

여 들어갈 수 없으니, 생존해 계실 때와 같이 영구를 문으로 들여보내는 것이다.

孔疏 ●“孔子曰共殯服”者, 於時大斂之後, 主人從柩而歸, 則其家豫共主人殯時所著之服, 謂布深衣・苴絰・散帶垂也. 於時主人從柩在路, 以棺柩未安, 未忍成服於外, 唯著麻弁. 麻, 布也, 謂布弁. 布弁之上, 而加環絰.

번역 ●經文: “孔子曰共殯服”. ○여기에서 말하는 시기는 대렴(大斂)을 한 이후에 해당하니, 주인이 영구를 뒤따라서 되돌아오게 되면, 그 집안에서는 주인이 빈소를 차릴 때 착용해야 하는 상복을 미리 제공하게 된다. 그 복장은 포(布)로 된 심의(深衣), 저질(苴絰), 띠의 끝을 흩뜨려 늘어놓는 복식을 뜻한다. 이러한 시기에 주인은 영구를 따라서 도로에 있게 되어, 영구가 아직 안착되지 못한 상황이 된다. 그렇기 때문에 차마 외지에서 상복을 다 갖춰 입을 수가 없게 되므로, 다만 마변(麻弁)만을 착용하게 된다. 마(麻)는 포(布)를 뜻하니 포변(布弁)을 가리킨다. 포변 위에는 환질(環絰)을 두르게 된다.

孔疏 ◎云“殯服謂布深衣苴絰散帶垂”, 按士喪禮云, “小斂, 苴絰・大鬲・散帶垂.” 又禮, 親始死, 布深衣, 至成服以來, 其服不改. 故知殯服, 布深衣・苴絰・散帶垂.

번역 ◎鄭注: “殯服謂布深衣苴絰散帶垂”. ○『의례』「사상례(士喪禮)」편을 살펴보면, “소렴 때에는 저질을 하고, 큰 수갑을 차며, 띠의 끝을 꼬지 않고 흩뜨려 늘어놓는다.”[28]라고 하였고, 또한 예법에 따르면 부모가 이제 막 돌아가셨을 때에는 포(布)로 된 심의를 입고, 상복을 다 갖춰 입어야할 때까지는 그 복식을 바꾸지 않는다고 하였다. 그렇기 때문에 ‘빈복(殯服)’이라는 복장이 심의, 저질, 산대수(散帶垂)에 해당한다는 사실을 알 수 있는 것이다.

---

28) 『의례』「사상례(士喪禮)」: 苴絰大鬲, 下本在左. 要絰小焉, 散帶垂長三尺.

集解 按上云, "共殯服", 而下言, "麻弁経·疏衰·菲·杖", 上言, '小斂', 而下言, '免', 免卽小斂之服, 則麻弁経·疏衰·菲·杖卽殯服也. 鄭分殯服與麻弁経·疏衰·菲·杖爲二, 誤矣. 且布深衣, 始死已服之, 苴経·散帶, 小斂時已服之, 不可謂之殯服. 初喪變服, 自輕而重, 若疏衰從柩至殯, 又服布深衣, 反自重而輕, 有是理乎? 至雜記"小斂環経", 所謂経, 卽苴経也, 鄭氏以爲弔服之環経, 尤誤之甚者. 說詳雜記.

번역 앞의 문장들을 살펴보니, "빈복(殯服)을 제공한다."라고 하였고, 그 뒤에서는 "마변질(麻弁経), 소최(疏衰), 비(菲), 장(杖)을 한다."라고 하였으며, 또 앞에서는 '소렴(小斂)'이라고 언급하고, 그 뒤에서는 '문(免)'이라고 언급하였는데, 문이 곧 소렴 때의 복장이라면, '마변질, 소최, 비, 장'은 곧 빈복이 된다. 정현은 빈복과 '마변질, 소최, 비, 장'을 구분하여, 서로 다른 두 가지로 여겼으니 잘못된 주장이다. 또 포(布)로 된 심의(深衣)는 부모가 이제 막 돌아가셨을 때 상주가 미리 그 복장을 착용하는 것이며, '저질(苴経), 산대(散帶)'는 소렴할 때에 미리 그것들을 착용하게 되니, 이러한 복식을 빈복이라고 할 수 없다. 초상(初喪) 때 변복(變服)하는 방법은 수위가 낮은 것으로부터 점차 무겁게 된다. 따라서 정현의 주장처럼 만약 소최를 입고서, 영구를 따라서 빈궁으로 들어서게 되고, 또다시 포로 된 심의를 입게 된다면, 이것은 예법과 정반대로 수위가 높은 것에서 낮은 것으로 변한 것이니, 합당한 이치이겠는가? 그리고 『예기』「잡기(雜記)」편에서는 "소렴 때에는 환질(環経)을 두른다."[29]라고 하였는데, '질(経)'이라고 하는 것은 곧 '저질(苴経)'을 뜻하니, 정현이 그것을 조복(弔服)할 때의 환질로 여긴 것은 더더욱 그 잘못이 심한 것이다. 상세한 설명은 「잡기」편에 보인다.

---

29) 『예기』「잡기상(雜記上)」【503b】: <u>小斂環経</u>, 公大夫士一也.

그림 6-1 ▣ 금(紟)과 금(裣)

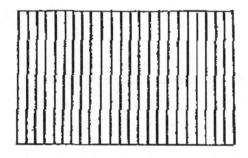

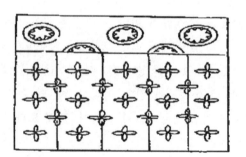

※ 출처:『삼례도집주(三禮圖集注)』17권

그림 6-2 ◼ 비(椑)

椑

※ **출처**: 『삼례도집주(三禮圖集注)』 18권

● 그림 6-3 ■ 저질(苴絰)과 요질(腰絰)

腰
絰

苴
絰

※ 출처: 『삼례도집주(三禮圖集注)』 15권

● 그림 6-4　◼ 문(免)과 괄발(括髮)

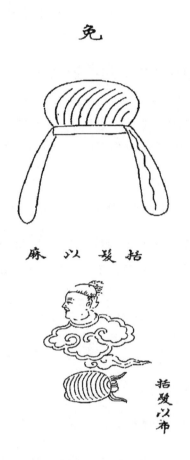

※ 출처: 『삼례도(三禮圖)』 3권

참고 『예기』「증자문(曾子問)」 기록

경문-240b 曾子問曰, "父母之喪, 旣引, 及塗, 聞君薨, 如之何?" 孔子曰, "遂, 旣封, 改服而往."

번역 증자가 "부모의 상을 치르면서 발인을 하게 되어 장지로 가는 도중, 갑작스럽게 군주가 죽었다는 소식을 접하게 되면 어찌해야 합니까?"라고 묻자 공자는 "그대로 부모에 대한 발인을 시행하되, 부모의 영구를 하관하게 되었거든 복장을 바꿔 입고서 군주의 시신이 있는 곳으로 간다."라고 대답했다.

鄭注 封亦當爲窆. 改服, 括髮·徒跣·布深衣·扱上衽, 不以私喪包至尊.

번역 이곳의 봉(封)자 또한 마땅히 폄(窆)자가 되어야 한다. '개복(改服)'은 괄발을 하고 맨발을 하며 포로 된 심의(深衣)를 입고 심의의 앞자락을 허리춤으로 걷어 올린다는 뜻이니, 이렇게 하는 이유는 개인적인 상 때문에 입었던 복장으로는 지극히 존엄한 군주의 상을 치를 수 없기 때문이다.

참고 『예기』「내칙(內則)」 기록

경문-345b 子事父母, 鷄初鳴, 咸盥漱, 櫛縰笄總, 拂髦, 冠緌纓, 端韠紳, 搢笏.

번역 자식이 부모를 섬김에 닭이 아침에 처음으로 울면 모두 일어나서 손을 씻고 양치질을 하며, 머리를 빗어서 싸매고, 비녀와 총(總)을 덧대어 다팔머리를 만들며, 머리카락 위에 있는 먼지들을 털어내고, 관을 쓰고 끈을 결속하며, 남은 부분을 늘어트리고, 현단복(玄端服)을 착용하고 무릎 가리개와 띠를 차고, 허리춤에 홀(笏)을 꼽는다.

鄭注 咸, 皆也. 縰, 韜髮者也. 總, 束髮也, 垂後爲飾. 拂髦, 振去塵著之; 髦用髮爲之, 象幼時鬌, 其制未聞也. 緌, 纓之飾也. 端, 玄端, 士服也; 庶人深衣.

紳, 大帶, 所以自紳約也. 搢猶扱也, 扱笏於紳. 笏, 所以記事也.

번역 '함(咸)'자는 모두[皆]라는 뜻이다. '쇄(縱)'는 머리카락을 감싸는 것이다. '총(總)'은 머리카락을 결속하는 것으로, 뒤로 늘어트려서 장식으로 삼는다. '불모(拂髦)'는 먼지를 제거하고 관을 착용하는 것이며, '모(髦)'는 머리카락을 이용해서 만들게 되는데, 유년 시절 하게 되는 황새머리[鬌] 모양을 본뜬 것이지만, 그 제도에 대해서는 들어보지 못했다. '유(緌)'는 갓끈의 장식이다. '단(端)'은 현단복(玄端服)으로 사 계층이 착용하는 복장이며, 서인들은 심의(深衣)를 착용한다. '신(紳)'은 허리에 차는 큰 띠이니, 그것을 통해서 결속을 한다. '진(搢)'자는 "꼽다[扱]."는 뜻이니, 허리띠에 홀(笏)을 꼽는 것이다. '홀(笏)'은 어떤 사안을 기록할 때 이용하는 도구이다.

孔疏 ◎云"庶人深衣"者, 以深衣是服之最下者, 庶人是人之賤者, 故知服深衣也.

번역 ◎鄭注: "庶人深衣". ○심의는 복장 중 가장 하등에 속하는 것이며, 서인은 신분 계층 중 천한 계급에 해당한다. 그렇기 때문에 그들이 심의를 착용한다는 사실을 알 수 있는 것이다.

그림 6-5 ▣ 슬갑[韠: =韍·芾]

※ 출처: 『삼례도집주(三禮圖集注)』 8권

참고 『예기』「옥조(玉藻)」기록

경문-389c~d 童子不裘不帛, 不屦絇, 無緦服, 聽事不麻. 無事則立主人之北, 南面. 見先生, 從人而入.

번역 어린아이는 갓옷을 입지 않고, 비단옷을 입지 않으며, 신발에 신코 장식을 하지 않고, 시마복(緦麻服)을 착용하지 않으며, 상사에서 심부름을 할 때에는 질(絰)을 두르지 않는다. 상사에 있어서 특별한 일이 없다면, 상주의 북쪽에 서서 남쪽을 바라본다. 선생님을 찾아뵐 때에는 다른 사람을 따라서 들어간다.

鄭注 皆爲幼少, 不備禮也. 雖不服緦, 猶免, 深衣無麻, 往給事也. 裘·帛溫, 傷壯氣也. 絇, 屦頭飾也.

번역 이처럼 하는 이유는 모두 나이가 매우 어려서 예법대로 갖출 수 없기 때문이다. 비록 시마복(緦麻服)을 착용하지 않지만, 여전히 문(免)을 하며, 심의(深衣)를 착용하되 마(麻)로 질(絰)을 두르지 않으니, 찾아가서 일을 맡아야 하기 때문이다. 갓옷과 비단옷은 따뜻하니 장성한 기운을 손상시키게 된다. '구(絇)'는 신발의 앞코에 다는 장식이다.

孔疏 ●"聽事不麻"者, 鄭注云: "雖不服緦, 猶免, 深衣無麻, 往給事也." 然鄭意是言童子雖不緦, 猶著免, 深衣無絰, 以往給事緦喪使役也. 王云聽事不麻也, 庾謂此云"無麻", 謂不當室也. 按問喪及鄭注之意, 皆以童子不當室, 則無免. 而此注云"猶免"者, 崔氏·熊氏並云: "不當室而免者, 謂未成服而來也. 問喪云'不當室不免'者, 謂據成服之後也."

번역 ●經文: "聽事不麻". ○정현의 주에서는 "비록 시마복(緦麻服)을 착용하지 않지만, 여전히 문(免)을 하며, 심의(深衣)를 착용하되 마(麻)로 질(絰)을 두르지 않으니, 찾아가서 일을 맡아야 하기 때문이다."라고 했다. 만약 정현의 주장대로라면, 이 말은 어린아이는 비록 시마복을 착용하지 않지만, 여전히 문(免)을 하며, 심의를 착용하고 질(絰)을 두르지 않고서, 그곳에 찾아가서 시마복의 상사에서 심부름을 한다는 뜻이 된다. 왕씨는 일을 맡아 보지만 마(麻)를 두르지 않는다고 했고, 유울지[30]는 이곳 문장에서 '무마(無 麻)'라고 한 것은 당실(當室)이 아닌 자를 뜻한다고 했다. 『예기』「문상(問 喪)」편 및 정현의 주에 나오는 뜻을 살펴보면, 모두 어린아이들 중 당실이 아닌 자라면, 문(免)이 없다고 했다. 그런데 이곳 주석에서는 "여전히 문(免) 을 한다."라고 했고, 최영은과 웅안생은 모두 "당실이 아닌데 문(免)을 한 자는 아직 성복(成服)을 하지 못하고 찾아온 경우를 뜻한다. 「문상」편에서 '당실이 아닌 자는 문(免)을 하지 않는다.'고 한 말은 성복을 한 이후에 찾아 온 경우에 기준을 둔 내용이다."라고 했다.

孔疏 ◎注"雖不服緦, 猶免, 深衣". ○正義曰: 知"猶免, 深衣"者, 以經但云 "無緦服", 是但不著緦服耳, 猶同初著深衣也. 知"免"者, 以問喪云: 免者, 不 冠者之服. 故知未成服童子, 雖不當室, 猶著免也.

번역 ◎鄭注: "雖不服緦, 猶免, 深衣". ○정현이 "여전히 문(免)을 하며, 심의(深衣)를 착용한다."라고 했는데, 이러한 사실을 알 수 있었던 이유는 경문에서는 단지 "시마복(緦麻服)이 없다."라고 했으니, 단지 시마복을 착 용하지 않을 뿐이며, 여전히 초반부에 따르는 예법과 동일하게 심의를 착용 함을 나타낸다. "문(免)을 한다."는 말이 사실임을 알 수 있는 이유는 『예기』 「문상(問喪)」편에서는 문(免)이라는 것은 아직 관례를 치르지 않은 자가 하 는 복장방식이라고 했기 때문에, 아직 성복(成服)을 못하는 어린아이는 비 록 당실(當室)이 아니라고 해도 여전히 문(免)을 하게 됨을 알 수 있다.

참고 『예기』「잡기상(雜記上)」 기록

경문-493c 大夫卜宅與葬日, 有司麻衣布衰布帶因喪屨緇布冠不蕤, 占者皮弁.

---

30) 유울지(庾蔚之, ?~?) : =유씨(庾氏). 남조(南朝) 때 송(宋)나라 학자이다. 저 서로는 『예기약해(禮記略解)』, 『예론초(禮論鈔)』, 『상복(喪服)』, 『상복세요 (喪服世要)』, 『상복요기주(喪服要記注)』 등을 남겼다.

번역 대부가 죽었을 때, 그에 대한 장지와 장례를 치를 날짜에 대해서 거북점을 치게 되면, 관련 일을 담당하는 유사는 백색의 포로 된 심의(深衣)를 착용하고, 그 앞에 포로 만든 상복을 달며, 포로 만든 허리띠를 두르고, 상복을 착용할 때 신는 신발을 착용하며, 치포관을 착용하되 갓끈 장식은 달지 않으며, 거북점을 치는 자는 피변을 착용한다.

鄭注 有司, 卜人也. 麻衣, 白布深衣而著衰焉, 及布帶緇布冠, 此服非純吉, 亦非純凶也. 皮弁, 則純吉之尤者也. 占者尊於有司, 卜求吉, 其服彌吉, 大夫士朔服皮弁.

번역 '유사(有司)'는 거북점을 치는 자이다. '마의(麻衣)'는 백색의 포로 만든 심의(深衣)이며, 그곳에 상복을 덧대고, 포로 만든 허리띠와 치포관을 쓰니, 이러한 복장은 완전한 길복(吉服)도 아니고, 또한 완전한 흉복(凶服)31)도 아니다. 피변(皮弁)32)을 착용했다면, 순전히 길할 때의 복장보다 더욱 길한 것이다. 직접적으로 점을 치는 자는 유사보다 존귀하니, 거북점을 쳐서 길함을 구하기 때문에 그의 복장이 보다 길한 것이며, 대부와 사는 시삭(視朔)33)을 할 때 피변을 착용한다.

孔疏 ●"有司"至"喪屨"者, 有司, 謂卜人. 麻衣, 謂白布深衣. 布衰, 謂麤衰

---

31) 흉복(凶服)은 상복(喪服)과 같은 말이다. 상(喪)을 당한 것은 흉사(凶事)에 해당하므로, 상을 치르며 입는 복장을 '흉복'이라고도 부르는 것이다. 『논어』「향당(鄕黨)」편에는 "凶服者式之."라는 기록이 있고, 이에 대한 하안(何晏)의 『집해(集解)』에서는 공안국(孔安國)의 주장을 인용하여, "凶服, 送死之衣物."이라고 풀이했다.

32) 피변(皮弁)은 고대에 사용되었던 관(冠)의 한 종류이다. 백색 사슴의 가죽으로 만든 모자이다. 한편 관(冠)에 따른 의복까지 포함한 의미로 사용되기도 한다. 『주례』「하관(夏官)·변사(弁師)」편에는 "王之皮弁, 會五采玉璂, 象邸, 玉笄."라는 기록이 있다.

33) 시삭(視朔)은 본래 천자 및 제후가 매월 초하루에, 종묘(宗廟)에 고하여 해당 월의 달력을 받고, 그곳에서 해당 월에 시행해야 할 정무를 처리하였던 것을 뜻한다. 『춘추좌씨전』「희공(僖公) 5년」편에는 "公旣視朔, 遂登觀臺以望, 而書, 禮也."라는 기록이 있고, 이에 대한 공영달(孔穎達)의 소(疏)에서는 "視朔者, 公旣告廟受朔, 卽聽視此朔之政, 是其親告朔也."라고 풀이했다.

也. 皇氏云: "以三升半布爲衰, 長六寸, 廣四寸, 綴於衣前, 當胸上. 後又有負版, 長一尺六寸, 廣四寸." 布帶, 以布爲帶. 因喪屨, 謂因喪之繩屨.

번역 ●經文: "有司"~"喪屨". ○'유사(有司)'는 거북점을 치는 자이다. '마의(麻衣)'는 백색의 포(布)로 만든 심의(深衣)이다. '포최(布衰)'는 추최(麤衰)³⁴⁾를 뜻한다. 황간은 "3.5승(升)의 포(布)로 상복을 만드는데, 길이는 6촌(寸)이고, 너비는 4촌으로 하여, 심의 앞에 연결하니, 가슴 쪽에 해당한다. 뒤에도 또한 상복의 천을 덧댄 것이 있으니, 그 길이는 1척(尺) 6촌이며, 너비는 4촌이다."라고 했다. '포대(布帶)'는 포(布)로 허리띠를 만든 것이다. '인상구(因喪屨)'는 상에 승구(繩屨)를 신는 것에 따른다는 뜻이다.

孔疏 ◎云"麻衣, 白布深衣"者, 謂吉服十五升之布, 與緇布冠皮弁相類, 故知吉布也.

번역 ◎鄭注: "麻衣, 白布深衣". ○길복은 15승(升)의 포(布)를 사용해서 만드니, 치포관 및 피변과 비슷한 부류가 된다. 그렇기 때문에 길복에 사용하는 포(布)임을 알 수 있다.

集解 愚謂: 麻衣, 大祥所服, 以十五升白布爲之而纁緣者也. 布, 謂十五升吉布也. 緇布冠本無蕤, 特言之者, 嫌因事變服, 或與始冠之禮異也. 用大祥之衣, 又用吉布爲衰及帶, 又用太古之齊冠, 則於喪服皆變之矣.

번역 내가 생각하기에, '마의(麻衣)'는 대상(大祥)³⁵⁾ 때 착용하는 복장으로, 15승(升)의 백색 포(布)로 만들며, 분홍색 천으로 가선을 댄 것이다. '포(布)'는 15승으로 된 길복에 사용하는 포를 뜻한다. 치포관에는 본래 갓끈 장식이 없는데, 특별히 언급을 한 이유는 그 사안에 따라 복장을 바꾸게 되어, 혹여 최초 관을 씌워줄 때 사용하는 치포관의 예법규정과 차이점이

---

34) 추최(麤衰)는 상복(喪服) 중에서 가장 수위가 높은 상복을 뜻한다. 가장 거친 마(麻)로 제단을 하여 만든다.
35) 대상(大祥)은 부모의 상(喪) 및 삼년상 등을 치를 때 그 대상이 죽은 후 만 2년 만에 탈상을 하며 지내는 제사이다.

난다고 오해할 것을 염려했기 때문이다. 대상 때의 복장을 사용하면서 또한 길복에 들어가는 포로 상복 및 허리띠를 만들고, 또 태고 때 재계를 하며 썼던 관을 사용하니, 상복 복장에 있어서 모두 변경을 한 것이다.

참고 『예기』「상대기(喪大記)」기록

경문-526a 疾病, 外內皆埽. 君大夫徹縣, 士去琴瑟. 寢東首於北牖下. 廢牀, 徹褻衣, 加新衣, 體一人. 男女改服. 屬纊以俟絶氣. 男子不死於婦人之手, 婦人不死於男子之手.

번역 병이 위독하게 되면, 그 집의 사람들은 그가 거처하는 곳 안팎을 모두 청소한다. 위독한 자가 군주나 대부의 경우라면, 걸어두는 악기들을 치우고, 사의 경우라면, 금슬(琴瑟)을 치운다. 침(寢)에서는 북쪽 들창 아래에 병자를 옮겨두는데, 땅바닥에 두며 머리를 동쪽으로 둔다. 그가 거의 죽을 지경이 되면, 침상을 치우고, 속옷을 치우며, 새로운 복장을 입히는데, 사지를 들 때 양팔과 양다리를 각각 한 사람씩 붙잡는다. 집안의 남자들은 모두 복장을 갈아입는다. 병자의 입과 코에 솜을 대서 그의 숨이 끊어지는 것을 살핀다. 남자는 여자의 손에서 죽지 않고, 여자는 남자의 손에서 죽지 않는다.

鄭注 爲賓客將來問病也. 疾困曰病. 聲音動人, 病者欲靜也. 凡樂器, 天子宮縣, 諸侯軒縣, 大夫判縣, 士特縣. 去琴瑟者, 不命之士. 謂君來視之時也, 病者恒居牖北下, 或爲北牖下. 廢, 去也, 人始生在地, 去牀庶其生氣反. 徹褻衣, 則所加者新朝服矣, 互言之也. 加朝服者, 明其終於正也. 體, 手足也, 四人持之, 爲其不能自屈伸也. 爲賓客來問病, 亦朝服也, 庶人深衣. 纊, 今之新綿, 易動搖, 置口鼻之上以爲候. 君子重終, 爲其相褻.

번역 청소를 하는 이유는 빈객이 찾아와서 병문안을 하게 되기 때문이다. 질(疾)이 심각해지면 '병(病)'이라고 부른다. 음악소리는 사람을 동요시키는데, 병이 위독한 자는 고요하게 있고자 한다. 무릇 악기에 있어서 천자는 궁현(宮縣)36)이며, 제후는 헌현(軒縣)이고, 대부는 판현(判縣)이며, 사는 특현(特縣)이다. "금슬(琴瑟)을 제거한다."는 말은 명(命)의 등급을 받지 못한 사 계층에 대한 내용이다. 머리를 동쪽으로 둔다는 말은 군주가 찾아와서 살펴볼 때의 내용으로, 병자는 항상 들창의 북쪽 아래에 있게 되는데, 어떤 판본에서는 '북유하(北牖下)'라고 기록하기도 한다. '폐(廢)'자는 "제거하다[去]."는 뜻이니, 사람이 태어났을 때에는 땅에 있게 되어, 침상을 제거하고 생기가 되돌아오기를 기대하는 것이다. 속옷을 치운다면, 입히게 되는 옷이 새로 마련한 조복(朝服)임을 알 수 있으니, 상호 그 뜻을 나타내도록 기록한 것이다. 조복을 입히는 것은 그가 올바름에 따라 생을 마감했음을 드러내는 것이다. '체(體)'는 손과 발을 뜻하니, 네 사람이 양손과 양발을 드는 것은 그가 스스로 굽히거나 펼 수 없기 때문이다. 남녀가 옷을 갈아입는 것은 빈객들이 찾아와서 병문안을 하기 때문이니, 이때에도 조복으로 갈아입는데, 서인의 경우에는 심의(深衣)를 착용한다. '광(纊)'은 새로 뽑은 솜으로, 작은 바람에도 쉽게 움직이니, 입과 코 위에 두어서 숨을 쉬는가를 살피는 것이다. 남자가 여자의 손에서 죽지 않는다는 말은 군자는 생의 마감을 중시하니, 남녀가 서로의 손에서 죽는 것은 너무 친근하여 분별없이 행동하는 것이 되기 때문이다.

集解 愚謂: 男女改服者, 男子笄・纚深衣, 婦人斬衰者去笄而深衣, 齊衰者骨笄而深衣也. 檀弓曰, "始死, 羔裘・玄冠者, 易之而已." 問喪曰, "親死, 笄・纚, 徒跣, 扱上衽, 交手哭." 此卽下文"始卒, 主人啼, 兄弟哭"之節也. 衽, 深衣之衽也. 始死云"扱上衽", 則前此已服深衣, 而至此第扱其衽, 則深衣爲改服所服無疑也. 蓋疾時養者玄端, 非養或朝服或玄端, 婦人則纚・笄・總・玄綃衣. 此

---

36) 궁현(宮縣)은 악기를 설치할 때 4방면으로 설치하는 것을 뜻한다. 천자는 4방면에 모두 악기를 설치하는데, 이것을 '궁현'이라고 부른다. 참고적으로 제후가 악기를 설치하는 방식은 헌현(軒縣)이라고 하며, 3면에 악기들을 설치하는 것이고, 경(卿)이나 대부(大夫)가 악기를 설치하는 방식은 판현(判縣)이라고 하며, 2면에 악기들을 설치하는 것이고, 대부(大夫) 또는 사(士)가 악기를 설치하는 방식을 (特縣)이라고 부른다.

皆吉服, 非可施於始死, 而由吉趨凶, 必有其漸, 深衣在吉凶之間, 故總服之,
其所以改服者, 固非爲賓客來問疾, 而其服亦非朝服也. 士喪記註以爲深衣者
雖得之, 而以爲但主人服此, 則亦未爲得也.

번역 내가 생각하기에, "남녀가 복장을 바꾼다."는 말은 남자는 비녀를
꼽고 머리싸개를 하며 심의(深衣)를 착용하고, 여자 중 참최복(斬衰服)을
착용하는 자는 비녀를 제거하고 심의를 착용하며, 자최복(齊衰服)을 착용
하는 자는 골계(骨笄)를 꼽고 심의를 착용한다. 『예기』「단궁(檀弓)」편에서
"어떤 자가 이제 막 죽게 되면, 새끼양의 가죽으로 만든 갓옷과 현관(玄冠)
의 복식은 바꿀 따름이다."[37]라고 했고, 『예기』「문상(問喪)」편에서는 "부
모가 돌아가시게 되면 비녀를 꼽고 머리싸개를 하며, 맨발을 하고, 상의의
옷섶을 꼽고, 두 손을 교차한 뒤에 곡을 한다."[38]라고 했는데, 이것은 아래
문장에서 "이제 막 돌아가셨을 때, 주인은 울부짖으며 형제들은 곡을 한
다."는 절차에 해당한다. '임(袵)'은 심의의 옷섶이다. 어떤 자가 이제 막
죽었을 때, "상의의 옷섶을 꼽는다."라고 했으니, 그 이전에 이미 심의를
착용한 것이며, 이러한 시기가 되면 그 옷섶을 꼽게 되니, 심의가 복장을
바꿔서 갈아입게 되는 옷임은 의심할 수 없다. 무릇 어떤 자가 병이 들었을
때 보살피는 자는 현단(玄端)을 착용하고, 보살피는 자가 아니라면 조복(朝
服)이나 현단을 착용한다. 여자의 경우에는 머리싸개와 비녀를 꼽고 머리
를 쌀 때 고정시키는 총(總)을 하고 현초의(玄綃衣)[39]를 착용한다. 이러한
복장은 모두 길복(吉服)에 해당하니, 어떤 자가 이제 막 죽었을 때 착용할
수 있는 것이 아니지만, 길한 시기로부터 흉한 시기로 넘어갈 때에는 반드
시 점진적으로 변화해야 하는 점이 있고, 심의는 길복과 흉복 사이에 있기
때문에 총괄적으로 그 복장을 착용하는 것이며, 복장을 갈아입는 이유는

37) 『예기』「단궁상(檀弓上)」【98d】: 夫子曰: "始死, 羔裘·玄冠者, 易之而已." 羔
　　裘·玄冠, 夫子不以弔.
38) 『예기』「문상(問喪)」【657d】: 親始死, 雞斯, 徒跣, 扱上袵, 交手哭. 惻怛之
　　心, 痛疾之意, 傷腎, 乾肝, 焦肺, 水漿不入口, 三日不擧火, 故鄰里爲之糜粥以
　　飮食之. 夫悲哀在中, 故形變於外也. 痛疾在心, 故口不甘味, 身不安美也.
39) 현초의(玄綃衣)는 생사를 검은색으로 염색하여 만든 옷이다.

진실로 병문안을 위해 찾아오는 빈객들 때문이 아니며, 그때의 복장 또한 조복이 아니다. 『의례』 「사상례(士喪禮)」편에 대한 정현의 주에서 심의라고 여긴 것은 비록 옳지만, 이것을 두고 주인만이 이 복장을 착용한다고 여겼으니, 이 또한 옳은 설명이 아니다.

참고 『예기』 「상대기(喪大記)」 기록

경문-541a 君於大夫疾, 三問之; 在殯, 三往焉. 士疾, 一問之; 在殯, 一往焉. 君弔, 則復殯服.

번역 군주는 대부가 병에 걸렸을 때 세 차례 병문안을 가고, 그가 죽었다면 장례를 치르기 이전까지 세 차례 찾아가서 조문한다. 사의 병에 대해서는 한 차례 병문안을 가고, 그가 죽었을 때에는 한 차례 찾아가서 조문한다. 군주가 조문을 오게 되면, 상주가 이미 성복(成服)을 한 상태라도 빈소를 마련할 때의 복장으로 갈아입는다.

鄭注 所以致殷勤也. 復, 反也. 反其未殯未成服之服, 新君事也. 謂臣喪既殯後, 君乃始來弔也. 復, 或爲服.

번역 정감과 뜻을 지극히 나타내기 위해서이다. '복(復)'자는 "돌이킨다[反]."는 뜻이다. 즉 아직 빈소를 차리기 이전 성복(成服) 하기 전의 복장으로 갈아입는다는 뜻이니, 군주가 찾아온 사안을 새롭게 나타내고자 해서이다. 신하의 상에서 이미 빈소를 차린 뒤인데 군주가 그제야 비로소 찾아와 조문한 경우이다. '복(復)'자를 다른 판본에서는 '복(服)'자로도 기록한다.

孔疏 ●"君弔"至"殯服". ○正義曰: 謂臣喪大斂與殯之時, 君有故不得來; 至殯後, 主人已成服, 而君始弔, 主人則復殯服者. 復, 反也. 殯服謂殯時未成服之服, 主人于時反服此服, 新君之事, 其服則首絰・免布・深衣也, 不散帶. 故小記云"君弔, 雖不當免時也, 主人必免, 不散麻", 注云"爲人君變, 貶於大斂之前・旣啓之後也".

번역 ●經文: "君弔"~"殯服". ○신하의 상에서 대렴(大斂)을 치르고 빈소를 마련할 때, 군주에게 특별한 사정이 생겨서 찾아오지 못했고, 빈소를 차린 뒤 상주가 이미 성복(成服)을 했는데, 군주가 비로소 찾아와 조문한 경우이니, 상주는 빈소를 마련할 때의 복장으로 갈아입는다. '복(復)'자는 "돌이킨다[反]."는 뜻이다. '빈복(殯服)'은 빈소를 차릴 때 아직 성복하기 이전의 복장을 뜻하는데, 상주는 이 시기에 이러한 복장으로 갈아입으니, 군주가 찾아온 사안을 새롭게 나타내고자 해서이며, 그 복장은 수질(首絰)·문포(免布)·심의(深衣)를 착용하는 것이고, 대(帶)의 끝은 늘어뜨리지 않는다. 그러므로 『예기』「상복소기(喪服小記)」편에서는 "자기 나라의 군주가 조문을 오면, 비록 문(免)을 해야 할 시기가 아니더라도, 상주는 반드시 문(免)을 하며, 요질(要絰)의 끝을 늘어뜨리지 않는다."라고 한 것이고, 정현의 주에서는 "군주를 위해서 변화를 주니, 대렴을 하기 이전과 이미 계빈(啓殯)[40]을 한 이후보다 낮추기 때문이다."라고 한 것이다.

참고 『예기』「분상(奔喪)」기록

경문-652c~d 至於家, 入門左, 升自西階, 殯東西面坐, 哭盡哀, 括髮袒. 降堂東卽位, 西鄕哭, 成踊. 襲絰于序東, 絞帶反位, 拜賓成踊, 送賓反位.

번역 상사가 발생한 집에 당도하게 되면 문의 좌측으로 들어가고, 당상에 올라갈 때에는 서쪽 계단을 이용하여, 빈소의 동쪽에서 서쪽을 바라보며 앉고, 곡을 해서 슬픔을 다하고, 머리를 묶고서 단(袒)[41]을 한다. 당하로 내려와서 동쪽으로 나아가 자신의 자리로 가고, 서쪽을 향해서 곡을 하며, 용(踊)[42]의 절차를 마무리한다. 서(序)의 동쪽에서 습(襲)[43]을 하고 요질을

---

40) 계빈(啓殯)은 장례(葬禮) 절차 중 하나이다. 장례를 치르기 위하여, 빈소에 임시로 가매장했던 영구를 꺼내는 절차를 뜻한다.

41) 단(袒)은 상중(喪中)에 남자들이 취하는 복장 방식이다. 상의 중 좌측 어깨 쪽을 드러내는 방법이다. 한편 일반적인 의례절차에서도 단(袒)의 복장 방식을 취하는 경우가 있다.

차며, 교대(絞帶)를 하고서 자신의 자리로 되돌아오고, 빈객에게 절을 하여 용의 절차를 마무리하고, 빈객을 전송한 뒤에 자신의 자리로 되돌아온다.

鄭注 "括髮袒"者, 去飾也. 未成服者, 素委貌·深衣. 已成服者, 固自喪服矣. 已殯者位在下. 襲, 服衣也. 不於又哭乃絰者, 發喪已踰日, 節於是可也. 其未小斂而至, 與在家同耳. 不散帶者, 不見尸柩. 凡拜賓者就其位, 既拜, 反位, 哭踊.

번역 "머리를 묶고 단(袒)을 한다."는 말은 장식을 제거한다는 뜻이다. 아직 성복(成服)을 하지 않은 경우에는 흰색의 위모(委貌)44)를 쓰고 심의(深衣)를 착용한다. 이미 성복을 한 경우라면 진실로 상복을 착용하게 된다. 이미 빈소를 차린 경우에는 그 자리가 당하에 있게 된다. '습(襲)'은 옷을 껴입는다는 뜻이다. 이 시기에 재차 곡을 하고 질(絰)을 두르지 않는 것은 상이 발생한 후 이미 해당하는 날짜를 벗어났으니, 이 시기에 간략히 하는 것이 옳다. 아직 소렴(小斂)45)을 하지 않았는데 도착한 경우라면, 집에 머물러 있을 때와 동일하게 할 따름이다. 대(帶)의 끝을 흘트리지 않는 것은 시신을 실은 영구를 보지 않았기 때문이다. 무릇 빈객에게 절을 할 때에는 그의 자리로 나아가고, 절을 끝내면 자신의 자리로 되돌아와서 곡을 하고 용(踊)을 한다.

孔疏 ◎注"未成服者, 素委貌·深衣". ○正義曰: 知"素委貌·深衣"者, 按曾子問篇云: 婿親迎女, 在塗遭喪, "女改服, 布深衣, 縞總". 女人之"縞總", 似男子之素冠, 故知"布深衣", "素冠". 又小記云"遠葬者比反哭者, 皆冠, 及郊而

---

42) 용(踊)은 상중(喪中)에 취하는 행동으로, 곡(哭)에 맞춰서 발을 구르는 행위이다.

43) 습(襲)은 고대에 의례를 시행할 때 하는 복장 방식 중 하나이다. 겉옷으로 안에 입고 있던 옷들을 완전히 가리는 방식이다. 한편 '습'은 비교적 성대한 의식 때 시행하는 복장 방식으로도 사용되어, 안에 있고 있는 옷을 드러내지 않음으로써, 공경의 뜻을 표하기도 했다.

44) 위모(委貌)는 검은색의 명주로 짠 관(冠)이다. '위(委)'자는 안정시킨다는 뜻으로, 이 관을 착용하여 용모를 안정시키기 때문에 '위모'라고 부른다.

45) 소렴(小斂)은 상례(喪禮) 절차 중 하나이다. 죽은 자의 시신을 목욕시키고, 의복을 착용시키며, 그 위에 이불 등으로 감싸는 절차를 뜻한다.

後免", 明知在路皆冠也. 此"素委貌", 謂士·庶人, 若大夫已上, 則素弁也.

번역 ◎鄭注: "未成服者, 素委貌·深衣". ○정현이 "흰색의 위모(委貌)를 쓰고 심의(深衣)를 착용한다."라고 했는데, 이 말이 사실임을 알 수 있는 이유는 『예기』「증자문(曾子問)」편을 살펴보면, 사위가 직접 아내를 맞이할 때, 처가에서 떠나 도로에 있는데 상의 소식을 접하게 되면, "여자는 혼례를 치르면서 입었던 화려한 복장을 바꿔 입으니, 거친 베로 만든 심의로 갈아 입고, 하얀 명주실로 머리를 묶는다."[46]라고 했다. 여자가 하얀 명주실로 머리를 묶는 것은 남자가 흰색의 관을 쓰는 것과 유사하다. 그렇기 때문에 "포로 된 심의를 착용한다."라는 말과 "흰색의 관을 쓴다."라는 말이 사실임을 알 수 있다. 또 『예기』「상복소기(喪服小記)」편에서는 "장지가 멀리 떨어진 경우, 장례를 치를 때에는 반곡(反哭)[47]을 할 때까지 모두 관을 쓰고 장례를 치르고 교외에 도달한 이후에는 문(免)을 한다."[48]라고 했으니, 도로에 있을 때에는 모두 관을 쓴다는 사실을 분명히 알 수 있다. 이곳에서는 "흰색의 위모를 쓴다."라고 했는데, 이것은 사와 서인의 계층을 뜻하니, 만약 대부로부터 그 이상의 계층이라면 흰색의 변(弁)을 쓴다.

集解 愚謂: 此謂未成服而奔喪者也. 入門左, 變於吉也. 升自西階, 居喪之禮不由阼階也. 始至卽括髮·袒者, 至在殯後者之禮也. 經不著殯前至者之禮, 蓋始至笄·纚·深衣, 明日乃袒·括髮, 與在家者之禮同. 但未小斂至者, 成服與在家者同日; 旣小斂, 未殯至者, 則終其散麻之日數, 其成服與在家者異日也.

번역 내가 생각하기에, 이곳 내용은 아직 성복(成服)을 하지 않고서 분상하는 경우를 뜻한다. 문의 좌측으로 들어가는 것은 길한 시기에서 변화를

---

46) 『예기』「증자문(曾子問)」【232a】: 曾子問曰, "親迎, 女在塗, 而壻之父母死, 如之何." 孔子曰, "女改服, 布深衣, 縞總, 以趨喪. 女在塗, 而女之父母死, 則女反."
47) 반곡(反哭)은 장례(葬禮) 절차 중 하나이다. 장지(葬地)에 시신을 안치한 이후, 상주(喪主)는 신주(神主)를 받들고 되돌아와서 곡(哭)을 하는데, 이것을 '반곡'이라고 부른다.
48) 『예기』「상복소기(喪服小記)」【422b】: 遠葬者, 比反哭者皆冠, 及郊而後免反哭.

주기 위해서이다. 당상(堂上)에 오를 때 서쪽 계단을 이용하는 것은 상을
치르는 예법에서는 동쪽 계단을 이용하지 않기 때문이다. 처음 도착하면
곧 머리를 묶고 단(袒)을 한다고 했는데, 빈소를 마련한 뒤에 도착한 경우
의 예법이다. 경문에서는 빈소를 마련하기 이전에 도착한 경우의 예법은
기술하지 않았는데, 아마도 처음 도착하여 비녀를 꼽고 머리싸개를 하며
심의(深衣)를 착용하고, 다음날이 되면 단을 하고 머리를 묶어서 집에 머물
러 있을 때의 예법과 동일하게 했을 것이다. 다만 아직 소렴(小斂)을 하지
않았는데 도착한 경우라면, 성복(成服)을 하는 것이 집에 머물러 있는 자들
과 동일한 날에 하게 되며, 이미 소렴을 마쳤고 아직 빈소를 마련하기 이전
에 도착한 경우라면, 마(麻)의 끝을 흩트려 늘어뜨리는 날수를 채우게 되어,
성복을 하는 시점이 집에 머물러 있던 자들과 차이를 보이게 된다.

● 그림 6-6 ▣ 위모(委貌)

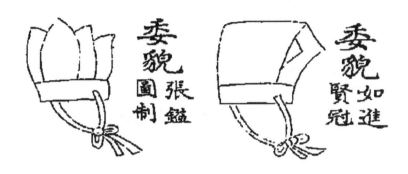

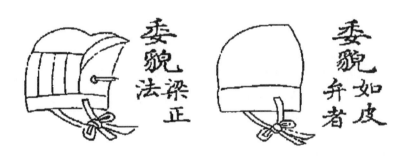

※ 출처: 『삼례도집주(三禮圖集注)』3권

참고 『예기』「문상(問喪)」 기록

경문-657d 親始死, 雞斯徒跣, 扱上衽, 交手哭. 惻怛之心, 痛疾之意, 傷腎乾肝焦肺, 水漿不入口. 三日不擧火, 故鄰里爲之糜粥以飲食之. 夫悲哀在中, 故形變於外也. 痛疾在心, 故口不甘味, 身不安美也.

번역 부모님이 이제 막 돌아가시게 되면, 자식은 관을 제거하고 비녀와 머리싸개만 남기며 신발을 벗어 맨발을 만들며, 심의(深衣)의 앞섶을 허리띠에 꼽고, 두 손을 교차하여 가슴을 두들기며 곡을 한다. 슬픈 마음과 애통한 생각은 콩팥을 상하게 하고 간을 마르게 하며 폐를 태우니, 물이나 음료도 마실 수 없다. 3일 동안 밥 짓는 불을 때지 않기 때문에 이웃 사람들이 그를 위해 된죽과 묽은 죽을 만들어서 그에게 마시고 먹게끔 한다. 슬픔이 마음에 있기 때문에 모습이 겉으로 드러남에 초췌하게 변한다. 애통함이 마음에 있기 때문에 입은 맛을 느끼지 못하고, 몸은 좋은 것을 편안히 여기지 못한다.

鄭注 親, 父母也. "雞斯", 當爲"笄纚", 聲之誤也. 親始死去冠, 二日乃去笄纚, 括髮也. 今時始喪者邪巾貊頭, 笄纚之存象也. 徒, 猶空也. 上衽, 深衣之裳前. 五藏者, 腎在下, 肝在中, 肺在上, 擧三者之焦傷, 而心脾在其中矣. 五家爲鄰, 五鄰爲里. 言人情之中外相應.

번역 '친(親)'자는 부모를 뜻한다. '계사(雞斯)'는 마땅히 계리(笄纚)가 되어야 하니, 소리가 비슷해서 생긴 오류이다. 부모가 이제 막 돌아가셨을 때에는 관을 제거하고, 2일째에는 비녀와 머리싸개를 제거하며, 머리를 묶게 된다. 현재는 부모가 이제 막 돌아가셨을 때 사건(邪巾)[49]을 하고 맥두(貊頭)[50]를 하는데, 이것은 비녀를 꼽고 머리싸개를 했던 잔상이 남아있는 것이다. '도(徒)'자는 "비다[空]."는 뜻이다. '상임(上衽)'은 심의(深衣) 중에

---

49) 사건(邪巾)은 부모가 이제 막 돌아가셨을 때 자식이 머리에 쓰게 되는 천을 뜻한다.

50) 맥두(貊頭)는 고대에 남자들이 머리를 묶을 때 사용하던 두건이다.

서도 치마에 해당하는 앞자락이다. 다섯 가지 장기 중 콩팥은 밑에 있고 간은 중간에 있으며 폐는 위에 있는데, 이 세 가지가 타거나 상한다고 제시했으니 심장과 비장은 그 안에 포함된다. 5개의 가(家)는 1개의 인(鄰)이 되고, 5개의 인(鄰)은 1개의 리(里)가 된다. 사람의 정감은 안과 겉이 서로 호응하게 된다는 뜻이다.

孔疏 ●"扱上衽"者, 上衽, 謂深衣前衽, 扱之於帶, 以號踊履踐爲妨, 故扱之.

번역 ●經文: "扱上衽". ○'상임(上衽)'은 심의(深衣)의 앞섶이며, 이것을 허리띠에 꼽으니, 울부짖으며 발을 구르는데 방해가 되기 때문에 허리띠에 꼽는 것이다.

孔疏 ◎云"上衽, 深衣之裳前"者, 言旣始死, 朝服易之, 故知著深衣. 按深衣篇云"續衽鉤邊", 故知此衽, 深衣之衽. 按深衣衽當旁, 此云"深衣之裳前"者, 旣"扱之", 恐履踐爲妨, 故解爲"裳前"也. 其實衽象小要屬裳處皆狹, 旁與在前俱得衽名, 但所扱之處當衽也. 按公羊傳云, 昭公以衽受於齊之唁禮, 亦謂裳當前者也.

번역 ◎鄭注: "上衽, 深衣之裳前". ○이제 막 돌아가셨다고 말했으므로, 조복(朝服)은 바꾸게 된다. 그렇기 때문에 심의를 착용한다는 사실을 알 수 있다. 「심의」편을 살펴보면, "하의의 옷자락을 봉합하고, 봉합된 부분을 덮어서 재차 봉합한다."라고 했다. 그렇기 때문에 이곳의 '임(衽)'자가 심의의 옷섶에 해당함을 알 수 있다. 살펴보면 심의의 옷섶은 측면에 있는데, 이곳에서는 "심의 중에서도 치마에 해당하는 앞자락이다."라고 했고, 이미 "꼽는다."라고 했다면, 발을 구르는데 방해가 될 것을 염려한 것이다. 그렇기 때문에 "치마에 해당하는 앞자락이다."라고 풀이한 것이다. 실제로 옷섶은 나무를 연결시킬 때 사용하는 소요(小要)를 본뜬 것이니 치마부분에 연결되며 모두 좁게 되어 있고, 측면과 앞에 있는 것을 모두 '임(衽)'이라고 부를 수 있는데, 허리띠에 꼽게 되는 부분은 임(衽)에 해당한다. 『공양전』을 살펴보면, 소공은 임(衽)을 통해 제(齊)나라의 위문하는 예물을 받아들였다고 했으니,51) 여기에서 말하는 임(衽)도 치마의 앞부분에 해당하는 것을 뜻한다.

참고 『예기』「간전(間傳)」기록

경문-668a 又期而大祥, 素縞麻衣. 中月而禫, 禫而纖, 無所不佩.

번역 다시 1년이 자나서 대상(大祥)을 치르면 호관(縞冠)에 소비(素紕)를 단 것을 쓰고 마(麻)로 만든 심의(深衣)를 착용한다. 1개월의 간격을 두어 담제(禫祭)를 치르는데, 담제를 치르게 되면 섬관(纖冠)을 착용하니, 복장에 패용하지 못하는 것이 없다.

鄭注 喪服小記曰"除成喪者, 其祭也, 朝服縞冠". 此素縞者, 玉藻所云: "縞冠素紕, 旣祥之冠." 麻衣, 十五升布, 亦深衣也. 謂之"麻"者, 純用布, 無采飾也. 大祥, 除衰杖. 黑經白緯曰"纖". 舊說: "纖冠者, 采纓也." 無所不佩, 紛帨之屬, 如平常也. 纖, 或作"綅".

번역 『예기』「상복소기(喪服小記)」편에서는 "성인(成人)의 상을 끝낼 때, 그 제사에서는 조복(朝服)과 호관(縞冠)을 착용한다."52)라고 했다. 이곳에서 '소호(素縞)'라고 했는데, 『예기』「옥조(玉藻)」편에서 말한 "호관에 소비(素紕)를 단 것은 상제(祥祭)를 치른 뒤에 쓰는 관이다."53)라는 것에 해당한다. '마의(麻衣)'는 15승(升)의 포(布)로 만드니 또한 심의(深衣)에 해당한다. 이 복장에 '마(麻)'자를 붙여서 부르는 이유는 순전히 포만을 사용하며 채색의 장식이 없기 때문이다. 대상(大祥)을 치르게 되면 상복과 지팡이를 제거한다. 흑색의 날실과 백색의 씨실로 짠 것을 '섬(纖)'이라고 부른

---

51) 『춘추공양전(春秋公羊傳)』「소공(昭公) 25년」 : 昭公曰, 君不忘吾先君, 延及喪人, 錫之以大禮, 再拜稽首, 以衽受.

52) 『예기』「상복소기(喪服小記)」【422c】 : 除殤之喪者, 其祭也必玄. 除成喪者, 其祭也朝服縞冠.

53) 『예기』「옥조(玉藻)」【379a】 : 縞冠玄武, 子姓之冠也. 縞冠素紕, 旣祥之冠也.

다. 옛 학설에서는 "섬관(纖冠)은 갓끈을 채색한 것이다."라고 했다. "패용하지 못하는 것이 없다."라고 했는데, 허리에 차는 수건 등을 평상시처럼 한다는 의미이다. '섬(纖)'자를 다른 판본에서는 '침(綅)'자로 기록하기도 한다.

孔疏 ●"又期而大祥, 素縞麻衣"者, 謂二十五月大祥祭, 此日除脫, 則首服素冠, 以縞紕之. 身著朝服而爲大祥之祭, 祭訖之後, 而哀情未除, 更反服微凶之服, 首著縞冠, 以素紕之; 身著十五升麻深衣, 未有采緣, 故云"大祥素縞麻衣"也.

번역 ●經文: "又期而大祥, 素縞麻衣". ○25개월째에 대상(大祥)의 제사를 지내서 그 날에 상복을 제거하게 된다면, 머리에는 흰색의 관을 쓰고 흰색의 명주로 가선을 댄다. 몸에는 조복(朝服)을 착용하고서 대상의 제사를 지내며, 제사를 끝낸 이후라도 애통한 정감이 아직 사라지지 않아서, 다시 미미하게 흉사를 나타내는 복장으로 갈아입으니, 머리에는 호관(縞冠)을 쓰고 흰색의 천으로 가선을 두르며, 몸에는 15승(升)의 마(麻)로 만든 심의(深衣)를 착용하는데, 아직까지 채색된 가선을 두르지 않는다. 그렇기 때문에 "소호에 마의를 착용한다."라고 했다.

孔疏 ◎云"麻衣, 十五升布深衣也"者, 按雜記篇云: 朝服十五升. 此大祥之祭旣著朝服, 則大祥之後, 麻衣麤細當與朝服同者, 故知"十五升布深衣也". 云"謂之麻者, 純用布, 無采飾也"者, 若有采飾, 則謂之"深衣", 深衣篇所云者是也. 若緣以素, 則曰"長衣", 聘禮"長衣", 是也. 若緣之以布, 則曰"麻衣", 此云"麻衣", 是也.

번역 ◎鄭注: "麻衣, 十五升布深衣也". ○『예기』「잡기(雜記)」편을 살펴보면, "조복(朝服)은 15승(升)의 포로 만든다."[54]라고 했다. 이곳에서는 대상의 제사 때 이미 조복을 착용한다고 했으니, 대상을 치른 이후에 착용하는 마의는 거칠고 고운 정도가 조복의 것과 동일하다. 그렇기 때문에 "15승의 포로 만든 심의에 해당한다."는 말이 사실임을 알 수 있다. 정현이 "이

---

54) 『예기』「잡기상(雜記上)」【499b】: <u>朝服十五升</u>, 去其半而緦加灰, 錫也.

복장에 '마(麻)'자를 붙여서 부르는 이유는 순전히 포만을 사용하며 채색의 장식이 없기 때문이다."라고 했는데, 채색의 장식이 있다면 '심의(深衣)'라고 부르니, 「심의」편에서 말한 복장이 이것을 뜻한다. 만약 흰색으로 가선을 두른다면 '장의(長衣)'라고 부르니, 『의례』「빙례(聘禮)」편에서 말한 '장의(長衣)'가 이것을 뜻한다.[55] 만약 포(布)로 가선을 두른다면 '마의(麻衣)'라고 부르니, 이곳에서 말한 '마의(麻衣)'가 이것을 뜻한다.

集解 愚謂: 自祥而禫, 自禫而卽吉, 其服有六. 祥祭縞冠朝服, 一也. 旣祭縞冠麻衣, 二也. 禫祭玄端綏冠, 三也. 禫訖綏冠深衣, 四也. 吉祭玄冠玄端, 五也. 祭後復常, 六也. 說詳雜記.

번역 내가 생각하기에, 대상(大祥)으로부터 담제(禫祭)를 치르고, 담제로부터 길제(吉祭)를 치를 때, 그 복장에 있어서는 여섯 가지가 있게 된다. 첫 번째는 대상의 제사 때 호관(縞冠)에 조복(朝服)을 착용하는 것이다. 두 번째는 제사를 마치고 호관에 마의(麻衣)를 착용하는 것이다. 세 번째는 담제 때 현단(玄端)과 침관(綏冠: =纖冠)을 착용하는 것이다. 네 번째는 담제를 마치고 침관과 심의(深衣)를 착용하는 것이다. 다섯 번째는 길제를 치르며 현관(玄冠)과 현단을 착용하는 것이다. 여섯 번째는 제사를 마친 이후 일상복으로 갈아입는 것이다. 자세한 설명은 『예기』「잡기(雜記)」편에 나온다.

---

55) 『의례』「빙례(聘禮)」 : 遭喪, 將命于大夫, 主人長衣·練冠以受.

• 제7절 •

『예기』와 규(規) · 구(矩) · 승(繩) · 권(權) · 형(衡)

참고 『예기』「곡례상(曲禮上)」기록

경문-19d 奉席如橋衡.

번역 어른을 위해 자리[席]를 들고 갈 때에는 마치 교량처럼 높게 들고, 저울처럼 수평이 되도록 든다.

集說 如橋之高, 如衡之平, 乃奉席之儀也.

번역 '여교형(如橋衡)'이라는 말은 교량이 높게 서 있는 것처럼 하고, 저울 처럼 평형이 되도록 한다는 뜻이니, 곧 자리를 들고 갈 때의 예절에 해당한다.

참고 『예기』「곡례하(曲禮下)」기록

경문-47a 執天子之器則上衡, 國君則平衡, 大夫則綏之, 士則提之.

번역 신하가 천자의 기물을 들게 된다면 자신의 가슴보다 높게 들며 평형이 되도록 받들고, 제후의 기물을 들게 된다면 자신의 가슴과 평형이 되도록 받들며, 대부의 기물을 들게 된다면 받들기를 가슴 밑으로 해서 들고, 사의 기물을 들게 된다면 단지 손에 들고만 있는 것이다.

鄭注 謂高於心, 彌敬也. 此衡謂與心平. 綏讀曰妥, 妥之, 謂下於心.

번역 천자의 기물에 대해서는 자신의 가슴보다 높게 해서 든다는 뜻이니, 공경스러움을 더 나타내는 것이다. 이곳 문장에서 말하는 '형(衡)'자는 가슴과 평형이 되게 한다는 뜻이다. '수(綏)'자는 '타(妥)'자로 해석하니, "~

을 밑으로 내린다[妥之].”는 뜻으로, 가슴보다 밑쪽으로 내린다는 의미이다.

참고 『예기』「곡례하(曲禮下)」 기록

경문-65b 天子視, 不上於袷, 不下於帶. 國君綏視, 大夫衡視, 士視五步.

번역 천자를 바라볼 때에는 시선이 옷깃 위로 올라가지 않고, 허리띠 아래로 내려가지 않는다. 제후를 바라볼 때에는 시선을 내려트려서 보니, 얼굴 아래와 옷깃 사이 지점을 바라보고, 대부를 바라볼 때에는 시선을 얼굴과 수평이 되도록 바라보며, 사를 바라볼 때에는 좌우로 다섯 걸음 정도의 거리를 둘러볼 수 있다.

鄭注 袷, 交領也. 天子至尊, 臣視之, 目不過此. 視國君彌高. 綏讀爲妥, 妥視, 謂視上於袷. 視大夫又彌高也. 衡, 平也. 平視, 謂視面也. 士視得旁遊目五步之中也. 視大夫以上, 上下遊目不得旁.

번역 ‘겁(袷)’은 옷깃이 교차하는 지점이다. 천자는 지극히 존귀한 존재이므로, 신하가 그를 바라보게 되면, 그 시선이 겁(袷)을 벗어날 수 없다. 제후국의 군주를 바라볼 때에는 천자의 경우에 비해서 그 시선을 조금 높이게 된다. ‘수(綏)’자는 ‘타(妥)’자가 되니, ‘타시(妥視)’라는 말은 바라볼 때 ‘겁(袷)’보다 조금 위를 본다는 뜻이다. 대부를 바라볼 때에는 또한 제후의 경우에 비해서 시선을 조금 더 높이게 된다. ‘형(衡)’자는 “수평이 된다[平].”는 뜻이다. ‘평시(平視)’라는 말은 시선을 얼굴에 두고 마주본다는 뜻이다. 사를 바라볼 경우, 다섯 걸음 정도의 공간 안에서는 시선을 옆으로 하여 둘러볼 수 있다. 대부 이상의 계급을 바라보는 경우에는 눈을 위아래로만 둘 수 있고, 옆으로는 둘러볼 수 없다.

孔疏 ●“大夫衡視”者, 衡, 平也. 人相看, 以面爲平. 若大夫之臣視大夫, 平看其面也, 故前云“綏視”, 形大夫爲言.

번역 ●經文: "大夫衡視". ○'형(衡)'자는 "수평이 된다[平]."는 뜻이다. 사람이 서로 마주볼 때에는 얼굴[面]을 바라보는 것을 수평이 된다고 여겼다. 만약 대부의 가신들이 대부를 바라보게 된다면, 대부의 얼굴과 수평이 되도록 마주보는 것이다. 그렇기 때문에 앞 구문에서 '타시(綏視)'라고 한 말은 대부가 제후를 바라보는 경우를 가정해서 말한 것이다.

참고 『예기』「왕제(王制)」 기록

경문-171c~d 凡聽五刑之訟, 必原父子之親, 立君臣之義, 以權之. 意論輕重之序, 愼測淺深之量, 以別之. 悉其聰明, 致其忠愛, 以盡之. 疑獄, 氾與衆共之, 衆疑, 赦之. 必察大小之比, 以成之.

번역 무릇 오형(五刑)1)의 송사를 처리함에는 반드시 부자간의 친함에 근원하고, 군신간의 의로움에 입각하여 저울질하여 처리한다. 죄의 경중에 따른 순서를 깊이 논의하며, 죄의 천심에 따른 형량을 신중히 헤아려서 형량을 구별한다. 사구는 그 총명함을 다하고 충애를 지극히 하여 직무를 다한다. 옥사가 의심스러우면 널리 여러 사람들과 함께 그 일을 처리하되, 여러 사람들이 그 일이 죄가 될지 의심스러워한다면 그를 사면해 준다. 반드시 옛 일들 중에 있었던 크고 작은 사례들을 살펴서 그 일을 완수한다.

鄭注 權, 平也.

번역 '권(權)'은 평형이 되도록 하는 것이다.

---

1) 오형(五刑)은 다섯 가지 형벌을 뜻한다. '오형'의 구체적 항목에 대해서는 각 시대별 차이가 있지만, 『주례』의 기록에 근거하면, 묵형(墨刑), 의형(劓刑), 궁형(宮刑), 비형(剕刑: =刖刑), 대벽(大辟: =殺刑)이 된다. 『주례』「추관(秋官)·사형(司刑)」편에는 "掌五刑之灋, 以麗萬民之罪, 墨罪五百, 劓罪五百, 宮罪五百, 剕罪五百, 殺罪五百."이라는 기록이 있다.

참고　『예기』「월령(月令)·중춘(仲春)」기록

경문-194d　日夜分, 則同度量, 鈞衡石, 角斗甬, 正權槪.

번역　낮과 밤의 길이가 같아지는 춘분이 되면, 길이 단위인 도(度)와 용량 단위인 양(量)을 동일하게 바로잡으니, 저울대인 형(衡)과 용량 단위인 석(石)을 균등하게 만들고, 한 말의 단위인 두(斗)와 한 섬의 단위인 곡(斛)을 비교하여 바로잡으며, 저울추인 권(權)과 평두목인 개(槪)를 바로잡는다.

鄭注　因晝夜等, 而平當平也. 同角正, 皆謂平之也. 丈尺曰度, 斗斛曰量, 三十斤曰鈞, 稱上曰衡, 百二十斤曰石. 甬, 今斛也. 稱錘曰權. 槪, 平斗斛者.

번역　낮과 밤의 길이가 균평하게 되는 시기에 연유하여, 마땅히 균등하게 해야 할 것들을 균등하게 만드는 것이다. 경문의 동(同)·각(角)·정(正)은 모두 고르게 한다는 뜻이다. 장(丈)과 척(尺) 등의 길이 단위를 도(度)라고 부르고, 두(斗)와 곡(斛) 등의 용량 단위를 양(量)이라고 부르며, 30근(斤)을 균(鈞)이라고 부르고, 저울대를 형(衡)이라고 부르며, 120근을 석(石)이라고 부른다.[2] 영(甬)은 지금의 한 섬인 곡(斛)이다. 저울추를 권(權)이라고 부른다. 개(槪)는 두(斗)와 곡(斛)을 평형이 되도록 만드는 것이다.

참고　『예기』「월령(月令)·중추(仲秋)」기록

경문-212d　日夜分, 則同度量, 平權衡, 正鈞石, 角斗甬.

번역　낮과 밤의 길이가 같아지는 추분이 되면, 길이 단위인 도(度)와 용량 단위인 양(量)을 동일하게 바로잡으니, 저울추인 권(權)과 저울대인 형(衡)을 균평하게 하고, 30근이 되는 균(鈞)의 추와 120근이 되는 석(石)의 추 등을 바르게 만들며, 한 말의 단위인 두(斗)와 한 섬의 단위인 용(甬)

---

2) 정현은 『집설(集說)』의 진호와 다르게 경문의 "同度量, 鈞衡石"을 "同度量 鈞衡石."으로 보아서, "度, 量, 鈞, 衡, 石을 同하게 한다."고 해석하고 있다.

등의 용량을 비교하여 바로잡는다.

참고 『예기』「옥조(玉藻)」기록

경문-388a~b 趨以采齊, 行以肆夏, 周還中規, 折還中矩, 進則揖之, 退則揚之, 然後玉鏘鳴也. 故君子在車, 則聞鸞和之聲, 行則鳴佩玉, 是以非辟之心無自入也.

번역 종종걸음으로 갈 때에는 채제(采齊)의 악곡으로 절도를 맞추고, 빠른 걸음으로 갈 때에는 사하(肆夏)의 악곡으로 절도를 맞추며, 몸을 돌릴 때에는 둥근 자에 맞추듯 원형이 되도록 하고, 좌우로 꺾을 때에는 곱자에 맞추듯 곧게 하며, 앞으로 나아가게 되면 읍(揖)을 하듯이 몸을 숙이고, 물러나게 되면 몸을 펴게 되니, 이처럼 한 뒤에라야 패옥의 소리가 청아하게 울린다. 그렇기 때문에 군자는 수레에 타게 되면, 수레에 달려 있는 방울소리를 들으며 몸가짐을 가다듬고, 걸어갈 때에는 패옥의 소리를 울리게 하여 절도를 맞추니, 이러한 까닭으로 그릇되고 삿된 마음이 침입할 틈이 없게 된다.

鄭注 反行也, 宜圜. 曲行也, 宜方.

번역 되돌아서 행(行)을 할 때에는 둥글게 움직여야 한다. 꺾어서 행(行)할 때에는 직각으로 움직여야 한다.

孔疏 ◎注"反行也, 宜圜". ○正義曰: 反行謂到行, 反而行, 假令從北嚮南, 或從南嚮北.

번역 ◎鄭注: "反行也, 宜圜". ○'반행(反行)'은 행(行)을 할 때가 되어서, 되돌아서 행(行)을 한다는 뜻이니, 가령 북쪽을 향해 있다가 남쪽을 향해 이동하거나 남쪽을 향해 있다가 북쪽을 향해 이동하는 것을 뜻한다.

孔疏 ◎注"曲行也, 宜方". ○正義曰: 曲行, 謂屈曲而行, 假令從北嚮南行,曲折而東嚮西嚮也.

번역 ◎鄭注: "曲行也, 宜方". ○'곡행(曲行)'은 꺾어서 행(行)을 하는 것을 뜻하니, 가령 북쪽을 향해 있다가 남쪽으로 이동할 때에는 몸을 꺾어서 동쪽이나 서쪽을 향하는 것을 뜻한다.

참고 『예기』「대전(大傳)」 기록

경문-425d 立權度量, 考文章, 改正朔, 易服色, 殊徽號, 異器械, 別衣服, 此其所得與民變革者也.

번역 도량형을 세우고, 예법을 수록한 전적을 고찰하며, 달력을 고치고, 복식과 그 색깔을 바꾸며, 깃발 등을 다르게 하고, 예악의 기물과 병장기에 차이를 두며, 의복을 구별하니, 이것들은 백성들과 함께 변혁할 수 있는 것들이다.

鄭注 權, 秤也. 度, 丈尺也. 量, 斗斛也. 文章, 禮法也. 服色, 車馬也. 徽號, 旌旗之名也. 器械, 禮樂之器及兵甲也. 衣服, 吉凶之制也. 徽或作褘.

번역 '권(權)'자는 무게를 뜻한다. '도(度)'자는 길이를 뜻한다. '양(量)'자는 용적을 뜻한다. '문장(文章)'은 예법을 뜻한다. '복색(服色)'은 수레와 말을 뜻한다. '휘호(徽號)'는 깃발의 명칭을 뜻한다. '기계(器械)'는 예악의 기물 및 병장기를 뜻한다. '의복(衣服)'은 길례와 흉례의 제도를 뜻한다. '휘(徽)'자를 또한 '위(褘)'자로 기록하기도 한다.

孔疏 ●"立權度量"者, 此一經至"與民變革者也", 廣明損益之事並輕, 故可隨民與變改革也. "權"謂稱錘, "度"謂丈尺, "量"謂斗斛也. 言新制天下, 必宜造此物也.

번역 ●經文: "立權度量". ○이곳 경문부터 "백성들에 대해 변혁하는 것이다."라는 구문까지는 덜고 더하는 사안들은 모두 상대적으로 가벼운 일들이기 때문에, 백성들에 따라서 변혁하고 고칠 수 있음을 폭넓게 설명하고 있다. '권(權)'자는 무게의 단위를 재는 기구이다. '도(度)'자는 길이의 단위를 재는 기구이다. '양(量)'자는 용적의 단위를 재는 기구이다. 즉 천하에 새롭게 제도를 수립할 때에는 반드시 이러한 사물들을 만들어야 한다는 뜻이다.

참고 『예기』「악기(樂記)」 기록

경문-489d~490a "故歌者, 上如抗, 下如隊, 曲如折, 止如槁木, 倨中矩, 句中鉤, 纍纍乎端如貫珠. 故歌之爲言也, 長言之也. 說之, 故言之; 言之不足, 故長言之; 長言之不足, 故嗟嘆之; 嗟嘆之不足, 故不知手之舞之足之蹈之也." 子貢問樂.

번역 계속하여 악사 을이 대답하길, "그러므로 시가라는 것을 부를 때, 높은 음은 마치 무언가를 들어 올리듯 위로 퍼지고, 낮은 음은 마치 무언가를 떨어트리듯 밑에서 울리며, 꺾이는 음은 마치 무언가가 꺾어지듯 퍼지고, 그치는 것은 마치 고사한 나무처럼 멈추며, 조금 완곡한 것은 곱자가 휘어진 것 같고, 크게 완곡한 것은 갈고리가 휘어진 것 같으며, 끝없이 이어져 단정한 것은 마치 구슬을 꿰어놓은 것과 같습니다. 그래서 시가라는 말은 길게 말을 한다는 뜻입니다. 기뻐하기 때문에 말을 하게 되고, 말하는 것으로는 부족하기 때문에 길게 말하게 되며, 길게 말하는 것으로는 부족하기 때문에 탄식을 하게 되고, 탄식을 하는 것으로는 부족하기 때문에, 손을 너울거리고 발로 춤사위를 밟는데도 스스로 깨닫지 못하는 것입니다."라고 했다. 여기까지는 「자공문악」편이다.

孔疏 ●"倨中矩"者, 言其音聲雅曲, 感動人心, 如中當於矩也.

번역 ●經文: "倨中矩". ○음과 소리가 아치를 그리며 굽어져서, 사람들의 마음을 감동시키는데, 마치 마음이 곱자에 맞도록 휘어지는 것처럼 된다는 뜻이다.

참고 『예기』「경해(經解)」기록

경문-589c 禮之於正國也, 猶衡之於輕重也, 繩墨之於曲直也, 規矩之於方圜也. 故衡誠縣, 不可欺以輕重; 繩墨誠陳, 不可欺以曲直; 規矩誠設, 不可欺以方圜, 君子審禮, 不可誣以姦詐.

번역 예가 나라를 바르게 하는 것은 저울이 경중을 헤아리고, 먹줄이 굽은 것과 곧은 것을 정하며, 둥근 자와 곱자가 사각형과 원형을 가려내는 것과 같다. 그러므로 저울이 분명하다면 경중을 가지고 속일 수가 없으며, 먹줄이 분명하다면 굽은 것과 곧은 것으로 속일 수가 없고, 둥근 자와 곱자가 분명하다면 사각형과 원형으로 속일 수가 없으니, 군자가 예를 잘 살피면, 간사함으로 속일 수가 없다.

鄭注 衡, 稱也. 縣, 謂錘也. 陳·設, 謂彈·畫也. 誠, 猶審也, 或作成.

번역 '형(衡)'은 저울[稱]이다. '현(縣)'자는 저울추[錘]를 뜻한다. '진(陳)'자와 '설(設)'자는 먹줄을 당기고 금을 그린다는 뜻이다. '성(誠)'자는 "살핀다[審]."는 뜻이며, 다른 판본에서는 '성(成)'자로 기록하기도 한다.

孔疏 ●"故衡誠縣, 不可欺以輕重"者, 衡, 謂稱衡. 縣, 謂稱錘. 誠, 審也. 若稱衡詳審縣錘, 則輕重必正, 故云"不可欺以輕重".

번역 ●經文: "故衡誠縣, 不可欺以輕重". ○'형(衡)'자는 저울을 뜻한다. '현(縣)'자는 저울의 추를 뜻한다. '성(誠)'자는 "살핀다[審]."는 뜻이다. 만약 저울에 대해서 추를 거는 것을 자세히 살피면, 경중이 반드시 올바르게 된다. 그렇기 때문에 "경중으로 속일 수 없다."라고 했다.

孔疏 ●"繩墨誠陳, 不可欺以曲直", 陳, 謂陳列, 若繩墨審能陳列, 則曲直必當, 故云"不可欺以曲直".

번역 ●經文: "繩墨誠陳, 不可欺以曲直". ○'진(陳)'자는 진열하다는 뜻이니, 만약 먹줄로 금 긋는 것을 자세히 살필 수 있다면, 굽은 것과 곧은 것은 반드시 마땅하게 된다. 그렇기 때문에 "굽은 것과 곧은 것으로 속일 수 없다."라고 했다.

孔疏 ●"規矩誠設, 不可欺以方圓"者, 規, 所以正圓; 矩, 所以正方; 設謂置設. 若規矩詳審置設, 則方圓必得, 故云"不可欺以方圓".

번역 ●經文: "規矩誠設, 不可欺以方圓". ○'규(規)'는 원형을 바르게 하는 자이고, '구(矩)'는 사각형을 바르게 하는 자이다. '설(設)'자는 설치하다는 뜻이다. 만약 둥근 자와 곱자에 대해서 대는 것을 상세히 살피면 사각형과 원형이 반드시 마땅하게 된다. 그렇기 때문에 "사각형과 원형으로 속일 수 없다."라고 했다.

集說 方氏曰: 輕者禮之小, 重者禮之大, 若大者不可損, 小者不可益, 是矣. 曲者, 禮之煩, 直者, 禮之簡, 若易則易, 于則于, 是矣. 方者, 禮之常, 圓者, 禮之變, 若以禮爲體者, 禮之常也; 以義起禮者, 禮之變也. 禮之用如是, 故君子審禮, 不可誣以姦詐也.

번역 방씨가 말하길, '경(輕)'은 예 중에서도 작은 것이고, '중(重)'은 예 중에서도 큰 것이니, "본래부터 커야 하는 것은 덜어내서는 안 되고, 본래부터 작아야 하는 것은 보태서는 안 된다."[3]는 말이 바로 이러한 뜻에 해당한다. '곡(曲)'은 예 중에서도 번잡한 것이고, '직(直)'은 예 중에서도 간략한 것이니, "그 사안이 간이한 경우라면, 간이한 예법을 시행하게 되고, 군주께서 찾아오셔서 그 사안이 커진 경우라면, 융성한 예법을 시행하게 된다."[4]

---

3) 『예기』「예기(禮器)」【305c~d】: 禮也者, 猶體也. 體不備, 君子謂之不成人. 設之不當, 猶不備也. 禮有大有小, 有顯有微. 大者不可損, 小者不可益, 顯者不可揜, 微者不可大也. 故經禮三百, 曲禮三千, 其致一也. 未有入室而不由戶者.
4) 『예기』「단궁하(檀弓下)」【135a】: 有司曰: "諸侯之來辱敝邑者, 易則易, 于則

는 말이 바로 이러한 뜻에 해당한다. '방(方)'은 예 중에서도 상례(常禮)에 해당하고, '환(圜)'은 예 중에서도 변례(變禮)에 해당하는 것이니, 예를 본체로 삼는 것은 예 중에서도 상례가 되고, 의(義)에 따라 예를 일으킨 것은 예 중에서도 변례가 되는 것과 같다. 예의 운용이 이와 같기 때문에 군자가 예를 잘 살피면, 간사함으로 속일 수가 없다.

大全 馬氏曰: 衡也, 繩墨也, 規矩也, 所以喻乎禮. 輕重也, 曲直也, 方圜也, 所以喻人情. 爲國必以禮, 則民有格心而事無失當, 猶衡之於輕重, 繩墨之於曲直, 規矩之於方圜, 皆無失其當也. 大匠生規矩, 而不能捨規矩, 以正方圜. 君子者, 禮義之所自出, 而不能捨禮義, 以正國, 故君子審禮, 不可誣以姦詐也.

번역 마씨가 말하길, 저울・먹줄・둥근 자・곱자는 예를 비유한 것이다. 가벼운 것과 무거운 것・굽은 것과 곧은 것・사각형과 원형은 인정을 비유한 것이다. 나라를 다스릴 때 반드시 예에 따른다면, 백성들은 마음을 바르게 하며 그 사안도 마땅함을 잃는 경우가 없게 되니, 저울이 경중을 헤아리고, 먹줄이 굽고 곧은 것을 정하고, 둥근 자와 곱자가 사각형과 원형을 가려냄에 모두 마땅함을 잃지 않는 경우와 같다. 큰 목수가 둥근 자와 곱자를 만들어냈는데,5) 둥근 자와 곱자를 버리고서는 사각형과 원형을 바르게 할 수 없다. 군자는 예의(禮義)를 만들어내는 자인데, 예의를 버리고서는 나라를 바르게 할 수 없다. 그렇기 때문에 군자가 예를 자세히 살피면 간사함으로 속일 수가 없다.

참고 『예기』「중니연거(仲尼燕居)」 기록

경문-601c~d 子曰, "愼聽之, 女三人者. 吾語女禮, 猶有九焉, 大饗有四焉.

王, 易于雜者, 未之有也."

5) 『맹자』「고자상(告子上)」 : 孟子曰, "羿之敎人射, 必志於彀, 學者亦必志於彀. 大匠誨人必以規矩, 學者亦必規矩."

苟知此矣, 雖在畎畝之中, 事之, 聖人已. 兩君相見, 揖讓而入門, 入門而縣興, 揖讓而升堂, 升堂而樂閼, 下管象武, 夏籥序興, 陳其薦俎, 序其禮樂, 備其百官. 如此而后君子知仁焉. 行中規, 還中矩, 和鸞中采齊, 客出以雍, 徹以振羽, 是故君子無物而不在禮矣. 入門而金作, 示情也. 升歌淸廟, 示德也. 下而管象, 示事也. 是故古之君子不必親相與言也, 以禮樂相示而已."

번역 공자가 말하길, "잘 듣거라, 너희 세 사람이여. 내가 너희들에게 예에 대해 설명하리니, 아직까지 설명하지 않은 것이 아홉 가지나 남아있고, 그 중에서도 대향(大饗)에 대한 것이 네 가지이다. 진실로 이것들을 안다면 비록 들판에 있더라도 사람들이 섬겨서 성인의 경지에 오를 수 있을 것이다. 두 나라의 제후가 서로 만나볼 때 읍(揖)과 사양을 하고 문으로 들어서며, 문으로 들어서면 매달아둔 악기를 연주하고, 읍과 사양을 하고 당상(堂上)으로 올라가며, 당상으로 올라가면 음악을 그치는데, 주인이 빈객에게 술을 따라 주어 빈객이 술잔을 비우면 음악을 그치는 것이 첫 번째 절차이며 또한 대향에 해당하는 것이고, 빈객이 다시 주인에게 술을 따라 주어 주인이 술잔을 비우면 음악을 그치는 것이 두 번째 절차이며 또한 대향에 해당하는 것이다. 악공이 당상으로 올라와서 청묘(淸廟)라는 시가를 노래로 부르는데 이것이 세 번째 절차이며 또한 대향에 해당하는 것이다. 그 일이 끝나면 당상으로 내려와서 상(象)과 무(武)의 악곡을 관악기로 연주하고, 또 대하(大夏)라는 악곡을 피리로 번갈아가며 연주하니, 이것이 네 번째 절차이며 또 대향에 해당하는 것이다. 고기를 담은 도마를 진설하고 예악을 차례대로 시행하며, 백관을 갖춘다. 이처럼 한 뒤에야 군자는 그 인(仁)함을 안다. 둥근 자에 맞춘 것처럼 행동하니, 이것이 다섯 번째 절차이다. 곱자에 맞춘 것처럼 돌아서니, 이것이 여섯 번째 절차이다. 문밖에서 빈객을 맞이할 때, 타고 있는 수레의 방울 소리를 채제(采齊)의 시가에 맞게 하니, 이것이 일곱 번째 절차이다. 빈객이 문밖으로 나갈 때에는 옹(雍)이라는 시가를 연주하니, 이것이 여덟 번째 절차이다. 의식이 모두 끝나서 기물을 치울 때에는 진로(振鷺)라는 시가를 연주하니, 이것이 아홉 번째 절차이다. 이러한 까닭으로 군자에게 있어서는 어떤 사물이건 예가 존재치

않은 것이 없다. 문으로 들어설 때 금속 악기를 연주하는 것은 그 정감을
드러내는 방법이다. 당상에 올라가서 청묘의 시가를 노래 부르는 것은 덕
을 드러내는 방법이다. 당하로 내려와서 상(象)의 악곡을 관악기로 연주하
는 것은 그 사안을 드러내는 방법이다. 이러한 까닭으로 고대의 군자는 반
드시 직접 만나 함께 말할 필요가 없었으니, 예악을 통해 서로 드러내기
때문이다."라고 했다.

鄭注 猶有九焉, 吾所欲語女餘有九也. 但大饗有四, 大饗, 謂饗諸侯來朝者
也. 四者, 謂金再作, 升歌淸廟, 下管象也. 事之, 謂立置於位也. 聖人已者, 是
聖人也. 縣興, 金作也. 金再作者, 獻主君又作也. 下, 謂堂下也. 象·武, 武舞
也. 夏籥, 文舞也. 序, 更也. 堂下吹管, 舞文·武之樂, 更起也. 知仁焉, 知禮樂
所存也. 采齊·雍·振羽, 皆樂章也. 振羽·振鷺及雍, 金作, 示情也, 賓·主人各以
情相示也. 金性內明, 象人情也. 示德也, 相示以德也, 淸廟頌文王之德. 示事
也, 相示以事也, 武·象武王之大事也.

번역 '유유구언(猶有九焉)'은 내가 너희들에게 알려주고 싶은 것으로 아
홉 가지가 남아있다는 뜻이다. 다만 대향(大饗)에 해당하는 것이 네 가지인
데, '대향(大饗)'이라는 것은 제후가 찾아와서 조회를 할 때 연회를 베푸는
것을 뜻한다. 네 가지는 금속악기를 재차 연주하고, 당상에 올라가서 청묘
(淸廟)를 노래 부르며, 당하로 내려와서 상(象)의 악무를 관악기로 연주하
는 것을 뜻한다. '사지(事之)'는 그 지위에 올려준다는 뜻이다. '성인이(聖人
已)'는 이것이 바로 성인이라는 뜻이다. '현흥(縣興)'은 금속악기를 연주한
다는 뜻이다. 금속악기를 재차 연주한다는 것은 주군에게 술을 따라서 바
칠 때 재차 연주하는 것을 뜻한다. '하(下)'자는 당하로 내려간다는 뜻이다.
'상(象)'과 '무(武)'는 무무(武舞)에 해당한다. '하약(夏籥)'은 문무(文舞)에
해당한다. '서(序)'자는 번갈아[更]라는 뜻이다. 당하에서 관악기를 연주할
때에는 문무와 무무에 해당하는 악곡에 맞춰 춤을 추는데, 교대로 시연하
는 것이다. '지인언(知仁焉)'은 예악이 보존된 것임을 안다는 뜻이다. '채제
(采齊)'·'옹(雍)'·'진우(振羽)'는 모두 악장을 뜻한다. '진우(振羽)'·'진로(振

鷺)’ 및 ‘옹(雍)’은 금속악기로 연주하여 정감을 드러내니, 빈객과 주인이 각각 그들의 정감을 서로에게 나타내는 것이다. 금의 속성은 내적으로 명아하니, 사람의 정감을 상징한다. ‘시덕야(示德也)’는 서로에게 덕을 나타낸다는 뜻이다. ‘청묘(淸廟)’는 문왕의 덕을 칭송하는 시가이다. ‘시사야(示事也)’는 서로에게 그 사안을 나타낸다는 뜻이다. ‘무(武)’와 ‘상(象)’은 무왕이 이룬 큰 업적을 드러내는 악무이다.

참고 『예기』「상복사제(喪服四制)」기록

경문-720c 凡禮之大體, 體天地, 法四時, 則陰陽, 順人情, 故謂之禮. 訾之者, 是不知禮之所由生也. 夫禮吉凶異道, 不得相干, 取之陰陽也. 喪有四制, 變而從宜, 取之四時也. 有恩, 有理, 有節, 有權, 取之人情也. 恩者仁也, 理者義也, 節者禮也, 權者知也. 仁義禮知, 人道具矣.

번역 무릇 예(禮)의 큰 본체는 천지(天地)를 본체로 삼고, 사시(四時)를 본받으며, 음양(陰陽)을 본뜨고, 인정(人情)에 따른 것이다. 그렇기 때문에 그것을 ‘예(禮)’라고 부른다. 이것을 비방하는 자는 예(禮)에 말미암아서 생겨나게 된 점을 알지 못한 것이다. 무릇 예(禮)의 길흉(吉凶)은 그 도(道)를 달리하여, 서로 간여를 하지 않으니, 이것은 음양(陰陽)에서 그 의미를 취한 것이다. 또한 상(喪)에는 네 가지 제정 법칙이 있고, 변화하여 그 합당함에 따르니, 이것은 사시(四時)에서 그 의미를 취한 것이다. 은정[恩]이 있고, 이치[理]가 있으며, 절도[節]가 있고, 권도[權]가 있으니, 이것은 인정(人情)에서 그 의미를 취한 것이다. 은정[恩]이라는 것은 인(仁)에 해당하고, 이치[理]라는 것은 의(義)에 해당하며, 절도[節]라는 것은 예(禮)에 해당하고, 권도[權]라는 것은 지(知)에 해당하니, 인도(人道)를 모두 갖추고 있는 것이다.

鄭注 禮之言體也, 故謂之禮, 言本有法則而生也. 口毀曰"訾". 吉禮·凶禮異道, 謂衣服·容貌及器物也. "取之四時", 謂其數也. "取之人情", 謂其制也.

번역 예(禮)의 말뜻은 본체[體]이기 때문에, 예(禮)라고 부른다고 한 것이니, 이 말은 본래부터 법칙으로 삼아서 생겨나게 됨이 있다는 사실을 뜻한다. 말로 헐뜯는 것을 자(訾)라고 부른다. 길례(吉禮)와 흉례(凶禮)는 도(道)를 달리하니, 곧 의복(衣服), 용모와 태도, 각종 기물들을 가리킨다. "사시(四時)에서 취한다."는 말은 그 도수[數]를 취한다는 뜻이다. "인정(人情)에서 취한다."는 말은 그 제도[制]를 뜻한다.

孔疏 ●"權者知也", 量事權宜, 非知不可, 故云"權者知也".

번역 ●經文: "權者知也". ○각 사안을 헤아려서, 합당함에 견주어보는 것은 지혜가 아니라면 불가능한 일이다. 그렇기 때문에 "권도라는 것은 지(知)이다."라고 말한 것이다.

참고 『예기』「상복사제(喪服四制)」 기록

경문-721d 杖者, 何也? 爵也. 三日授子杖, 五日授大夫杖, 七日授士杖. 或曰擔主, 或曰輔病. 婦人·童子不杖, 不能病也. 百官備, 百物具, 不言而事行者, 扶而起. 言而后事行者, 杖而起. 身自執事而后行者, 面垢而已. 禿者不髽, 傴者不袒, 跛者不踊, 老病不止酒肉. 凡此八者, 以權制者也.

번역 지팡이를 두는 것은 어째서인가? 작위를 가진 자들을 위해서이다. 상이 발생하면, 3일 째에 자식에게 지팡이를 주고, 5일 째에 대부에게 지팡이를 주며, 7일 째에 사에게 지팡이를 준다. 어떤 경우는 상주에게 지팡이를 빌려준다고 말하고, 또 어떤 경우는 병약해진 몸을 부축하기 위해서라고 말한다. 아직 성인(成人)이 되지 못한 여자와 남자들은 지팡이를 잡지 않으니, 병약해질 수 없기 때문이다. 백관(百官)이 갖춰져 있고, 백물(百物)이 갖춰져서, 말을 하지 않아도 일이 시행될 수 있는 경우에는 지팡이가 있지만, 몸이 몹시 수척해지는 것이 허용되므로, 남의 부축을 받아서 일어나게 된다. 이러한 것들이 갖춰지지 않아서, 직접 말을 해야만 일이 시행되는 경우에는 몸을 몹시 수척하게 할 수 없으니, 자신이 직접 지팡이를 잡고 일어나게 된다. 또한 일을 맡아볼 수 있는 자가 전혀 없어서, 제 자신이 직접 상사(喪事)의 일을 처리해야만 시행되는 경우에는 몸이 수척해지는 것을 허용하지 않으니, 얼굴에 때만 묻히고 직접 일처리를 할 따름이다. 대머리는 북상투를 틀지 않고, 꼽추는 단(袒)을 하지 않으며, 절름발이는 용(踊)을 하지 않고, 노약하고 병든 자들은 술과 고기를 끊지 않는다. 무릇 이러한 여덟 가지 경우는 권도[權]로써 제정한 것들이다.

孔疏 ●"凡此八者, 以權制者也", 此記者結前權數也. 夫喪禮宜備, 今有此八條, 不可以强逼, 故聖人權宜制也. 所謂八者, 謂應杖不杖, 不應杖而杖, 一也; "扶而起", 二也; "杖而起", 三也; "面垢", 四也; "禿者", 五也; "傴者", 六也; "跛者", 七也; "老病"者, 八也. 庾蔚云"父存爲母, 一也", 不數杖與不杖之科. 皇氏·熊氏並取以爲說. 今按經文爲母期, 乃屬前經. 鄭於期下總注"三日而食, 三月而沐"之事, 是爲母期之文, 乃在節制之中, 不得下屬此經權制之例. 又此經權制之科, 乃載杖與不杖之條. 此經末又總云八者, 是總此經之八事. 今乃不數此經杖條, 便是杖文虛設. 庾氏之說, 恐未爲善, 聽賢者擇焉.

번역 ●經文: "凡此八者, 以權制者也". ○이 구문은 『예기』를 기록한 자가 앞서 제시한 권도에 따라 처리하는 여러 사안들에 대해서 결론을 내린 문장이다. 무릇 상례에서는 예제대로 갖춰야 하는데, 현재 이곳에서 거론한 여덟 가지 사안들은 억지로 갖추게 할 수가 없다. 그렇기 때문에 성인(聖人)은 권도의 합당함에 따라서 별도의 예외 규정을 제정했던 것이다. 이른바 여덟 가지라는 것은 마땅히 지팡이를 잡아야 하는데도 잡지 않는 경우와 지팡이를 잡지 말아야 하는데도 잡는 것이 첫 번째 사안이다. "부축해서 일어난다."라는 것이 두 번째 사안이다. "지팡이를 잡고서 일어난다."라는 것이 세 번째 사안이다. "얼굴에 때를 묻힌다."라는 것이 네 번째 사안이다. '대머리'에 대한 것이 다섯 번째 사안이다. '꼽추'에 대한 것이 여섯 번째 사안이다. '절름발이'에 대한 것이 일곱 번째 사안이다. '노인과 병자'에 대한 것이 여덟 번째 사안이다. 유울지는 "부친이 생존해 계실 때 돌아가신 모친에 대한 경우가 첫 번째 사안이다."라고 하여, 지팡이를 잡거나 잡지 않는 등의 경우를 수치 안에 포함시키지 않았다. 황간과 웅안생도 모두 이러한 의미에 따라서 주장을 펼쳤다. 그런데 현재 경문을 살펴보면, 모친을 위해서 기년상을 지낸다는 것은 앞의 경문에 속해 있다. 정현은 기년상을 지낸다는 구문 아래에 "3일 째에 죽을 마시고, 3개월째에 목욕을 한다."라는 사안에 대해 주를 기록하였으니, 이것은 모친을 위해서 기년상을 치른다는 문장이 곧 절제(節制)에 포함되며, 그 뒤에 있는 권제(權制)의 용례에 포함될 수 없다는 사실을 나타낸다. 또한 이곳 경문은 권제(權制)에 대한 항목을 열거하며, 곧 지팡이를 잡고 지팡이를 잡지 않는 조항을 기재하고 있다. 그리고 이곳 경문의 끝에서는 또한 여덟 가지라고 결론적으로 말을 했으니, 이 말은 이곳 경문에 기록된 여덟 가지 사안들에 대해서 총괄한 것이다. 이곳 경문에 기록된 지팡이에 대한 조항을 수치로 포함시키지 않는다면, 지팡이에 대한 문장은 헛되이 기록된 것이 된다. 따라서 유울의 주장은 아마도 옳은 말은 아닌 것 같으니, 현명한 자들의 선택을 기다린다.

深衣 人名 및 用語 辭典

◎ 가공언(賈公彦, ?~?) : 당(唐)나라 때의 유학자이다. 정현(鄭玄)을 존숭하였다. 예학(禮學)에 조예가 깊었다. 『주례소(周禮疏)』, 『의례소(儀禮疏)』 등의 저서를 남겼으며, 이 저서들은 『십삼경주소(十三經注疏)』에 포함되었다.

◎ 가정본(嘉靖本) : 『가정본(嘉靖本)』에는 간행한 자의 정보가 기록되어 있지 않다. 『십삼경주소(十三經注疏)』의 판본이다. 20권으로 구성되어 있으며, 각 권의 뒤편에는 경문(經文)과 그에 따른 주(注)를 간략히 기록하고 있다. 단옥재(段玉裁)는 이 판본이 가정(嘉靖) 연간에 송본(宋本)을 모방하여 간행된 것이라고 여겼다.

◎ 갈홍(葛洪, A.D.283~A.D.343?) : 동진(東晉) 때의 학자이다. 자(字)는 아천(雅川)이고, 호(號)는 포박자(抱朴子)이다. 저서로는 『포박자(抱朴子)』 등이 있다.

◎ 감본(監本) : 『감본(監本)』은 명(明)나라 국자감(國子監)에서 간행한 『십삼경주소(十三經注疏)』의 판본이다.

◎ 강복(降服) : '강복'은 상(喪)의 수위를 본래의 등급보다 한 등급 낮추는 일에 해당한다. 예를 들어 자식은 부모에 대해 삼년상을 치러야 하지만, 다른 집의 양자로 간 경우라면 자신의 친부모에 대해 삼년상을 치르지 않고, 한 등급 낮춰서 1년만 치르게 된다. 이것은 상(喪)의 기간에

만 해당하는 것이 아니라, 상복(喪服) 및 상(喪)을 치르며 부수적으로
갖추게 되는 기물(器物)들에도 적용된다.

◎ 강영(江永, A.D.1681~A.D.1762) : 청(淸)나라 때의 경학자이다. 자(字)는
신수(愼修)이다.『십삼경주소(十三經注疏)』에 대한 연구를 했으며, 특
히 삼례(三禮)에 대해 해박했다.

◎ 개성석경(開成石經) :『개성석경(開成石經)』은 당(唐)나라 만들어진 석경
(石經)을 뜻한다. 돌에 경문(經文)을 새겼기 때문에, '석경'이라고 부른
다. 당나라 때 만들어진 '석경'은 대화(大和) 7년(A.D.833)에 만들기 시
작하여, 개성(開成) 2년(A.D.837)에 완성되었기 때문에, '개성석경'이라
고도 부르는 것이다.

◎ 계빈(啓殯) : '계빈'은 장례(葬禮) 절차 중 하나이다. 장례를 치르기 위하
여, 빈소에 임시로 가매장했던 영구를 꺼내는 절차를 뜻한다.

◎ 고(孤) : '고'는 고대의 작위이다. 천자에게 소속된 '고'는 삼공(三公) 밑
의 서열에 해당하며, 육경(六卿)보다 높았다. 고대에는 소사(少師)·소부
(少傅)·소보(少保)를 삼고(三孤)라고 불렀다.

◎ 고문송판(考文宋板) :『고문송판(考文宋板)』은 일본 학자 산정정(山井鼎)
등이 출간한『칠경맹자고문보유(七經孟子考文補遺)』에 수록된『예기
정의(禮記正義)』를 뜻한다. 산정정은『예기정의』를 수록할 때, 송(宋)
나라 때의 판본을 저본으로 삼았다.

◎ 곤면(袞冕) : '곤면'은 곤룡포와 면류관을 뜻한다. 본래 천자의 제사복장
으로, 비교적 중요한 제사 때 입는다. 윗옷과 아랫도리에 새겨진 무늬
등은 9가지이다.『주례』「춘관(春官)·사복(司服)」편에는 "享先王則袞
冕."이라는 기록이 있다. 이에 대한 정현의 주에서는 "冕服九章, 登龍於
山, 登火於宗彝, 尊其神明也. 九章, 初一曰龍, 次二曰山, 次三曰華蟲, 次
四曰火, 次五曰宗彝, 皆畫以爲繢. 次六曰藻, 次七曰粉米, 次八曰黼, 次
九曰黻, 皆希以爲繡. 則袞之衣五章, 裳四章, 凡九也."라고 풀이했다. 즉
'곤면'의 윗옷에는 용(龍), 산(山), 화충(華蟲), 화(火), 종이(宗彝) 등 5
가지 무늬를 그려놓고, 아랫도리에는 조(藻), 분미(粉米), 보(黼), 불(黻)
등 4가지를 수놓았다.

◎ 공씨(孔氏) : =공영달(孔穎達)

◎ 공영달(孔穎達, A.D.574 ~ A.D.648) : =공씨(孔氏). 당대(唐代)의 경학자
이다. 자(字)는 중달(仲達)이고, 시호(諡號)는 헌공(憲公)이다.『오경정

의(五經正義)』를 찬정(撰定)하는데 중심적인 역할을 했다.

◎ 곽경순(郭景純) : =곽박(郭璞)

◎ 곽박(郭璞, A.D.276~A.D.324) : =곽경순(郭景純). 진(晉)나라 때의 학자이다. 자(字)는 경순(景純)이다. 저서로는 『이아주(爾雅注)』, 『방언주(方言注)』, 『산해경주(山海經注)』 등이 있다.

◎ 교감기(校勘記) : 『교감기(校勘記)』는 완원(阮元)이 학자들을 모아서 편찬했던 『십삼경주소교감기(十三經註疏校勘記)』를 뜻한다.

◎ 교기(校記) : 『교기(校記)』는 손이양(孫詒讓)이 지은 『십삼경주소교기(十三經注疏校記)』를 뜻한다.

◎ 교제(郊祭) : '교제'는 '교사(郊祀)'라고도 부른다. 교외(郊外)에서 천지(天地)에 제사를 지냈기 때문에 붙여진 명칭이다. 음양설(陰陽說)이 성행했던 한(漢)나라 때에는 하늘에 대한 제사는 양(陽)의 뜻을 따라 남교(南郊)에서 지냈고, 땅에 대한 제사는 음(陰)의 뜻을 따라 북교(北郊)에서 지냈다. 『한서』 「교사지하(郊祀志下)」편에는 "帝王之事莫大乎承天之序, 承天之序莫重於郊祀. …… 祭天於南郊, 就陽之義也. 地於北郊, 卽陰之象也."라는 기록이 있다. 한편 '교사'는 후대에 제사를 범칭하는 용어로도 사용되었다. '교사' 중의 '교(郊)'자는 규모가 큰 제사를 뜻하며, '사(祀)'는 비교적 규모가 작은 제사들을 뜻한다.

◎ 국의(鞠衣) : '국의'는 황색으로 만든 옷이다. 본래 '천자의 부인[王后]'이 입던 '여섯 가지 의복[六服]' 중 하나를 가리키나 구빈(九嬪) 및 세부(世婦)나 어처(御妻)들 또한 이 옷을 입었고, 경(卿)의 부인에게는 가장 격식을 갖춘 예복(禮服)이 된다. 그 색깔은 누런색을 내는데, 뽕나무 잎이 처음 소생할 때의 색깔과 같다. 『주례』 「천관(天官)·내사복(內司服)」편에는 "掌王后之六服. 褘衣, 揄狄, 闕狄, 鞠衣, 展衣, 緣衣."라는 기록이 있으며, 이에 대한 정현의 주에서는 "鄭司農云, 鞠衣, 黃衣也. 鞠衣, 黃桑服也. 色如鞠塵, 象桑葉始生."이라고 풀이하였다.

◎ 길복(吉服) : '길복'에는 두 가지 뜻이 있다. 첫 번째는 제사 때 입는 복장인 제복(祭服)을 뜻한다. 제사(祭祀)는 길례(吉禮)에 해당하므로, 그때 착용하는 복장을 '길복'이라고 부르는 것이다. 두 번째는 예의를 갖출 때 입는 예복(禮服)을 범칭하는 말이다.

◎ 구산양씨(龜山楊氏) : =양시(楊時)

◎ 궁현(宮縣) : '궁현'은 악기를 설치할 때 4방면으로 설치하는 것을 뜻한

다. 천자는 4방면에 모두 악기를 설치하는데, 이것을 '궁현'이라고 부른다. 참고적으로 제후가 악기를 설치하는 방식은 헌현(軒縣)이라고 하며, 3면에 악기들을 설치하는 것이고, 경(卿)이나 대부(大夫)가 악기를 설치하는 방식은 판현(判縣)이라고 하며, 2면에 악기들을 설치하는 것이고, 대부(大夫) 또는 사(士)가 악기를 설치하는 방식을 (特縣)이라고 부른다.

◎ 금방(金榜, A.D.1735~A.D.1801) : 청(淸)나라 때의 학자이다. 자(字)는 예중(蕊中)·보지(輔之)이다. 한림원수찬(翰林院修撰) 등을 지냈으며, 외조부(外祖父)가 죽자 복상(服喪)을 하고, 이후 두문불출하며 오로지 독서와 저술에만 전념하였다. 대진(戴震)과 동학(同學)했으며, 『예전(禮箋)』 등을 저술하였다.

◎ 금화소씨(金華邵氏, ?~?) : =소연(邵淵)·소만종(邵萬宗). 남송(南宋) 때의 유학자이다. 이름은 연(淵)이고, 자(字)는 만종(萬宗)이다. 『주자문집(朱子文集)』에는 장사박사(長沙博士)로 기록되어 있다. 『예기』의 「곡례(曲禮)」, 「왕제(王制)」, 「악기(樂記)」, 「대학(大學)」, 「중용(中庸)」에 대해 해설하였다.

◎ 금화응씨(金華應氏, ?~?) : =응용(應鏞)·응씨(應氏)·응자화(應子和). 이름은 용(鏞)이다. 자(字)는 자화(子和)이다. 『예기찬의(禮記纂義)』를 지었다.

ㄴ

◎ 남송석경(南宋石經) : 『남송석경(南宋石經)』은 송(宋)나라 고종(高宗) 때 돌에 새긴 『십삼경주소(十三經注疏)』의 판본이다. 그러나 『예기(禮記)』에 대해서는 「중용(中庸)」 1편만을 기록하고 있다.

◎ 남전여씨(藍田呂氏, A.D.1040~A.D.1092) : =여대림(呂大臨)·여씨(呂氏)·여여숙(呂與叔). 북송(北宋) 때의 학자이다. 이름은 대림(大臨)이고, 자(字)는 여숙(與叔)이며, 호(號)는 남전(藍田)이다. 장재(張載) 및 이정(二程)형제에게서 수학하였다. 저서로는 『남전문집(藍田文集)』 등이 있다.

◎ 납(臘) : '납'은 엽(獵)이라고도 부른다. 짐승을 사냥하여 조상 및 오사(五祀)에게 지내는 제사를 뜻한다. 고대에는 백신(百神)들에 대한 제사를 사(蠟)라고 불렀고, 조상에 대한 제사를 '납'이라고 불렀는데, 진한대

(秦漢代) 이후로는 이 둘을 통칭하여, '납'이라고 불렀다. 『예기』「월령(月令)」편에는 "天子, 乃祈來年于天宗, 大割, 祠于公社及門閭, 臘先祖·五祀, 勞農以休息之."라는 기록이 있고, 이에 대한 공영달(孔穎達)의 소(疏)에서는 "臘, 獵也. 謂獵取禽獸以祭先祖五祀也."라고 풀이했다. 또한 『춘추좌씨전』「희공(僖公) 5년」편에는 "宮之奇以其族行, 曰虞不臘矣."라는 기록이 있는데, 이에 대한 두예(杜預)의 주에서는 "臘, 歲終祭衆神之名."이라고 풀이했다. 즉 '납'은 한 해가 끝날 무렵 뭇 신들에게 지내는 제사의 명칭이라는 뜻이다.

◎ 노침(路寢) : '노침'은 천자나 제후가 정무를 처리하던 정전(正殿)이다. 『시』「노송(魯頌)·민궁(悶宮)」편에는 "松桷有舄, 路寢孔碩."이라는 기록이 있는데, 이에 대한 모전(毛傳)에서는 "路寢, 正寢也."라고 풀이했고, 『문선(文選)』에 수록된 장형(張衡)의 '서경부(西京賦)'에는 "正殿路寢, 用朝群辟."이라는 기록이 있는데, 이에 대한 설종(薛綜)의 주에서는 "周曰路寢, 漢曰正殿."이라고 하여, 주(周)나라에서는 '정전'을 '노침'으로 불렀다고 풀이했다.

ㄷ

◎ 단(袒) : '단'은 상중(喪中)에 남자들이 취하는 복장 방식이다. 상의 중 좌측 어깨 쪽을 드러내는 방법이다. 한편 일반적인 의례절차에서도 단(袒)의 복장 방식을 취하는 경우가 있다.

◎ 단갈(短褐) : '단갈'은 거친 포(布)로 만든 길이가 짧은 옷이다. 고대에는 천민이나 종이 착용하는 복장을 뜻하기도 했다.

◎ 단면(端冕) : '단면'은 검은색의 옷과 면류관을 뜻한다. 즉 현면(玄冕)을 의미한다. '단(端)'자는 검은색의 옷을 뜻하는데, 면복(冕服)에 대해서, '단'자로 지칭하는 것은 면복 자체가 정폭(正幅)으로 제작되기 때문에, '단'자를 붙여서 부르는 것이다. 『예기』「악기(樂記)」편에서는 "吾端冕而聽古樂, 則唯恐臥; 聽鄭衛之音, 則不知倦."이라는 기록이 있는데, 이에 대한 정현의 주에서는 "端, 玄衣也."라고 풀이했고, 공영달(孔穎達)의 소(疏)에서는 "云端, 玄衣也'者, 謂玄冕也. 凡冕服, 皆其制正幅, 袂二尺二寸, 袪尺二寸, 故稱端也."라고 풀이했다.

◎ 단의(褖衣) : '단의'는 흑색의 천으로 상의와 하의를 만들고, 붉은색으로

가장자리에 단을 댄 옷이다. 『의례』「사상례(士喪禮)」편에는 '단의'가 기록되어 있는데, 이에 대한 정현의 주에서는 "黑衣裳赤緣謂之褖."이라고 풀이했다.

◎ 담제(禫祭): '담제'는 상복(喪服)을 벗을 때 지내는 제사이다.

◎ 당실(當室): '당실'은 부친을 대신하여, 가사(家事)일을 돌본다는 뜻이다. 고대에는 대부분 장자(長子)가 이 일을 담당해서, 적장자(嫡長子)를 가리키기는 용어로도 사용하였다.

◎ 대공복(大功服): '대공복'은 상복(喪服) 중 하나로, 오복(五服)에 속한다. 조밀한 삼베를 사용해서 만들지만, 소공복(小功服)에 비해서는 삼베의 재질이 거칠기 때문에, '대공복'이라고 부른다. 이 복장을 입게 되는 기간은 상황에 따라 차이가 생기지만, 일반적으로 9개월이다. 당형제(堂兄弟) 및 미혼인 당자매(堂姊妹), 또는 혼인을 한 자매(姊妹) 등을 위해서 입는다.

◎ 대구(大裘): '대구'는 천자가 제천(祭天) 의식을 시행할 때 입었던 복장이다. 『주례』「천관(天官)·사구(司裘)」편에는 "司裘掌爲大裘, 以共王祀天之服."이라는 기록이 있다. 즉 사구(司裘)는 '대구' 만드는 일을 담당하여, 천자가 하늘에 제사를 지낼 때 입는 의복으로 제공한다. 또한 이 기록에 대해 정현의 주에서는 정사농(鄭司農)의 주장을 인용하여, "大裘, 黑羔裘, 服以祀天, 示質."이라고 풀이했다. 즉 '대구'라는 의복은 검은 양의 가죽으로 만든 옷이며, 이것을 입고 하늘에 제사를 지내는 것은 질박함을 보이기 위함이다.

◎ 대대(大帶): '대대'는 예복(禮服)에 사용하는 허리띠이다. 허리띠에는 혁대(革帶)와 '대대'가 있는데, 혁대는 가죽으로 만들어서 패옥 등을 차는 것이며, '대대'는 혁대 위에 흰 비단이나 누인 명주 등으로 만든 띠를 뜻한다. 대부(大夫) 이상의 계급은 흰 비단으로 만들었으며, 폭을 4촌(寸)으로 만들었고, 사(士)는 누인 명주로 만들었으며, 폭은 2촌으로 만들었다. 『예기』「옥조(玉藻)」편에는 "大夫大帶四寸."이라는 기록이 있고, 이에 대한 정현의 주에서는 "大夫以上以素, 皆廣四寸, 士以練, 廣二寸."이라고 풀이했다.

◎ 대상(大祥): '대상'은 부모의 상(喪) 및 삼년상 등을 치를 때 그 대상이 죽은 후 만 2년 만에 탈상을 하며 지내는 제사이다.

◎ 대상(大常): '대상'은 상(常) 또는 태상(太常)이라고도 부른다. 군주가 사

용하는 깃발 중 하나이다. 해[日]와 달[月]을 수놓았으며, 정폭으로 깃
발을 만들고, 깃술을 달았다. 『주례』「춘관(春官)·건거(巾車)」편에는
"建大常, 十有二斿."라는 기록이 있고, 이에 대한 정현의 주에서는 "大
常, 九旗之畫日月者, 正幅爲縿, 斿則屬焉."이라는 기록이 있다.

◎ 동방삭(東方朔, B.C.161?~B.C.93) : 전한(前漢) 때의 문장가이다. 자(字)는
만천(曼倩)이다. 재치 있는 문장으로 명성이 높았으며, 한무제(漢武帝)
의 총애를 받았다. 기이한 문장을 많이 썼기 때문에, 『신이경(神異經)』
처럼 기이한 내용을 기록한 문헌들은 그의 이름을 가탁한 것이 많다.

ㅁ

◎ 마씨(馬氏) : =마희맹(馬晞孟)
◎ 마언순(馬彦醇) : =마희맹(馬晞孟)
◎ 마희맹(馬晞孟, ?~?) : =마씨(馬氏)·마언순(馬彦醇). 자(字)는 언순(彦醇)
이다. 『예기해(禮記解)』를 찬술했다.
◎ 맥두(貊頭) : '맥두'는 고대에 남자들이 머리를 묶을 때 사용하던 두건이다.
◎ 면복(冕服) : '면복'은 대부(大夫) 이상의 계층이 착용하는 예관(禮冠)과
복식을 뜻한다. 무릇 길례(吉禮)를 시행할 때에는 모두 면류관[冕]을
착용하는데, 복장의 경우에는 시행하는 사안에 따라서 달라진다.
◎ 면재황씨(勉齋黃氏) : =황간(黃幹)
◎ 명의(明衣) : '명의'는 가장 안쪽에 입는 내의를 뜻한다. 재계를 할 때 목
욕을 한 이후에 명의를 착용하며, 시신에 대한 염습(殮襲)을 할 때에도
시신을 닦은 이후 명의를 입혔다.
◎ 모본(毛本) : 『모본(毛本)』은 명(明)나라 말기 급고각(汲古閣)에서 간행
된 『십삼경주소(十三經注疏)』의 판본이다. 급고각은 모진(毛晋)이 지
은 장서각이었으므로, 이러한 명칭이 생겼다.
◎ 목록(目錄) : 『목록(目錄)』은 정현이 찬술했다고 전해지는 『삼례목록(三
禮目錄)』을 가리킨다. 『십삼경주소(十三經注疏)』에서 인용되고 있지
만, 이 책은 『수서(隋書)』가 편찬될 당시에 이미 일실되어 존재하지 않
았다. 『수서』「경적지(經籍志)」편에는 "三禮目錄一卷, 鄭玄撰, 梁有陶弘
景注一卷, 亡."이라는 기록이 있다.
◎ 문(免) : '문'은 '문(絻)'이라고도 부른다. 문포(免布)나 문복(免服)과 같

은 뜻이다.

◎ 문복(免服) : '문복'은 상복(喪服)의 한 종류이다. 문(免)과 최질(衰絰)을
하는 것이며, 친상(親喪)을 처음 당했을 때 착용하는 복장이다.

◎ 문포(免布) : '문포'는 상(喪)을 당한 사람이 관(冠)을 벗고 흰 천 등으로
'머리를 묶는 것[括髮]'을 뜻한다.

◎ 민본(閩本) : 『민본(閩本)』은 명(明)나라 가정(嘉靖) 연간 때 이원양(李
元陽)이 간행한 『십삼경주소(十三經注疏)』 판본이다. 한편 『칠경맹자
고문보유(七經孟子考文補遺)』에서는 이 판본을 『가정본(嘉靖本)』으로
지칭하고 있다.

ㅂ

◎ 반곡(反哭) : '반곡'은 장례(葬禮) 절차 중 하나이다. 장지(葬地)에 시신을
안치한 이후, 상주(喪主)는 신주(神主)를 받들고 되돌아와서 곡(哭)을
하는데, 이것을 '반곡'이라고 부른다.

◎ 방각(方慤) : =엄릉방씨(嚴陵方氏)

◎ 방성부(方性夫) : =엄릉방씨(嚴陵方氏)

◎ 방씨(方氏) : =엄릉방씨(嚴陵方氏)

◎ 방언(方言) : 『방언(方言)』은 『유헌사자절대어석별국방언(輶軒使者絶代
語釋別國方言)』·『별국방언(別國方言)』이라고도 부른다. 한(漢)나라 때
의 학자인 양웅(揚雄)이 편찬했다고 전해지는 서적이다. 총 13권으로
구성되어 있었으며, 각 지방에서 온 사신들의 방언을 모았다는 뜻에서,
『유헌사자절대어석별국방언』이라는 제목으로 출간되었고, 또 이 말을
줄여서 『별국방언』·『방언』이라고 부르게 되었다. 현존하는 『방언』은
곽박(郭璞)의 주(注)가 붙어 있는 판본이다. 그러나 『한서(漢書)』 등의
기록에는 양웅의 저술 목록에 『방언』이 포함되어 있지 않으므로, 편찬
자에 대한 의혹이 끊임없이 제기되었다.

◎ 변질(弁絰) : '변질'은 흰 색으로 된 작변(爵弁)에 환질(環絰)을 두른 것이다.

◎ 별록(別錄) : 『별록(別錄)』은 후한(後漢) 때 유향(劉向)이 찬(撰)했다고
전해지는 책이다. 현재는 일실되어 존재하지 않으며, 『한서(漢書)』「예
문지(藝文志)」편을 통해서 대략적인 내용만을 추측해볼 수 있다.

◎ 별면(鷩冕) : '별면'은 별의(鷩衣)와 면류관을 뜻한다. 천자 및 제후가 입

던 복장으로, 선공(先公)에 대한 제사 및 향사례(饗射禮)를 시행할 때 착용했다. '별의'에는 꿩의 무늬를 수놓게 되는데, 이 무늬를 화충(華蟲)이라고도 부른다. 상의에는 3종류의 무늬를 수놓고, 하의에는 4종류의 무늬를 수놓게 되어, 총 7가지의 무늬가 들어가게 된다. 『주례(周禮)』「춘관(春官)·사복(司服)」편에는 "享先公, 饗射則鷩冕."이라는 기록이 있고, 이에 대한 정현의 주에서는 "鷩, 畫以雉, 謂華蟲也. 其衣三章, 裳四章, 凡七也."라고 풀이했다.

◎ 분상(奔喪) : '분상'은 타지에 있다가 상(喪)에 대한 소식을 듣고, 급히 되돌아오는 예법(禮法)을 말한다. 『예기』「분상(奔喪)」편에 대해, 공영달(孔穎達)은 "案鄭目錄云, 名曰奔喪者, 以其居他國, 聞喪奔歸之禮."라고 풀이했다.

◎ 사건(邪巾) : '사건'은 부모가 이제 막 돌아가셨을 때 자식이 머리에 쓰게 되는 천을 뜻한다.

◎ 사조(私朝) : '사조'는 가조(家朝)와 같은 말이다. 대부(大夫)가 자신의 가(家)에 갖추고 있는 조정으로, 이곳에서 업무를 집행한다. 국가의 공적인 업무를 처리하는 군주의 조정과 대비가 되므로, '사조'라고 부르는 것이다. 대부는 통치 단위가 가(家)이므로, 대부가 가지고 있는 조정을 '가조'라고 부르는 것이다.

◎ 삼공(三公) : '삼공'은 중앙정부의 가장 높은 관직자 3명을 합쳐서 부르는 말이다. '삼공'에 속한 관직명에 대해서는 각 시대별로 차이가 있다. 『사기(史記)』「은본기(殷本紀)」편에는 "以西伯昌, 九侯, 鄂侯, 爲三公."이라는 기록이 있다. 즉 은나라 때에는 서백(西伯)인 창(昌), 구후(九侯), 악후(鄂侯)들을 '삼공'으로 삼았다. 또한 주(周)나라 때에는 태사(太師), 태부(太傅), 태보(太保)를 '삼공'으로 삼았다. 『서』「주서(周書)·주관(周官)」편에는 "立太師·太傅·太保, 玆惟三公, 論道經邦, 燮理陰陽."이라는 기록이 있다. 한편 『한서(漢書)』「백관공경표서(百官公卿表序)」에 따르면 사마(司馬), 사도(司徒), 사공(司空)을 '삼공'으로 삼았다는 기록이 있다.

◎ 삼례도(三禮圖) : 『삼례도(三禮圖)』는 삼례(三禮)에 나타나는 각종 명물(名物) 등에 대한 도해(圖解)를 한 책이다. 『수서(隋書)』「경적지(經籍

志)」를 비롯하여, 각종 사서(史書)에는 각 시대마다 편찬된『삼례도』에 대한 기록이 나오지만, 현재는 전해지지 않는다. 현재 남아있는『삼례도』는 송대(宋代) 섭숭의(聶崇義)의『삼례도』20권과 명대(明代) 유적(劉績)의『삼례도』4권이다.

◎ 삼산황씨(三山黃氏) : =황간(黃幹)

◎ 상대부(上大夫) : '상대부'는 대부(大夫)의 등급 중 하나이다. 대부는 상(上)·중(中)·하(下)로 재차 분류되는데, '상대부'는 대부들 중에서도 가장 높은 작위이다. 한편 제후국에 있어서 '상대부'는 경(卿)으로 분류되기도 하였다.

◎ 석(裼) : '석'은 고대에 의례를 시행할 때 하는 복장 방식 중 하나이다. 좌측 소매를 걷어 올려서, 안에 입고 있는 석의(裼衣)를 드러내는 것이다. 한편 '석'은 비교적 성대하지 않은 의식 때 시행하는 복장 방식으로도 사용되어, 좌측 소매를 걷어 올려서 공경의 뜻을 표하기도 했다.

◎ 석경(石經) :『석경(石經)』은 당(唐)나라 개성(開成) 2년(A.D.714)에 돌에 새긴『십삼경주소(十三經注疏)』의 판본이다. 당나라 국자학(國子學)의 비석에 새겨졌다는 판본이 바로 이것을 가리킨다.

◎ 석명(釋名) :『석명(釋名)』은 후한(後漢) 때의 학자인 유희(劉熙)가 지은 서적이다. 오래된 훈고학 서적의 하나로 꼽힌다.

◎ 석의(裼衣) : '석의'는 고대에 의례를 시행할 때 입는 옷이다. 가죽옷이나 갈옷 위에 걸쳤던 외투 중 하나이다. '석의' 위에는 습의(襲衣)를 걸쳤기 때문에, 중간에 입는 옷이라는 뜻에서 '중의(中衣)'라고도 부른다.

◎ 석최(錫衰) : '석최'는 가는 베로 만든 옷으로, 일종의 상복(喪服)에 해당한다. 천자의 경우, 삼공(三公)이나 육경(六卿)의 상(喪)에 착용했던 복장이다.

◎ 선(宣) : '선'은 길이를 재는 단위이다. 고대에는 1척(尺)과 3과 3분의 1촌(寸) 정도의 길이를 1'선'이라고 하였다. 1'선'은 사람의 머리 크기를 가리킨다.『주례』「동관고공기(冬官考工記)·거인(車人)」편에는 "半矩謂之宣."이라는 기록이 있는데, 이에 대한 정현의 주에서는 "半矩, 尺三寸三分寸之一, 人頭之長也."라고 풀이했다.

◎ 설문(說文) : =설문해자(說文解字)

◎ 설문해자(說文解字) :『설문해자(說文解字)』는 후한(後漢) 때의 학자인 허신(許愼)이 찬(撰)했다고 전해지는 자서(字書)이다.『설문(說文)』이라

고도 칭해진다. A.D.100년경에 완성되었다고 전해진다. 글자의 형태, 뜻, 음운(音韻)을 수록하고 있다.

◎ 성복(成服) : '성복'은 상례(喪禮)에서 대렴(大斂) 이후, 죽은 자와의 관계에 따라, 각각 규정에 맞는 상복(喪服)을 갖춰 입는다는 뜻이다.

◎ 세공(歲功) : '세공'은 한 해 동안 이룩한 공적(功績)을 지칭한다. 구체적으로는 한 해의 농사를 수확한다는 뜻이다. 『한서(漢書)』「예악지(禮樂志)」편에는 "陽出布施於上而主歲功, 陰入伏藏於下而時出佐陽. 陽不得陰之助, 亦不能獨成歲功."이라는 기록이 있다.

◎ 소공복(小功服) : '소공복'은 상복(喪服) 중 하나로, 오복(五服)에 속한다. 조밀한 삼베를 사용해서 만들며, 대공복(大功服)에 비해서 삼베의 재질이 조밀하기 때문에, '소공복'이라고 부른다. 이 복장을 입게 되는 기간은 상황에 따라 차이가 생기지만, 일반적으로 5개월이 된다. 백숙(伯叔)의 조부모나 당백숙(堂伯叔)의 조부모, 혼인하지 않은 당(堂)의 자매(姊妹), 형제(兄弟)의 처 등을 위해서 입는다.

◎ 소관(素冠) : '소관'은 상사(喪事)나 흉사(凶事)의 일을 접했을 때 쓰게 되는 흰색 관(冠)이다.

◎ 소렴(小斂) : '소렴'은 상례(喪禮) 절차 중 하나이다. 죽은 자의 시신을 목욕시키고, 의복을 착용시키며, 그 위에 이불 등으로 감싸는 절차를 뜻한다.

◎ 소뢰(少牢) : '소뢰'는 제사에서 양(羊)과 돼지[豕] 두 가지 희생물을 사용하는 것을 뜻한다. 『춘추좌씨전』「양공(襄公) 22년」편에는 "祭以特羊, 殷以少牢."라는 기록이 있는데, 이에 대한 두예(杜預)의 주에서는 "四時祀以一羊, 三年盛祭以羊豕. 殷, 盛也."라고 풀이하였다.

◎ 소만종(邵萬宗) : =금화소씨(金華邵氏)

◎ 소연(邵淵) : =금화소씨(金華邵氏)

◎ 소상(小祥) : '소상'은 본래 부모 및 군주의 상(喪)에서, 부모가 죽은 지만 1년 만에 지내는 제사이다. 이 제사가 끝나면, 자식은 3년상을 지낼 때의 복장과 생활방식을 조금씩 덜어내게 된다. 또한 '소상'은 친족 및 타인의 상에서 1년이 지났을 때를 가리키기도 한다.

◎ 소최(疏衰) : '소최'는 자최복(齊衰服)이다.

◎ 습(襲) : '습'은 고대에 의례를 시행할 때 하는 복장 방식 중 하나이다. 겉옷으로 안에 입고 있던 옷들을 완전히 가리는 방식이다. 한편 '습'은

244 of 280 譯註 禮記集說大全 深衣 附 『正義』・『訓纂』・『集解』

비교적 성대한 의식 때 시행하는 복장 방식으로도 사용되어, 안에 있고 있는 옷을 드러내지 않음으로써, 공경의 뜻을 표하기도 했다.

◎ 습의(襲衣) : '습의'는 고대에 의례를 시행할 때 입는 옷이다. 석의(裼衣) 위에 걸쳤던 옷이다. 옷 위에 다시 한 겹을 껴입는다는 뜻에서 '습(襲)' 자를 붙여서 부르는 것이다.

◎ 승(升) : '승'은 옷감과 관련된 단위이다. 고대에는 포(布) 80가닥[縷]을 1승(升)으로 여겼다. 『의례』「상복(喪服)」편에서는 "冠六升, 外畢."이라 는 기록이 있는데, 이에 대한 정현의 주에서는 "布八十縷爲升."이라고 풀이했다.

◎ 시마복(緦麻服) : '시마복'은 상복(喪服) 중 하나로, 오복(五服)에 속한다. 가장 조밀한 삼베를 사용해서 만든다. 이 복장을 입게 되는 기간은 상 황에 따라서 차이가 있지만, 일반적으로 3개월이 된다. 친족의 백숙부 모(伯叔父母)나 친족의 형제(兄弟)들 및 혼인하지 않은 친족의 자매(姊 妹) 등을 위해서 입는다.

◎ 시삭(視朔) : '시삭'은 본래 천자 및 제후가 매월 초하루에, 종묘(宗廟)에 고하여 해당 월의 달력을 받고, 그곳에서 해당 월에 시행해야 할 정무 를 처리하였던 것을 뜻한다. 『춘추좌씨전』「희공(僖公) 5년」편에는 "公 旣視朔, 遂登觀臺以望, 而書, 禮也."라는 기록이 있고, 이에 대한 공영달 (孔穎達)의 소(疏)에서는 "視朔者, 公旣告廟受朔, 卽聽視此朔之政, 是其 親告朔也."라고 풀이했다.

◎ 심의(深衣) : '심의'는 일반적으로 상의와 하의가 서로 연결된 옷을 뜻한 다. 제후, 대부(大夫), 사(士)들이 평상시 집안에 거처할 때 착용하던 복 장이기도 하며, 서인(庶人)에게는 길복(吉服)에 해당하기도 한다. 순색 에 채색을 가미하기도 했다.

◎ 악본(岳本) : 『악본(岳本)』은 송(頌)나라 악가(岳珂)가 간행한 『십삼경주 소(十三經注疏)』의 판본이다.

◎ 양시(楊時, A.D.1053~A.D.1135) : =구산양씨(龜山楊氏)·양씨(楊氏)·양중 립(楊中立). 북송(北宋) 때의 학자이다. 자(字)는 중립(中立)이고, 호 (號)는 구산(龜山)이다. 저서로는 『구산집(龜山集)』・『구산어록(龜山語

錄)』·『이정수언(二程粹言)』등이 있다.

◎ 양씨(楊氏) : =양시(楊時)

◎ 양중립(楊中立) : =양시(楊時)

◎ 엄릉방씨(嚴陵方氏, ?~?) : =방각(方慤)·방씨(方氏)·방성부(方性夫). 송대 (宋代)의 유학자이다. 이름은 각(慤)이다. 자(字)는 성부(性夫)이다.『예 기집해(禮記集解)』를 지었고,『예기집설대전(禮記集說大全)』에는 그의 주장이 많이 인용되고 있다.

◎ 여대림(呂大臨) : =남전여씨(藍田呂氏)

◎ 여씨(呂氏) : =남전여씨(藍田呂氏)

◎ 여여숙(呂與叔) : =남전여씨(藍田呂氏)

◎ 연관(練冠) : ‘연관’은 상(喪) 중에 착용하는 관(冠)이다. 부모의 상 중에 서 1주기에 지내는 제사 때 착용을 하였다.

◎ 연복(燕服) : ‘연복’은 평상시 한가하게 거처할 때 착용하는 복장을 뜻한 다. 또한 연회를 할 때 착용하는 복장을 뜻하기도 한다.

◎ 연의(練衣) : ‘연의’는 누이는 공정을 기마한 포(布)로 제작한 옷을 뜻한 다. 고대에는 부모의 상을 치를 때 소상(小祥)을 치른 뒤에 착용했다.

◎ 연제(練祭) : ‘연제’는 소상(小祥)을 뜻한다. 삼년상에서 1년째에 지내는 제사이다. 소상 때에는 연관(練冠)과 연의(練衣)를 착용하고 제사를 지 내기 때문에 ‘연제’라고 부른다.

◎ 연평주씨(延平周氏, ?~?) : =주서(周諝)·주희성(周希聖). 송(宋)나라 때의 유학자이다. 이름은 서(諝)이다. 자(字)는 희성(希聖)이다.『예기설(禮 記說)』등의 저서가 있다.

◎ 염강(厭降) : ‘염강’은 상례(喪禮)에 있어서, 돌아가신 모친을 위해 자식 은 본래 삼년상(三年喪)을 치러야 하지만, 부친이 생존해 계신 경우라 면, 수위를 낮춰서 기년상(期年喪)으로 치르는데, 이처럼 낮춰서 치르 는 것을 ‘염강’이라고 부른다.

◎ 오면(五冕) : ‘오면’은 고대의 제왕이 제사를 지낼 때 착용하는 다섯 종류 의 관(冠)을 뜻하니, 구면(裘冕)·곤면(袞冕)·별면(鷩冕)·취면(毳冕)·치 면(絺冕)을 가리킨다. 본래 면복(冕服)에는 여섯 종류가 있지만, 대구 (大裘)의 경우, 그 때 착용하는 면(冕)에는 류(旒)가 달려 있지 않기 때 문에, ‘오면’에는 포함시키지 않는다.『주례』「하관(下官)·변사(弁師)」편 에는 “掌王之五冕, 皆玄冕朱裏延紐.”라는 기록이 있고, 이에 대한 정현

의 주에서는 "冕服有六, 而言五冕者, 大裘之冕蓋無旒, 不聯數也."라고
풀이했다.

◎ 오형(五刑) : '오형'은 다섯 가지 형벌을 뜻한다. '오형'의 구체적 항목에
대해서는 각 시대별 차이가 있지만, 『주례』의 기록에 근거하면, 묵형
(墨刑), 의형(劓刑), 궁형(宮刑), 비형(剕刑: =刖刑), 대벽(大辟: =殺刑)
이 된다. 『주례』「추관(秋官)·사형(司刑)」편에는 "掌五刑之灋, 以麗萬民
之罪, 墨罪五百, 劓罪五百, 宮罪五百, 刖罪五百, 殺罪五百."이라는 기록
이 있다.

◎ 외제(外除) : '외제'는 내제(內除)와 상반되는 말이다. 부모의 상(喪)을 치
를 때, 상복(喪服)을 점진적으로 제거하게 되더라도, 마음에는 여전히
슬퍼하는 마음이 있다는 것을 뜻한다. 『예기』「잡기하(雜記下)」편에서
는 "親喪外除, 兄弟之喪內除."라는 기록이 있는데, 이에 대한 공영달(孔
穎達)의 소(疏)에서는 "親喪外除者, 謂父母之喪. 外, 謂服也. 服猶外隨
日月漸除而深心哀未忘."이라고 풀이했다.

◎ 용(踊) : '용'은 상중(喪中)에 취하는 행동으로, 곡(哭)에 맞춰서 발을 구
르는 행위이다.

◎ 우제(虞祭) : '우제'는 장례(葬禮)를 치르고 난 뒤에 지내는 제사를 뜻한다.

◎ 웅씨(熊氏) : =웅안생(熊安生)

◎ 웅안생(熊安生, ?~A.D.578) : =웅씨(熊氏). 북조(北朝) 때의 경학자이다.
자(字)는 식지(植之)이다. 『주례(周禮)』, 『예기(禮記)』, 『효경(孝經)』 등
많은 전적에 의소(義疏)를 남겼지만, 모두 산일되어 남아 있지 않다. 현
재 마국한(馬國翰)의 『옥함산방집일서(玉函山房輯佚書)』에 『예기웅씨
의소(禮記熊氏義疏)』 4권이 남아 있다.

◎ 위모(委貌) : '위모'는 검은색의 명주로 짠 관(冠)이다. '위(委)'자는 안정
시킨다는 뜻으로, 이 관을 착용하여 용모를 안정시키기 때문에 '위모'라
고 부른다.

◎ 유사(有司) : '유사'는 관리를 뜻하는 용어이다. '사(司)'자는 담당한다는
뜻이다. 관리들은 각자 담당하고 있는 업무가 있었으므로, 관리를 '유
사'라고 불렀던 것이다. 일반적으로 하위관료들을 지칭하여, 실무자를
뜻하는 용어로 많이 사용된다. 그러나 때로는 고위관료까지도 지칭하
는 용어로 사용되기도 한다.

◎ 유씨(劉氏) : =장락유씨(長樂劉氏)

◎ 유씨(庾氏) : =유울지(庾蔚之)

◎ 유울지(庾蔚之, ?~?) : =유씨(庾氏). 남조(南朝) 때 송(宋)나라 학자이다. 저서로는 『예기약해(禮記略解)』, 『예론초(禮論鈔)』, 『상복(喪服)』, 『상복세요(喪服世要)』, 『상복요기주(喪服要記注)』 등을 남겼다.

◎ 유이(劉彛) : =장락유씨(長樂劉氏)

◎ 유집중(劉執中) : =장락유씨(長樂劉氏)

◎ 육덕명(陸德明, A.D.550~A.D.630) : =육원랑(陸元朗). 당대(唐代)의 경학자이다. 이름은 원랑(元朗)이고, 자(字)는 덕명(德明)이다. 훈고학에 뛰어났으며, 『경전석문(經典釋文)』 등을 남겼다.

◎ 육원랑(陸元朗) : =육덕명(陸德明)

◎ 응씨(應氏) : =금화응씨(金華應氏)

◎ 응용(應鏞) : =금화응씨(金華應氏)

◎ 응자화(應子和) : =금화응씨(金華應氏)

◎ 의복(義服) : '의복'은 본래 친속관계가 성립되지 않아서, 상복(喪服)을 착용해야만 하는 관계가 아닌데도, 도리에 따라 상복을 착용하는 것을 말한다.

ㅈ

◎ 자최복(齊衰服) : '자최복'은 상복(喪服) 중 하나로, 오복(五服)에 속한다. 거친 삼베를 사용해서 만들며, 자른 부위를 꿰매어 가지런하게 정리하기 때문에, '자최복'이라고 부른다. 이 복장을 입게 되는 기간에도 여러 종류가 있는데, 3년 동안 입는 경우는 죽은 계모(繼母)나 자모(慈母)를 위한 경우이고, 1년 동안 입는 경우는 손자가 죽은 조부모를 위해 입는 경우와 남편이 죽은 아내를 입는 경우 등이다. 그리고 1년 동안 '자최복'을 입는 경우, 그 기간을 자최기(齊衰期)라고도 부른다. 또 5개월 동안 입는 경우는 죽은 증조부나 증조모를 위한 경우이며, 3개월 동안 입는 경우는 죽은 고조부나 고조모를 위한 경우 등이다.

◎ 작변(爵弁) : '작변'은 고대의 예관(禮冠) 중 하나로, 면류관[冕] 다음 등급에 해당한다. '작(爵)'자는 관의 모습이 참새의 머리처럼 생겼기 때문에 붙여진 명칭이다. 적색과 은미한 흑색이 나는 30승(升)의 포(布)로 만든다. 또한 '작변'은 작변복(爵弁服)을 지칭하기도 한다. 예복(禮服)

의 경우 착용하는 관(冠)에 따라서 그 복장의 명칭을 붙이기도 하기 때문이다. '작변복'은 작변의 관, 분홍색의 하의, 명주로 만든 상의, 검은색의 대(帶), 매겹(韎韐)이라는 슬갑을 착용한다.

◎ 장락유씨(長樂劉氏, A.D.1017~A.D.1086) : =유씨(劉氏)·유이(劉彝)·유집중(劉執中). 북송(北宋) 때의 성리학자이다. 자(字)는 집중(執中)이다. 복주(福州) 출신이며, 어려서 호원(胡瑗)에게서 학문을 배웠다. 『정속방(正俗方)』, 『주역주(周易注)』를 지었으나 현존하지 않는다. 『칠경중의(七經中議)』, 『명선집(明善集)』, 『거이집(居易集)』 등이 남아 있다.

◎ 장락진씨(長樂陳氏) : =진상도(陳祥道)

◎ 장락황씨(長樂黃氏) : =황간(黃幹)

◎ 장의(長衣) : '장의'는 고대의 귀족들이 상중에 착용하는 순백색의 포로 된 옷이다. 『의례』 「빙례(聘禮)」편에는 "遭喪將命於大夫, 主人長衣練冠以受."라는 기록이 있는데, 이에 대한 정현의 주에서는 "長衣, 純素布衣也."라고 풀이했다.

◎ 전의(展衣) : '전의'는 흰색 비단으로 만든 옷이다. 본래 왕후(王后)가 입던 육복(六服)의 하나를 가리키나 대부(大夫)의 부인에게는 가장 격식을 갖춘 예복(禮服)이 된다. 일설에는 흰색이 아닌 붉은색 비단으로 만든 옷이라고도 한다. 『주례』 「천관(天官)·내사복(內司服)」편에는 '전의'가 기록되어 있는데, 이에 대한 정현의 주에서는 "鄭司農云, 展衣, 白衣也."라고 풀이했다.

◎ 정강성(鄭康成) : =정현(鄭玄)

◎ 정관(正棺) : '정관'은 죽은 자의 시신에 대해 소렴(小斂)을 한 이후 당상(堂上)으로 옮기는 것을 뜻한다.

◎ 정복(正服) : '정복'은 본래의 상례(喪禮) 규정에 따른 정식 복장을 뜻한다. 친족 관계에서는 각 등급에 따른 상례 절차가 규정되어 있으므로, '정복'이라는 것은 규정에 따른 상복(喪服)을 착용하는 것뿐만 아니라, 상(喪)을 치르는 기간과 각종 부수적 기물(器物)들에 대해서도 규정대로 따르는 것을 뜻한다.

◎ 정씨(鄭氏) : =정현(鄭玄)

◎ 정의(正義) : 『정의(正義)』는 『예기정의(禮記正義)』 또는 『예기주소(禮記注疏)』를 뜻한다. 당(唐)나라 때에는 태종(太宗)이 공영달(孔穎達) 등을 시켜서 『오경정의(五經正義)』를 편찬하였는데, 이때 『예기정의』

에는 정현(鄭玄)의 주(注)와 공영달의 소(疏)가 수록되었다. 송대(宋代)에는 『오경정의』와 다른 경전(經典)에 대한 주석서를 포함한 『십삼경주소(十三經注疏)』가 편찬되어, 『예기주소』라는 명칭이 되었다.

◎ 정현(鄭玄, A.D.127 ~ A.D.200) : =정강성(鄭康成)·정씨(鄭氏). 한대(漢代)의 유학자이다. 자(字)는 강성(康成)이다. 『주역(周易)』, 『상서(尙書)』, 『모시(毛詩)』, 『주례(周禮)』, 『의례(儀禮)』, 『예기(禮記)』, 『논어(論語)』, 『효경(孝經)』 등에 주석을 하였다.

◎ 조복(朝服) : '조복'은 군주와 신하가 조회를 열 때 착용하는 복장을 뜻한다. 중요한 의식을 치를 때 착용하는 예복(禮服)을 가리키기도 한다.

◎ 조포(曹襃, ?~A.D.102) : 후한(後漢) 때의 학자이다. 자(字)는 숙통(叔通)이다. 조충(曹充)의 아들이다. 저서로는 『연경잡론(演經雜論)』·『통의(通義)』 등이 있다.

◎ 졸곡(卒哭) : '졸곡'은 우제(虞祭)를 지낸 뒤에 지내는 제사이다. 이 제사를 지내게 되면, 수시로 곡(哭)하던 것을 멈추고, 아침과 저녁때에만 한 번씩 곡을 하게 된다. 그렇기 때문에 '졸곡'이라고 부르게 된 것이다.

◎ 주서(周諝) : =연평주씨(延平周氏)

◎ 주희성(周希聖) : =연평주씨(延平周氏)

◎ 중의(中衣) : '중의'는 조복(朝服)이나 제복(祭服) 등의 예복(禮服) 안에 착용하는 옷이다. '중의' 안에는 속옷 등을 착용하고, '중의' 겉에는 예복 등을 착용하므로, 중간이라는 뜻에서 '중의'라고 부르는 것이다. 『예기』「교특생(郊特牲)」편에는 "繡黼丹朱中衣."라는 기록이 있고, 이에 대한 공영달(孔穎達)의 소(疏)에서는 "中衣, 謂以素爲冕服之裏衣."라고 풀이하였다.

◎ 증상(烝嘗) : '증상'은 종묘(宗廟)에서 지내는 가을 제사와 겨울 제사를 가리킨다. 또한 '증상'은 종묘에 대한 제사를 총칭하는 용어로도 사용된다. 사계절마다 큰 제사를 지내게 되는데, 계절별 제사 명칭이 다르며, 문헌마다 조금씩 차이를 보인다. 예를 들어 『춘추번로(春秋繁露)』「사제(四祭)」편에는 "四祭者, 因四時之所生孰而祭其先祖父母也. 故春曰祠, 夏曰礿, 秋曰嘗, 冬曰蒸."이라고 하여, 봄 제사를 사(祠), 여름 제사를 약(礿), 가을 제사를 상(嘗), 겨울 제사를 증(蒸)이라고 설명했다. 한편 『예기』「왕제(王制)」편에는 "天子諸侯宗廟之祭, 春曰礿, 夏曰禘, 秋曰嘗, 冬曰烝."이라고 하여, 봄 제사를 약(礿), 여름 제사를 체(禘), 가을

제사를 상(嘗), 겨울 제사를 증(烝)이라고 설명했다.

◎ 진상도(陳祥道, A.D.1159 ~ A.D.1223) : =장락진씨(長樂陳氏)·진씨(陳氏)·진용지(陳用之). 북송대(北宋代)의 유학자이다. 자(字)는 용지(用之)이다. 장락(長樂) 지역 출신으로, 1067년에 과거에 급제하여 태상박사(太常博士) 등을 지냈다. 왕안석(王安石)의 제자로, 그의 학문을 전파하는데 공헌하였다. 저서에는『예서(禮書)』,『논어전해(論語全解)』등이 있다.

◎ 진씨(陳氏) : =진상도(陳祥道)

◎ 진용지(陳用之) : =진상도(陳祥道)

大

◎ 참최복(斬衰服) : '참최복'은 상복(喪服) 중 하나로, 오복(五服)에 속한다. 상복 중에서도 가장 수위가 높은 상복이다. 거친 삼베를 사용해서 만들며, 자른 부위를 꿰매지 않기 때문에 참최(斬衰)라고 부른다. 이 복장을 입게 되는 기간은 일반적으로 3년에 해당하며, 죽은 부모를 위해 입거나, 처 또는 첩이 죽은 남편을 위해 입는다.

◎ 채옹(蔡邕, A.D.131~A.D.192) : 후한(後漢) 때의 학자이다. 자(字)는 백개(伯喈)이다. A.D.189년 동탁(董卓)에게 발탁되어, 시어사(侍御史)와 좌중랑장(左中郎將) 등을 역임하였으나, 동탁이 죽은 후 투옥되어 옥중에서 죽었다. 박학하였으며 술수(術數), 천문(天文), 사장(辭章) 등에 조예가 깊었다.

◎ 최씨(崔氏) : =최영은(崔靈恩)

◎ 최영은(崔靈恩, ?~?) : =최씨(崔氏). 남북조(南北朝) 때의 학자이다. 오경(五經)에 능통하였고, 다른 경전에도 두루 해박하였다고 전해진다.『모시(毛詩)』,『주례(周禮)』등에 주석을 달았고,『삼례의종(三禮義宗)』,『좌씨경전의(左氏經傳義)』등을 지었다.

◎ 추최(麤衰) : '추최'는 상복(喪服) 중에서 가장 수위가 높은 상복을 뜻한다. 가장 거친 마(麻)로 재단하여 만든다.

◎ 취(就) : '취'는 고대의 복식과 장식에 있어서, 다섯 가지 채색의 끈을 이용하여, 한 번 두르는 것을 뜻한다.

◎ 취면(毳冕) : '취면'은 취의(毳衣)와 면류관을 뜻한다. 본래 천자가 사망(四望) 등 산천(山川)에 대한 제사 때 착용했던 복장이다. '취의'에는 호

랑이와 원숭이를 수놓게 되는데, 이 무늬를 종이(宗彝)라고도 부른다. 상의에는 3종류의 무늬를 수놓고, 하의에는 2종류의 무늬를 수놓게 되어, 총 5가지 무늬가 들어가게 된다. 『주례(周禮)』「춘관(春官)·사복(司服)」편에는 "祀四望山川則毳冕."이라는 기록이 있고, 이에 대한 정현의 주에서는 "毳畫虎蜼, 謂宗彝也. 其衣三章, 裳二章, 凡五也."라고 풀이했다.

◎ **치면(絺冕)** : '치면'은 희면(希冕)·치면(黹冕)이라고도 부른다. 치의(絺衣)와 면류관을 뜻한다. 천자 및 제후가 사직(社稷) 및 오사(五祀)에 대한 제사를 지낼 때 착용하던 복장이다. '치의'에는 쌀 모양의 무늬를 수놓았고, 다른 그림을 그려 넣지 않았다. 상의에는 1개의 무늬를 수놓고, 하의에는 2개의 무늬를 수놓게 되어, 총 3개의 무늬가 들어가게 된다. 『주례(周禮)』「춘관(春官)·사복(司服)」편에는 "祭社稷·五祀則希冕."이라는 기록이 있고, 이에 대한 정현의 주에서는 "希刺粉米, 無畫也. 其衣一章, 裳二章, 凡三也."라고 풀이했다.

◎ **친영(親迎)** : '친영'은 혼례(婚禮)에서 시행하는 여섯 가지 예식(禮式) 중 하나이다. 사위될 자가 여자 집에 가서 혼례를 치르고, 자신의 집으로 데려오는 예식을 뜻한다.

ㅌ

◎ **특생(特牲)** : '특생'은 한 종류의 가축을 희생물로 사용한다는 뜻이다. '특(特)'자는 동일 종류의 희생물을 한 마리 사용한다는 뜻이며, 특히 소를 사용할 때 사용하는 용어이기도 하다. 『춘추좌씨전』「양공(襄公) 9년」편에는 "祈以幣更, 賓以特牲."이라는 기록이 있고, 이에 대한 양백준(楊伯峻)의 주에서는 "款待貴賓, 只用一種牲畜. 一牲曰特."이라고 풀이했다. 그런데 어떠한 가축을 사용했는가에 대해서는 주석들마다 차이가 있다. 『국어(國語)』「초어하(楚語下)」편에는 "大夫擧以特牲, 祀以少牢."라는 기록이 있고, 이에 대한 위소(韋昭)의 주에서는 "特牲, 豕也."라고 풀이했다. 또한 『예기』「교특생(郊特牲)」편에 대한 육덕명(陸德明)의 제해(題解)에서는 "郊者, 祭天之名, 用一牛, 故曰特牲."이라고 풀이했다. 즉 '특생'으로 사용되는 가축은 '시(豕: 돼지)'도 될 수 있으며, 소도 될 수 있다.

◎ 특현(特縣) : '특현'은 악기를 설치할 때 한 쪽 방면에만 설치하는 것을 뜻한다. 사(士) 계급이 따랐던 방식이라고도 설명하며, 대부(大夫)가 따랐던 형식이라고도 한다. 참고적으로 천자가 악기를 설치하는 방식은 궁현(宮縣)이라고 하며, 4면에 악기들을 설치하는 것이고, 제후가 악기를 설치하는 방식은 헌현(軒縣)이라고 하며, 3면에 악기들을 설치하는 것이고, 경(卿)이나 대부(大夫)가 악기를 설치하는 방식은 판현(判縣)이라고 하며, 2면에 악기들을 설치하는 것이고, 대부(大夫) 또는 사(士)가 악기를 설치하는 방식을 '특현'이라고 부른다. 대부가 '특현'을 설치한다는 주장에서는 '사' 계급은 단지 금슬(琴瑟)만 설치한다고 주장한다. 『주례』「춘관(春官)·소서(小胥)」편에는 "正樂縣之位, 王, 宮縣, 諸侯, 軒縣, 卿大夫, 判縣, 士, 特縣."이라는 기록이 있고, 이에 대한 정현의 주에서는 정사농(鄭司農)의 주장을 인용하여, "宮縣, 四面縣, 軒縣, 去其一面, 判縣, 又去其一面, 特縣, 又去其一面."이라고 풀이했다. 한편 가의(賈誼)의 『신서(新書)』「심미(審微)」편에는 "禮, 天子之樂宮縣, 諸侯之樂軒縣, 大夫特縣, 士有琴瑟."이라는 기록이 있다.

亞

◎ 판현(判縣) : '판현'은 악기를 설치할 때 두 쪽 방면에 설치한다는 뜻이다. 매달아두는 악기인 종(鍾)이나 경(磬) 등을 중심으로 언급하였기 때문에 '현(縣)'자를 붙인 것이다. 경(卿)과 대부(大夫)들이 따랐던 형식이다. 참고적으로 천자가 악기를 설치하는 방식은 궁현(宮縣)이라고 하며, 4면에 악기들을 설치하는 것이고, 제후가 악기를 설치하는 방식은 헌현(軒縣)이라고 하며, 3면에 악기들을 설치하는 것이고, 경이나 대부가 악기를 설치하는 방식은 '판현'이라고 하며, 2면에 악기들을 설치하는 것이고, 대부(大夫) 또는 사(士)가 악기를 설치하는 방식을 '특현(特縣)'이라고 부른다. 대부가 경과 마찬가지로 '판현'을 설치한다는 주장에서는 '사' 계급이 '특현을 설치한다고 주장하며, 대부가 '특현'을 설치한다는 주장에서는 '사' 계급은 단지 금슬(琴瑟)만 설치한다고 주장한다. 『주례』「춘관(春官)·소서(小胥)」편에는 "正樂縣之位, 王, 宮縣, 諸侯, 軒縣, 卿大夫, 判縣, 士, 特縣."이라는 기록이 있고, 이에 대한 정현의 주에서는 정사농(鄭司農)의 주장을 인용하여, "宮縣, 四面縣, 軒縣, 去其一面, 判縣,

又去其一面, 特縣, 又去其一面."이라고 풀이했다. 한편 가의(賈誼)의 『신서(新書)』「심미(審微)」편에는 "禮, 天子之樂宮縣, 諸侯之樂軒縣, 大夫特縣, 士有琴瑟."이라는 기록이 있다.

◎ 폭(幅) : '폭'은 옷감의 너비를 재는 단위이다. 고대의 제도에서는 2척(尺) 2촌(寸)을 1폭으로 여겼다.

◎ 피변(皮弁) : '피변'은 고대에 사용되었던 관(冠)의 한 종류이다. 백색 사슴의 가죽으로 만든 모자이다. 한편 관(冠)에 따른 의복까지 포함한 의미로 사용되기도 한다. 『주례』「하관(夏官)·변사(弁師)」편에는 "王之皮弁, 會五采玉璂, 象邸, 玉笄."라는 기록이 있다.

◎ 피변복(皮弁服) : '피변복'은 호의(縞衣)라고도 부르며, 주로 군주가 조회를 하거나 고삭(告朔)을 할 때 착용하는 복장이다. 흰색 비단으로 만들었으며, 옷에 착용하는 관(冠) 또한 백색 사슴 가죽으로 만들었다. 『의례』「기석례(旣夕禮)」편에는 "薦乘車, 鹿淺幦, 干笮革鞁, 載旜載皮弁服, 纓轡貝勒, 縣于衡."이라는 기록이 있고, 이에 대한 정현의 주에서는 "皮弁服者, 視朔之服."이라고 풀이했다.

ㅎ

◎ 헌현(軒縣) : '헌현'은 악기를 설치할 때 3방면으로 설치하는 것을 뜻한다. 천자는 4방면에 모두 악기를 설치하는데, 이것을 궁현(宮縣)이라고 부른다. '헌현'은 천자에 대한 예법보다 낮춘 것으로 제후에게 해당하는 것이며, 천자보다 낮추기 때문에 4방면 중 남쪽 한 면에 설치하는 악기들을 제외시키는 것이다. 『주례』「춘관(春官)·소서(小胥)」편에는 "正樂縣之位, 王宮縣, 諸侯軒縣."이라는 기록이 있는데, 이에 대한 정현의 주에서는 "鄭司農云, '宮縣, 四面縣. 軒縣, 去其一面. ……' 玄謂軒縣去南面辟王也."라고 풀이했다.

◎ 현단(玄端) : '현단'은 고대의 예복(禮服) 중 하나이다. 흑색으로 만든 옷이다. 주로 제사 때 사용했으며, 천자 및 제후로부터 대부(大夫)와 사(士) 계급에 이르기까지 모두 이 복장을 착용할 수 있었다. '현단'은 상의와 하의 및 관(冠)까지 포함하는 용어이다. 한편 손이양(孫詒讓)의 주장에 따르면, '현단'은 의복에만 해당하는 용어이며, 관(冠)은 포함하지 않는다고 주장한다. 그리고 천자로부터 사 계급에 이르기까지 이 복

장을 제복(齊服)으로 사용했다고 설명한다.『주례』「춘관(春官)·사복(司服)」편에는 "其齊服有玄端素端."이라는 기록이 있는데, 손이양의『정의(正義)』에서는 "玄端素端是服名, 非冠名, 蓋自天子下達至於士通用爲齊服, 而冠則尊卑所用互異."라고 풀이하였다. 그리고 '현단'은 천자가 평소 거처할 때 착용했던 복장을 가리키기도 한다.『예기』「옥조(玉藻)」편에는 "卒食, 玄端而居."라는 기록이 있고, 이에 대한 정현의 주에서는 "天子服玄端燕居也."라고 풀이하였다.

◎ 현면(玄冕) : '현면'은 현의(玄衣)와 면류관을 뜻한다. 본래 천자 및 제후의 제사복장으로, 비교적 중요성이 덜한 제사 때 입는다. '현의' 중 상의에는 무늬가 들어가지 않고, 하의에만 불(黻)을 수놓는다.『주례』「춘관(春官)·사복(司服)」편에는 "祭群小祀則玄冕."이라는 기록이 있고, 이에 대한 정현의 주에서는 "玄者, 衣無文, 裳刺黻而已, 是以謂玄焉."이라고 풀이했다.

◎ 형병(邢昺, A.D.932~A.D.1010) : 북송(北宋) 때의 학자이다. 자(字)는 숙명(叔明)이다. 예부상서(禮部尙書) 등을 지냈다. 저서로는『논어정의(論語正義)』,『이아정의(爾雅正義)』등이 있다.

◎ 호관(縞冠) : '호관'은 백색의 명주로 만든 관(冠)이다. 상제(祥祭)나 흉사(凶事) 때 착용했다.

◎ 호문(虎門) : '호문'은 궁성(宮城)에 있는 노침(路寢)의 문을 가리킨다. 문밖에 호랑이를 그려서, 용맹함을 나타냈다.

◎ 황간(黃幹, A.D.1152~A.D.1221) : =면재황씨(勉齋黃氏)·삼산황씨(三山黃氏)·장락황씨(長樂黃氏)·황면재(黃勉齋)·황직경(黃直卿). 남송(南宋) 때의 학자이다. 자(字)는 직경(直卿)이고, 호(號)는 면재(勉齋)이다. 주자(朱子)에게서 수학하였으며, 주자의 사위였다. 저서로는『오경통의(五經通義)』등이 있다.

◎ 황간(皇侃, A.D.488~A.D.545) : =황씨(皇氏). 남조(南朝) 때 양(梁)나라의 경학자이다.『주례(周禮)』,『의례(儀禮)』,『예기(禮記)』등에 해박하여,『상복문구의소(喪服文句義疏)』,『예기의소(禮記義疏)』,『예기강소(禮記講疏)』등을 지었지만, 현재는 전해지지 않는다. 그 일부가 마국한(馬國翰)의『옥함산방집일서(玉函山房輯佚書)』에 수록되어 있다.

◎ 황극(皇極) : '황극'은 제왕이 천하를 다스리는 준칙으로, 크고도 알맞으며 지극히 올바른 도리를 뜻한다. '황(皇)'자는 크다는 뜻이고, '극(極)'

자는 알맞다는 뜻이다. 정치와 교화를 펼쳐 백성들을 다스릴 때에는 큰
도리를 통해 알맞음을 추구하여 치우치거나 사사로움이 없어야 한다는
의미이다.

◎ 황면재(黃勉齋) : =황간(黃幹)

◎ 황씨(皇氏) : =황간(皇侃)

◎ 황직경(黃直卿) : =황간(黃幹)

◎ 흉복(凶服) : '흉복'은 상복(喪服)과 같은 말이다. 상(喪)을 당한 것은 흉
사(凶事)에 해당하므로, 상을 치르며 입는 복장을 '흉복'이라고도 부르
는 것이다. 『논어』「향당(鄕黨)」편에는 "凶服者式之."라는 기록이 있고,
이에 대한 하안(何晏)의 『집해(集解)』에서는 공안국(孔安國)의 주장을
인용하여, "凶服, 送死之衣物."이라고 풀이했다.

번역 참고문헌

+ 『禮記』, 서울 : 保景文化社, 초판 1984 (5판 1995) / 저본으로 삼은 책이다.
+ 『禮記正義』 1~4(전4권, 『十三經注疏 整理本』 12~15), 北京 : 北京大學出版社, 초판 2000 / 저본으로 삼은 책이다.
+ 朱彬 撰, 『禮記訓纂』 上·下(전2권), 北京 : 中華書局, 초판 1996 (2쇄 1998) / 저본으로 삼은 책이다.
+ 孫希旦 撰, 『禮記集解』 上·中·下(전3권), 北京 : 中華書局, 초판 1989 (4쇄 2007) / 저본으로 삼은 책이다.
+ 服部宇之吉 評點, 『禮記』, 東京 : 富山房, 초판 1913 (증보판 1984) / 鄭玄 注 번역에 대해 참고했던 서적이다.
+ 竹內照夫 著, 『禮記』 上·中·下(전3권), 東京 : 明治書院, 초판 1975 (3판 1979) / 經文에 대한 이해에 참고했던 서적이다.
+ 市原亨吉 외 2명 著, 『禮記』 上·中·下(전3권), 東京 : 集英社, 초판 1976 (3쇄 1982) / 經文에 대한 이해에 참고했던 서적이다.
+ 陳澔 注, 『禮記集說』, 北京 : 中國書店, 초판 1994 / 『集說』에 대한 번역에 참고했던 서적이다.
+ 王文錦 譯解, 『禮記譯解』 上·下(전2권), 北京 : 中華書局, 초판 2001 (4쇄 2007) / 經文 및 주석 번역에 참고했던 서적이다.
+ 錢玄·錢興奇 編著, 『三禮辭典』, 南京 : 江蘇古籍出版社, 초판 1998 / 용어 및 器物 등에 대해 참고했던 서적이다.
+ 張撝之 外 主編, 『中國歷代人名大辭典』 上·下권(전2권), 上海 : 上海古籍出版社, 초판 1999 / 인명에 대해 참고했던 서적이다.
+ 呂宗力 主編, 『中國歷代官制大辭典』, 北京 : 北京出版社, 초판 1994 (2쇄 1995) / 관직명에 대해 참고했던 서적이다.
+ 中國歷史大辭典編纂委員會 編纂, 『中國歷史大辭典』 上·下(전2권), 上海 : 上海辭書出版社, 초판 2000 / 용어 및 인명에 대해 참고했던 서적이다.
+ 羅竹風 主編, 『漢語大詞典』 1~12(전12권), 上海 : 漢語大詞典出版社,

초판 1988 (4쇄 1995) / 용어에 대해 참고했던 서적이다.

- 王思義 編集, 『三才圖會』 上·中·下(전3권), 上海 : 上海古籍出版社, 초판 1988 (4쇄 2005) / 器物 등에 대해 참고했던 서적이다.
- 聶崇義 撰, 『三禮圖集注』(四庫全書 129책) / 器物 등에 대해 참고했던 서적이다.
- 劉績 撰, 『三禮圖』(四庫全書 129책) / 器物 등에 대해 참고했던 서적이다.

역자 정병섭(鄭秉燮)

- 1979년 출생
- 2002년 성균관대학교 유교철학과 졸업
- 2004년 성균관대학교 대학원 유학과 석사
- 2013년 성균관대학교 대학원 유학과 철학박사
- 현재 『역주 예기집설대전』 완역을 위해 번역중이며, 이후 『의례』, 『주례』, 『대대례기』
  시리즈 번역과 한국유학자들의 예학 관련 저작들의 번역을 계획 중이다.

譯註

禮記集說大全 深衣

編 陳澔(元)
附 正義 · 訓纂 · 集解

초판 인쇄 2016년 12월 2일
초판 발행 2016년 12월 9일

역 자 ㅣ 정병섭
펴낸이 ㅣ 하운근
펴낸곳 ㅣ **學古房**

주   소 ㅣ 경기도 고양시 덕양구 통일로 140 삼송테크노밸리 A동 B224
전   화 ㅣ (02)353-9908 편집부(02)356-9903
팩   스 ㅣ (02)6959-8234
홈페이지 ㅣ http://hakgobang.co.kr/
전자우편 ㅣ hakgobang@naver.com, hakgobang@chol.com
등록번호 ㅣ 제311-1994-000001호

ISBN   978-89-6071-631-5 94150
          978-89-6071-267-6 (세트)

값 : 20,000원

이 도서의 국립중앙도서관 출판예정도서목록(CIP)은 서지정보유통지원시스템 홈페이지(http://seoji.nl.go.kr)와 국가자료공동목록시스템(http://www.nl.go.kr/kolisnet)에서 이용하실 수 있습니다. (CIP제어번호 : CIP2016029522)